Thomas Riegler

Der Wiener Spionagezirkel

Gefördert von der Stadt Wien Kultur

Bibliografische Information der Deutschen Bibliothek:
Die Deutsche Bibliothek verzeichnet diese Publikation
in der Deutschen Nationalbibliografie.

2. Auflage 2025

Umschlaggestaltung: Sophie Gudenus
Fotos im Buch: Thomas Riegler

Druck: Custom Printing, Warszawa
Printed in Poland
ISBN: 978-3-85371-536-9

Promedia Verlag
Rotenlöwengasse 8/4
1090 Wien
Österreich
E-Mail: promedia@mediashop.at
Web: www.mediashop.at | www.verlag-promedia.de

Thomas Riegler

DER WIENER SPIONAGE ZIRKEL

Kim Philby, österreichische Emigranten
und der sowjetische Geheimdienst

PROMEDIA

Über den Autor

Thomas Riegler, Jahrgang 1977, studierte Geschichte und Politikwissenschaften an den Universitäten Wien und Edinburgh. Seit 2016 Affiliate Researcher am Austrian Center for Intelligence, Propaganda and Security Studies (ACIPSS). Zu seinen Veröffentlichungen zählt unter anderem: „Österreichs geheime Dienste. Eine neue Geschichte“ (Wien 2022).

Inhalt

Einleitung

»Wir haben nicht viel erreicht, um den Lauf der Geschichte zu verändern, oder?« Zu diesem bitteren Schluss kommen zwei gealterte Spione in *Silverview*, einem Romanfragment des britischen Schriftstellers John Le Carré. Tatsächlich haben Geheimdienste selten entscheidenden Einfluss auf den Gang weltpolitischer Ereignisse ausgeübt. Es gibt aber auch Beispiele für das Gegenteil. So spielten österreichische Emigrantinnen und Emigranten in den 1930er- und 1940er-Jahren eine große Rolle in der Geschichte der Spionage: Engelbert Broda, Arnold Deutsch, Alice (»Litzi«) Friedmann, Edith Tudor-Hart (geborene Suschitzy) und Peter Smolka leisteten dem sowjetischen Geheimdienst und der *Kommunistischen Internationalen* (Komintern) in verschiedenen Rollen Unterstützung. Rückblickend kann man von einem Wiener Spionagezirkel sprechen.

Speziell Deutsch gilt als einer der größten Agentenführer aller Zeiten. Unter dem Decknamen »Otto« rekrutierte er in London 1934–1937 20 Agenten. Der wichtigste war Kim Philby, der zum prominentesten Doppelspion des Kalten Krieges wurde. Er infiltrierte den britischen Auslandsgeheimdienst *Secret Intelligence Service* (SIS, besser bekannt als MI6) und wurde erst 1963 enttarnt. Philbys Anwerbung geschah auf Empfehlung von Tudor-Hart, die mit Broda auch einen wissenschaftlichen Mitarbeiter am anglo-amerikanischen Atomwaffenprojekt für den sowjetischen Geheimdienst gewann. Der Bruder des österreichischen Justizministers Christian Broda sollte nach der Rückkehr aus dem Exil 1945 einer der bedeutendsten Physiker des Landes und erst Jahrzehnte nach seinem Tod im Jahr 1983 enttarnt werden.

Philby wiederum hatte sich während eines Wien-Aufenthalts 1933/34 zum ersten Mal für die kommunistische Sache begeistert. Ausschlaggebend war seine Liebesbeziehung mit der Aktivistin »Litzi« Friedmann und die Tatsache, dass sie beide die Februarkämpfe 1934 durchlebten. Auch wenn Philby nicht schon in Wien rekrutiert wurde, »trug die ›österreichische Verbindung‹ doch entscheidend dazu bei, dass er mit dem sowjetischen Geheimdienst in Kontakt kam«.[1] Von Philby bekam Deutsch eine Liste mit

1 Oleg Zarew, John Costello, Der Superagent. Der Mann, der Stalin erpresste, Wien 1993, 214.

weiteren passenden Kandidaten. Darunter waren Donald Maclean, Antony Blunt und Guy Burgess. Gemeinsam mit Anthony Blunt und John Cairncross, bildeten sie den Agentenring der »Cambridge Five«.

Smolka wiederum war nicht nur ein Bekannter von Friedmann, sondern wurde von Philby rekrutiert. Als Spezialist für »aktive Maßnahmen«, also Beeinflussungsstrategien, besetzte Smolka im Zweiten Weltkrieg eine führende Stelle im britischen Informationsministerium und trat in der Öffentlichkeit für die Allianz Großbritanniens mit der Sowjetunion ein. Nach seiner Rückkehr nach Wien war Smolka eine der wichtigsten Quellen von Graham Greenes Hintergrundrecherche für die Romanvorlage und das Drehbuch zu *Der dritte Mann*. In diesem Filmklassiker von 1949 spiegelte sich zudem Philbys Vergangenheit wider.

Während Philbys Geschichte durch zahllose Publikationen gut dokumentiert ist, wird die zentrale Bedeutung dieses Spionage-Rings von österreichischen Emigrantinnen und Emigranten noch immer wenig reflektiert.[2] Dabei war die Rekrutierung von Philby und in weiterer Folge der anderen Cambridge Five eine der erfolgreichsten Missionen in der gesamten Spionagegeschichte.[3]

Die Biografien von Engelbert Broda, Arnold Deutsch, Alice Friedmann, Edith Tudor-Hart und Peter Smolka, die alle in Wien aufwuchsen und politisch sozialisiert wurden, sind untrennbar mit dem Kontext des *Roten Wien* und der spannungsgeladenen Zwischenkriegszeit in Österreich verbunden. Das Ende des Ersten Weltkriegs und der Zusammenbruch der Donaumonarchie 1918 hatten einen traumatischen Einschnitt markiert. Zwischen 1914 und 1920 ging die EinwohnerInnenzahl Wiens von 2,2 Millionen auf 1,84 Millionen zurück. Innerhalb weniger Jahre verlor die Stadt jede sechste Bewohnerin und jeden sechsten Bewohner.[4] Gleichzeitig stellte das Wien der 1920er- und frühen 1930er-Jahre den Schauplatz eines »der außergewöhnlichsten, kreativsten und mutigsten kommunalen Experimente der neueren europäischen Geschichte« dar, so der Historiker

2 Richard Cockett, Vienna. How the City of Ideas Created the Modern World, New Haven 2023, 227.

3 Ebenda, 280.

4 Sandor Bekesi, Shrinking City? Stadtbilder und Stadtentwicklung im Wien der Zwischenkriegszeit, in: Wolfgang Kos (Hg.), Kampf um die Stadt. Politik, Kunst und Alltag um 1930, Wien 2010, 98–107, hier 99.

Wolfgang Maderthaner.[5] Zwischen 1919 und 1934 wurde Wien nämlich mit absoluter sozialdemokratischer Mehrheit unter den Bürgermeistern Jakob Reumann und Karl Seitz verwaltet. Das war die Zeit des *Roten Wien* und seiner politischen Schwerpunkte soziale Fürsorge, kommunaler Wohnbau und Schulreform. Diese Politik lief auf eine »Veralltäglichung der Revolution durch Evolution« hinaus. Nicht umsonst meinte der spätere russische Revolutionär Leo Trotzki rückblickend über Diskussionsrunden mit sozialdemokratischen Parteiführern wie Karl Renner, Friedrich Adler und Otto Bauer: »Das waren sehr gebildete Menschen, die auf verschiedenen Gebieten mehr wussten als ich. Ich habe mit lebhaftestem, man kann schon sagen, mit ehrfurchtsvollem Interesse ihrer Unterhaltung im Café ›Zentral‹ zugehört. Doch schon sehr bald gesellte sich zu meiner Aufmerksamkeit ein Erstaunen. Diese Menschen waren keine Revolutionäre.«[6]

In der Gesundheits- und Sozialpolitik verschrieb sich das *Rote Wien* dem Ziel einer radikalen Senkung der Säuglings-, Kinder- und Tuberkulosesterblichkeit. International viel Beachtung fanden die Errungenschaften im sozialen Wohnbau. Zwischen 1925 und 1933 entstanden 382 Gemeindebauten mit rund 60.000 Wohnungen. Eine progressive Steuer auf Wohnungseigentum ermöglichte die Finanzierung. Kernprinzip der Bildungspolitik wiederum war eine »Pädagogik vom Kinde aus«, die sich auf Arbeitsunterricht, Gesamtunterricht und Bodenständigkeit stützte. Dass die Sozialausgaben zwischen 1924 und 1932 bei rund 60 Prozent der Gesamtausgaben lagen, verdeutlicht die zentrale Priorität, den Lebensstandard und die Wohnqualität der Mehrheit der Wiener Bevölkerung zu verbessern.[7]

Am Erfolg des *Roten Wien* und der Sozialdemokratie waren viele Jüdinnen und Juden beteiligt. Sie standen überhaupt an der Spitze vieler gesellschaftlicher, kultureller und politischer Entwicklungen. Zwischen 1867 und 1936 wuchs der jüdische Bevölkerungsanteil von 6000 registrierten Jüdinnen und Juden auf 180.000. Das waren 10 Prozent aller in Wien lebenden Menschen. In Europa verzeichneten nur Warschau und Budapest

5 Wolfgang Maderthaner, Das kommunale Experiment. Die »Veralltäglichung« der Utopie?, in: Werner Michael Schwarz, Georg Spitaler, Elke Wikidal (Hg.), Das Rote Wien, 1919–1934. Ideen, Debatten, Praxis, Wien 2019, 24–29, hier 24.

6 Ebenda, 27 und 29.

7 Peter Eigner, Die Finanzpolitik des Roten Wien, in: Ebenda, 42–49, hier 48.

höhere Werte.[8] Jüdinnen und Juden reagierten unterschiedlich auf die gesellschaftlichen und politischen Krisen nach dem Ersten Weltkrieg. Manche mit der Hinwendung zur Tradition, andere wandten sich von ihrem Jüdischsein kategorisch ab und schufen neue, allumfassende politische und kulturelle Identitäten.[9]

Deutsch, Friedmann, Tudor-Hart und Smolka standen ganz für diesen Typus von jungen Leuten, die ihrer jüdischen Identität keine Bedeutung zumaßen (Broda hatte jüdische Wurzeln – seine Großeltern väterlicherseits waren vom Judentum zum Katholizismus konvertiert). Umso mehr begeisterten sie sich für säkulare, politische Ideen, die Modernisierung, eine Änderung der gesellschaftlichen Verhältnisse und den Bruch mit repressiven bürgerlichen Normen verhießen. Hilde Oppenheim, die später den Vorsitzenden der Kommunistischen Partei Österreichs (KPÖ), Johann Koplenig, heiratete, meinte rückblickend: »Die Emanzipation hatte nach jahrhundertelanger Unterdrückung den Juden die Möglichkeit gegeben, sich in der Gesellschaft ihren Fähigkeiten entsprechend zu integrieren und sich Positionen zu verschaffen. Es ist daher verständlich, dass sich gerade von ihnen viele an der Stelle der Armen und Unterdrückten stellten, um in der Arbeiterbewegung für eine Welt ohne Not und Unterdrückung zu kämpfen.«[10]

Ein weiterer wichtiger Faktor, der Jüdinnen und Juden für den Kommunismus begeisterte, war der Antisemitismus, der ihnen entgegenschlug. Das Zusammenspiel aus ökonomischer Misere, restriktiven Gesetzen und gewalttätigen Pogromen, die das Leben der jüdischen Bevölkerung in Osteuropa Anfang des 20. Jahrhunderts bestimmte, machte aus vielen von ihnen überzeugte Revolutionäre.[11] In Österreich war der Antisemitismus bereits in den 1920er-Jahren institutionalisiert und Jüdinnen und Juden von den obersten Ämtern des öffentlichen Dienstes und der Regierung ausgeschlossen worden.[12] Somit gab es neben jenen, die sich für die Sozial-

8 Cockett, Vienna, 17f.

9 Deborah Holmes, Lisa Silverman, Zwischenraum, Zwischenzeit. Wien nach 1918, in: Kampf, 28–34, hier 32.

10 Gabriele Kohlbauer-Fritz, Sonnenaufgang oder Sonnenuntergang. Jüdische Kommunisten zwischen Moskau und Wien – ein Rundgang, in: Gabriele Kohlbauer-Fritz, Sabine Bergler (Hg.), Genosse Jude. Wir wollten nur das Paradies auf Erden, Wien 2017, 20–53, 28.

11 Ebenda, 21.

12 Deborah Holmes, Lisa Silverman, Zwischenraum, Zwischenzeit. Wien nach 1918, in: Kampf um die Stadt, 28–34, hier 32.

demokratie begeisterten, auch viele, die der Meinung waren, dass das reformistische Konzept des *Roten Wien* nicht radikal genug sei, um die herrschende Ungleichheit, den Antisemitismus und die großen sozialen Probleme zu bewältigen. Die Ideologie des Kommunismus bot hier weitergehende Antworten und Orientierung. Und nachdem die Bolschewiki 1917 in Russland die zaristische Herrschaft gestürzt und 1922 die Sowjetunion errichtet hatten, gab es auch ein konkretes Anschauungsbeispiel, von dem man lernen konnte, wie sich angeblich das »Paradies auf Erden« verwirklichen ließe.

Das *Rote Wien* dagegen geriet im Verlauf der 1920er-Jahre immer mehr in Konflikt mit der Bundesregierung und den übrigen Bundesländern, die von konservativ-katholischen Kräften dominiert wurden. Die Sozialdemokratie war nur bis 1920 an der Bundesregierung beteiligt und danach durchgehend in Opposition. Sie konnte aber im Durchschnitt rund 40 % der Stimmen für sich gewinnen und ging aus der letzten freien Wahl vom 9. November 1930 als stimmenstärkste Partei hervor. Infolge der voranschreitenden Polarisierung inmitten einer sozialen und ökonomischen Dauerkrise bildeten die großen Parteien eigene Wehrverbände: Auf Seiten der Sozialdemokratie war das der *Republikanische Schutzbund*, bei den Christlichsozialen die *Heimwehr*.

Ab Ende der 1920er-Jahre kam es immer öfter zu gewalttätigen Auseinandersetzungen wie den Schattendorf-Morden und dem darauffolgenden Sturm auf den Justizpalast (1927). Gleichzeitig wurde die liberale Demokratie schrittweise beseitigt. 1933 verhinderte Bundeskanzler Engelbert Dollfuß das Zusammentreten des Parlaments mit Polizeigewalt. Er regierte nun autoritär mittels Notverordnungen auf Grundlage des Kriegswirtschaftlichen Ermächtigungsgesetzes. Am 26. Mai 1933 wurde die KPÖ verboten und in die Illegalität gedrängt. Es kam zur Einschränkung der Presse- und Versammlungsfreiheit und der Aufhebung des Streikrechts.

Das Verbot und die Entwaffnung des Schutzbundes samt provokativer Verhaftungswellen führte schließlich zwischen 12. und 15. Februar 1934 zum Bürgerkrieg. Der Aufstand des Schutzbundes war schlecht vorbereitet und verlief unkoordiniert, was es Polizei, Bundesheer und Heimwehr relativ leicht machte, Widerstandsnester nacheinander niederzukämpfen. Philby und Friedmann durchlebten diese schicksalshaften Tage und leisteten

Schutzbündlern Unterstützung und Fluchthilfe. Eine prägende Erfahrung für den jungen Briten.

Dollfuß versuchte, mit einem nach italienischem Vorbild ausgerichteten Austrofaschismus den Einfluss des Nationalsozialismus zurückzudrängen. Doch er scheiterte und wurde im Juli 1934 bei einem Putschversuch ermordet. Sein Nachfolger Kurt Schuschnigg setzte den diktatorischen Kurs fort, konnte aber der Zersetzung von innen durch die heimischen illegalen Nationalsozialisten und dem Druck von außen durch Nazi-Deutschland nicht widerstehen. Der Einmarsch der deutschen Wehrmacht, dem ein Aufstand der illegalen Nazis vorangegangen war, sowie der »Anschluss« beendeten die Eigenstaatlichkeit Österreichs im März 1938.[13]

Die wachsende Bedrohung durch den Nationalsozialismus war ein wichtiger Grund dafür, dass sich viele politisch aktive Jüdinnen und Juden dem Kommunismus zuwandten. Galt doch die Sowjetunion als einzige wirkliche antifaschistische Kraft, während manche der bürgerlichen Parteien bereit waren, Bündnisse mit der extremen Rechten einzugehen. Der Hitler-Stalin-Pakt (1939) sollte bei den KommunistInnen zu einer schweren Vertrauenskrise führen, die jedoch bald vom opferreichen Widerstand der Sowjetunion nach dem deutschen Überfall 1941 überstrahlt wurde. Der bedrängten UdSSR beizustehen war jedenfalls neben der ideologischen Überzeugung das stärkste Motiv für Broda, Deutsch, Friedmann, Smolka, Tudor-Hart sowie die Cambridge Five. So sagte der frühere sowjetische Geheimdienstoffizier Igor Prelin gemünzt auf Tudor-Hart aus: »Edith war nicht die einzige, die aus Idealismus und ohne Bezahlung gearbeitet hat. Praktisch das gesamte Netzwerk des sowjetischen Aufklärungsdienstes diente der Sowjetunion aus rein ideologischen Gründen. Alle Antifaschisten.«[14]

Was im Falle der Cambridge Five noch hinzukam: Sie begriffen sich nicht als Agenten im Dienst der Sowjetunion, sondern als Akteure im Kampf gegen den Faschismus und britischen Imperialismus im Ausland bzw. für Wandel im eigenen Land, wo einige von ihnen als Homosexuelle mit strengen Strafen bedroht wurden. Von den Zuständen in der stalinistischen

13 Oliver Rathkolb, Demokratieentwicklung in Österreich seit dem 19. Jahrhundert, https://www.demokratiezentrum.org/wp-content/uploads/2021/07/Rathkolb_Demokratieentwicklung.pdf

14 Susanne Mauthner-Weber, KGB-Agentin aus Wien: Wer war Edith Tudor-Hart?, in: *Kurier*, 28.3.2017.

Sowjetunion hatten die Cambridge Five keine Ahnung.[15] Genauso wenig wie Tudor-Hart, die ebenfalls nie dort gewesen war. Auch Philby lernte die Lebensrealität in der UdSSR erst kennen, als er sich 1963 hinter den »Eisernen Vorhang« absetzte. Broda und Smolka kannten die Sowjetunion zumindest von touristischen und dienstlichen Aufenthalten. Nur Deutsch hatte als ziviler Angestellter des sowjetischen Geheimdiensts einen intimen Einblick. Er erlebte die schlimmsten Jahre der stalinistischen Säuberungen mit, ehe er 1942 angeblich bei einem Schiffsuntergang ums Leben kam.

Die Erfahrung der Emigration war noch ein weiteres Moment, dass alle der hier geschilderten Biografien miteinander verbindet. So wie viele österreichische Jüdinnen und Juden waren Broda, Deutsch, Friedmann, Tudor-Hart und Smolka bereits vor dem »Anschluss« aus Österreich emigriert. Ihr Ziel lautete Großbritannien. Ab 1933 und verstärkt nach dem Februar 1934 kamen im Zuge der politischen Verfolgungen durch den Austrofaschismus die ersten österreichischen Flüchtlinge nach Großbritannien. Dort fanden insgesamt 27.293 verfolgte österreichische JüdInnen Aufnahme. Dazu kamen noch die nicht-jüdischen, aus politischen und anderweitigen Gründen Verfolgten und jene Personen, die in dem von Nazi-Deutschland besetzten Österreich nicht mehr bleiben wollten. Ein Teil der jüdischen Flüchtlinge und der überwiegende Teil der politisch verfolgten ÖsterreicherInnen rief in Großbritannien mit dem *Austrian Centre* und dem *Free Austrian Movement* (FAM) die größte österreichische Exilbewegung überhaupt ins Leben.[16]

Am 15. und 16. März 1939 fand die Eröffnung des *Austrian Centre* in London, Westbourne Terrace 124, statt. Diese Einrichtung stand allen österreichischen Emigranten als Anlaufstelle zur Verfügung. In diesem Zentrum befanden sich eine Informations- und Beratungsstelle der *Austrian Self-Aid*, eine Agentur für Hausgehilfinnen, eine Arbeitsvermittlungsstelle und ab Dezember 1939 eine Herberge (Hostel). Später gab es eine Bibliothek, Bildungs- und Fortbildungskurse, Vorlesungen und Vorträge sowie gesellige Zusammenkünfte. Besonderer Beliebtheit erfreute sich die Kantine, welche zunächst über drei Speiseräume und eine Küche verfügte. Hinzu

15 Michael Holzman, Kim and Jim. Philby and Angelton: Friends and Enemies in the Cold War, London 2021, 43.

16 Reinhard Müller (Hg.), »Fluchtpunkt England«. Spuren der österreichischen Emigration in Großbritannien 1938 bis 1945, Graz 1996, 5.

kamen noch die im August 1939 eröffneten Werkstätten. Im Juli 1939 hatte das *Austrian Centre* bereits 1500 Mitglieder, im März 1944 über 3500. Insgesamt gehörten im Laufe der Zeit bis Kriegsende etwa 7500 Geflüchtete dem Zentrum als eingeschriebene Mitglieder an.[17] Heimkehrer aus den Reihen des *Austrian Centre* und des FAM sollten später keine entscheidende Rolle in der österreichischen Nachkriegspolitik spielen. Insofern bestand die Bedeutung des *Austrian Centre* hauptsächlich in der Arbeit für seine Mitglieder in der Emigration.[18]

Gedenktafel für das Austrian Centre am ehemaligen Sitz in der Westbourne Terrace 124

Das *Austrian Centre* war die erfolgreichste Organisation, die von Emigrantinnen und Emigranten gegründet wurde – in Bezug auf die Zahl der Mitglieder und die Einrichtungen sowie Dienstleistungen, mit denen es aufwartete. Anfänglich stand ihm ein Komitee vor, in dem ein breites Spektrum an politischen Einstellungen vertreten war.[19] Mit der Zeit allerdings wurde der kommunistische Einfluss unübersehbar – ebenso wie Verbindungen zu anderen Emigrantengruppen.[20] Die Einrichtung war dem britischen Inlandsgeheimdienst *Secret Service* (MI5) dementsprechend suspekt und galt als Fokus kommunistischer Aktivität. Allmählich übernahmen linksgerichtete Emigranten das *Austrian Centre*, was damit zu tun hatte, dass diese am aktivsten und politisch diszipliniert waren.[21] Laut der Histori-

17 Ebenda, 8.

18 Charmain Brinson, Ein »sehr ambitioniertes Projekt«. Die Anfänge des Austrian Centre, in: Marietta Bearman, Charmain Brinson, Richard Dove, Anthony Grenville, Jennifer Taylor (Hg.), Wien – London, Hin und Retour. Das Austrian Centre in London 1939 bis 1947, Wien 2004, 15–61, hier 61.

19 Charmain Brinson, Richard Dove, A matter of intelligence. MI5 and the surveillance of anti-Nazi refugees, 1933–50, Manchester 2014, 128.

20 Ebenda, 138f.

21 Paul Broda, Scientist Spies: A memoir of my three parents and the atom bomb, Leicester 2011, 65.

kerin Charmain Brinson lässt es sich nicht leugnen, dass das *Austrian Centre* »in gewisser Weise« zur Tarnung kommunistischer Aktivitäten diente. So hielt man die Augen nach potenziellem Kaderpersonal für exklusivere Parteiorganisationen offen, wie den konspirativ agierenden Kommunistischen Jugendverband. Die in Großbritannien agierende Exil-KPÖ vertrat unter der Führung von Hans Winterberg allerdings einen moderaten Kurs. Ihre Ziele – die Formierung einer nationalen Front gegen Hitler und die Wiederherstellung eines freien Österreichs – wurden weitgehend akzeptiert.[22]

Der MI5 aber blieb skeptisch. 1941 hieß es in einem Bericht, dass die KPÖ ihren Einfluss ausgedehnt habe, »indem sie spezielle Sektionen geschaffen hat [...] für das Austrian Centre, das Bloomsbury House, den Czech Trust und den Council of Austrians. Das Geschäft all dieser Sektionen ist es, darüber informiert zu sein, was in diesen verschiedenen Organisationen passiert und sicherzustellen, dass sie eine einheitliche Parteipolitik durchführen.«[23] Die kultivierte, gebildete und gut gekleidete Eva Kolmer war Generalsekretärin des *Austrian Centre* und des *Free Austrian Movement*, des 1941 gegründeten Dachverbands für sämtliche in Großbritannien zuvor bestehende österreichische Exilorganisationen. Kolmer war innerhalb des britischen Establishments ausgezeichnet vernetzt. Der MI5 schaffte es nie, genügend Beweise gegen die überzeugte Kommunistin zu sammeln. Der MI5-Offizier William Robson-Scott nannte sie anerkennend »die große Eva« oder »die große Lady«.[24]

Der Geheimdienst gelangte aber auch an ein Dokument, das wahrscheinlich vom *Austrian Refugee Commitee* herausgegeben wurde. Es zeigte die Anstrengungen, die zumindest ein Teil der Flüchtlinge unternehmen würde, um das »gute Benehmen« ihrer Landsleute sicherzustellen. Unter dem Titel »Österreicher in England« wurde eine Reihe an Verhaltensregeln zusammengefasst: »Die Österreicher sind immer willkommene Besucher in fremden Ländern gewesen. Ihre Höflichkeit, Fähigkeiten etc. wurden stets geschätzt und diese Freundlichkeit ging während des Krieges nicht verloren. Heute allerdings ist diese Beziehung gefährdet. Welle auf

22 Charmain Brinson, Ein »sehr ambitioniertes Projekt«, 36.

23 Report Refugee Communist Organisations, 14. 3. 1941, in: The National Archives (künftig: TNA), KV 2/1013, 45a.

24 Brinson, Dove, Matter, 135.

Welle von Flüchtlingen suchen um Asyl an und es ist von größter Wichtigkeit, dass Österreichs Name über jeden Zweifel erhaben bleibt. Wir sollten darauf Acht geben, uns bei den zuständigen Behörden zu registrieren; darauf achten, uns mit der Kritik an der Politik, der Religion und den Gebräuchen des Landes, das uns Gastfreundschaft schenkt, zurückzuhalten. Wir müssen es versuchen und Englisch lernen. Wir müssen einander helfen, begreifen, dass wir miteinander verbunden sind durch unser gemeinsames Vaterland und durch unsere Opfer. Am wichtigsten ist, dass wir den besten Traditionen Österreichs treu bleiben und so die Sympathie unserer Gastgeber sicherstellen.«[25]

Der Sowjetkommunismus wurde in Großbritannien als eminente Bedrohung der nationalen Sicherheit wahrgenommen. Hatte doch auch der Revolutionsführer und Staatsgründer der UdSSR, Wladimir Lenin, seinerseits am 8. November 1917 das Vereinigte Königreich als den »größten Feind« bezeichnet.[26] Von 1917 bis 1920 versuchte der MI6, das Seine zu einem Sturz der bolschewistischen Machthaber beizutragen.[27] Als dies nichts fruchtete, nahm man 1924 diplomatische Beziehungen auf. Doch dieses Tauwetter währte nicht lange. Bereits 1924 sorgte ein gefälschter Brief des Komintern-Vorsitzenden Grigori Sinowjew an politische Verbündete am Rand der *Labour Party* für Aufregung.[28] Am 12. Mai 1927 kam es zur Durchsuchung der sowjetischen Handelsagentur ARCOS und infolgedessen zur Ausweisung verdächtiger Geheimdienstmitarbeiter. Dies war auch der Anlass, die Beziehungen wieder abzubrechen.[29] Schon 1926 befand der *Permanent Under-Secretary of State*, William Tyrell, das Vereinigte Königreich sei mit Russland »praktisch im Krieg«. Die Sowjetunion würde auf friedliche Unterwanderung setzen und andernorts Revolutionen anzetteln, um so der kommerziellen Prosperität des britischen Empires den Boden zu entziehen. Mehr als jedes andere Land griff die UdSSR mitten in Friedenszeiten britische

25 We Austrians in England, in: TNA, KV 2/2349, 27c.

26 Ben Macintyre, Britain is public enemy No 1 in Russia, in: *The Sunday Times*, 25. 7. 2020.

27 Timothy Phillips, The Secret Twenties. British Intelligence. The Russians and the Jazz Age, London 2017, 32.

28 Miranda Carter, Anthony Blunt. His Lives, London 2001, 154.

29 Barry McLoughlin, Sowjetische Geheimdienstapparate in Österreich, in: Barry McLoughlin Barry, Hannes Leidinger, Verena Moritz (Hg.), Kommunismus in Österreich 1918–1938, Innsbruck 2009, 372–470, hier 376.

Interessen an, was Ängste bezüglich eines Zusammenhangs zwischen internen und auswärtigen Bedrohungen nährte.[30]

Für die Abwehr der »roten Gefahr« war ab 1931 der MI5 federführend zuständig – unterstützt von *Scotland Yard* und der *Special Branch*, auf die der Geheimdienst für exekutive Maßnahmen zurückgreifen musste. Die *Communist Party of Great Britain* (CPGB) stand ab ihrer Gründung (1920) unter Überwachung. In der Zwischenkriegszeit sollte der MI5 für kein anderes Ziel so viele Ressourcen einsetzen wie für die »Überwachung und Durchleuchtung der CPGB«.[31] Noch in den 1920er-Jahren wurden zu bekannten und verdächtigten Kommunistinnen und Kommunisten umfangreiche Dossiers angelegt.[32] Gleichzeitig durchlief der MI5 eine tiefe Krise: Nach einer Hochphase während des Ersten Weltkrieges war der Personalstand bis 1920 um 80 Prozent gekürzt worden. 1937, als sich die Konfrontation mit Nazi-Deutschland abzeichnete, verfügte der MI5 nur mehr über 26 Offiziere. 1939, am Vorabend des Zweiten Weltkrieges, waren es gerade einmal 36. Hinzu kam eine Führungskrise: Vernon Kell hatte den MI5 ab 1909 aufgebaut. Drei Jahrzehnte später amtierte er noch immer als Direktor und zeigte sich mit den neuen Herausforderungen überfordert. Als Kell 1940 vorschlug, insgesamt 50.000 Flüchtlinge kurzerhand zu internieren, war das letzte Vertrauen in ihn dahin und er wurde abgelöst.[33]

Infolge des deutschen Angriffs auf die Sowjetunion und dem *Anglo-Soviet Agreement* (1941) ließ die Anspannung in Bezug auf die kommunistische Emigrantenszene ohnedies nach. Roger Hollis, ab August 1941 zuständig für die Abwehr sowjetischer Spionage und später Generaldirektor des MI5, meinte, dass die Kommunisten zwar eine »weitergehende Gefahr« darstellen würden, aber keine wirkliche Bedrohung während der Kriegsanstrengungen seien. Sie hätten in keinem europäischen Land, das besetzt worden sei, eine subversive »fünfte Kolonne« gebildet. Jetzt – mitten im Zweiten Weltkrieg – sei nicht die passende Zeit, sich mit ihnen zu

30 John Ferris, Behind the Enigma. The Authorised History of HCHQ, Britain's Secret Cyber-Intelligence Agency, London 2020, 143.

31 Christopher Andrew, MI5. Die wahre Geschichte des britischen Geheimdienstes, München 2011, 164.

32 Brinson, Dove, Matter, 11.

33 Frank Close, Trinity, The Treachery and Pursuit of the Most Dangerous Spy in History, London 2019, 52 und 57.

befassen.[34] Die primäre Sorge bestand darin, die ausländischen Kommunistinnen und Kommunisten könnten sich mit der CPGB zusammentun, um soziale und politische Veränderungen in Großbritannien zu erzwingen, während das Land unter starkem Druck seitens Nazi-Deutschlands stand. Weniger beachtet wurde, dass für Spione wie Broda, Deutsch, Friedmann, Smolka und Tudor-Hart ab 1941 das Überleben der Sowjetunion im Vordergrund stand und die innere Situation in Großbritannien für sie keine Rolle spielte.

Die befürchtete Unterwanderung fand statt (auch wenn die überwiegende Mehrheit der EmigrantInnen nichts mit Spionage zu tun hatte). Aber sie zielte in erster Linie auf Informationen, die es der UdSSR ermöglichen sollten, den Krieg zu gewinnen und bei der Entwicklung von Atomwaffen rasch gleichzuziehen. Obgleich der MI5 die handelnden Personen umfangreich beobachtete und aufklärte, kam nie genügend Beweismaterial zusammen, um jemanden vor Gericht zu bringen. Deutsch wurde erst 1940 als Agentenführer identifiziert, als er schon seit drei Jahren nicht mehr im Land residierte. Der Verrat der Cambridge Five hatte aufgrund des Aufstiegs von Blunt, Burgess, Cairncross, Maclean und Philby in Schlüsselstellen von Ministerien, Verwaltung und Geheimdiensten eine ganz andere Dimension. Insofern handelt es sich auch um die Geschichte eines großen Versagens der Behörden.

Aufgrund der Ermittlungen existieren für Broda, Deutsch, Smolka und Tudor-Hart teils umfangreiche Konvolute, die mittlerweile auch für die Öffentlichkeit freigegeben sind. Nur zu Friedmann gibt es keine eigene deklassifizierte Akte. Die Dokumente sind die Hauptinformationsquellen, welche für diese Publikation genutzt wurden. Sie stellen freilich keine objektive Wahrheit dar und müssen mit Vorbehalt gelesen werden. Allzu oft werden Gerüchte und Halbwahrheiten miteinander vermischt. Außerdem klingt aus dem Inhalt mitunter ein antisemitischer, xenophober und antikommunistischer Unterton, der dem Geist der Zeit entspricht.

Im Unterschied zur guten Quellenlage in Großbritannien ist die Situation in den österreichischen Archiven unbefriedigend. Hier dürften viele relevante Untersuchungsakten von der Gestapo in der Zeit nach dem

34 Brinson, Dove, Matter, 138.

»Anschluss« 1938 konfisziert und 1944 zerstört worden sein, um zu verhindern, dass sie in sowjetische Hände fallen.[35] So wurden die Räumlichkeiten der *Zentralen Evidenzstelle* in der Wiener Polizeidirektion am 12. März 1938 von der SS besetzt. Die Gestapo und andere Dienststellen übernahmen das Aktenmaterial oder vernichteten es.[36] Zumindest die Tätigkeit sowjetischer Geheimdienste in Wien in den 1920er- und 1930er-Jahren konnte bereits erforscht werden – auch durch den Rückgriff auf Unterlagen im Archiv der Komintern in Moskau.[37] Eine nützliche Ergänzung, speziell zu Philby und zu der 1945 in die DDR übersiedelten Friedmann, bietet obendrein das zum deutschen *Bundesarchiv* gehörige *Stasi-Unterlagen-Archiv*.

Das lückenhafte und teils einseitige Bild in den Primärquellen lässt sich durch die umfangreiche Sekundär- und Memoirenliteratur ergänzen. So haben enge Angehörige von Broda, Friedmann und Tudor-Hart über sie publiziert.[38] Zu Tudor-Hart gibt es auch den Dokumentarfilm »Auf Ediths Spuren« (2016) von ihrem Großneffen und Biografen Peter Stephan Jungk.

Dennoch gab es bis jetzt noch keine Publikation, die die Geschichte dieser ProtagonistInnen mit jener von Philby und der Cambridge Five verknüpft und quellengestützt erzählt. Zwecks Übersichtlichkeit werden sie einzeln und nacheinander in Porträtform vorgestellt – anhand der sich daraus ergebenen Überschneidungen wird deutlich, wie eng vernetzt sie agierten. Sie kannten einander aus Jugendtagen und auch Liebesbeziehungen spielten eine Rolle. Man kann von einem regelrechten Wiener Spionagezirkel sprechen – obgleich die einzelnen Mitglieder nie in einer organisierten Form oder gleichzeitig zusammengearbeitet haben.

Der wichtigste Konnex war vielmehr die absolute Hingabe an kommunistische Ideale, den Kampf für eine freiere, sozialere und gerechtere

35 Wiliam E. Duff, A Time for Spies. Theodore Stephanovich Mally and the Era of the Great Illegals, Nashville 1999, 201.

36 Gerhard Jagschitz, Die Politische Zentralevidenzstelle der Bundespolizeidirektion Wien. Ein Beitrag zur Rolle der politischen Polizei in der Ersten Republik, in: Jahrbuch für Zeitgeschichte, Wien 1979, 49–95, hier 86f.

37 Vgl. u. a.: Hannes Leidinger, Verena Moritz, Russisches Wien. Begegnungen aus vier Jahrhunderten, Wien 2004, Verena Moritz, Hannes Leidinger, Julia Köstenberger (Hg.), Gegenwelten. Aspekte der österreichisch-sowjetischen Beziehungen 1918–1938, St. Pölten 2013.

38 Vgl.: Barbara Honigmann, Ein Kapitel aus meinem Leben, München 2004, Paul Broda, Scientist Spies: A memoir of my three parents and the atom bomb, Leicester 2011, Peter Stephan Jungk, Die Dunkelkammern der Edith Tudor-Hart. Geschichten eines Lebens, Frankfurt am Main 2017.

Gesellschaft und für das Überleben der Sowjetunion im Zweiten Weltkrieg. Im Dienste dieser Sache gingen Beziehungen zu Bruch, engste Angehörige wurden vernachlässigt, es wurde die eigene Freizeit und Gesundheit geopfert und man riskierte lange Haftstrafen oder gar den Tod. Über lange Perioden wurde den AgentInnen bis ins Intimste nachgespürt. Westliche Geheimdienste lasen die Post, verwanzten die Telefone und observierten die Protagonistinnen und Protagonisten über lange Perioden intensiv. Sie setzten sie unter Druck, sprachen im Falle von Tudor-Hart ein Berufsverbot aus und führten Informanten im engsten persönlichen Umfeld der Zielpersonen. Das Gleiche ereignete sich im Ostblock: Friedmann war auch in der DDR Überwachung durch das *Ministerium für Staatssicherheit* (MfS) ausgesetzt. Philby und den Cambridge Five wurde in Moskau nie wirklich vertraut – ebenso wenig wie Deutsch, dessen genaues Schicksal Rätsel aufgibt. Und allen war gemeinsam, dass Moskau ihr Engagement letztlich nie würdigte oder anerkannte. Erst posthum verwandelte man Philby und Deutsch in sinnentleerte Heroen zur eigenen Imagepflege und instrumentalisierte sie in der ideologischen Auseinandersetzung mit dem Westen. Die Beiträge von Broda, Friedmann, Smolka und Tudor-Hart sind dagegen in Vergessenheit geraten. Nur für einen kurzen Abschnitt nach der Wende 1989 wurden gegen viel Geld allenfalls Bruchstücke aus sowjetischen Archiven bekannt, die heute wieder fest unter Verschluss sind.

Dass all dieser persönliche Einsatz letztlich im Dienste des massenmörderischen Stalinismus geschah, ist einerseits tragisch. Andererseits stellt sich natürlich die Frage, wie Broda, Deutsch, Friedmann, Smolka und Tudor-Hart so lange gläubige Kommunistinnen und Kommunisten bleiben konnten. Freilich gibt es auch hier Abstufungen: Deutsch lernte den Horror und die Paranoia der stalinistischen Säuberungen als einziger aus unmittelbarer Nähe kennen. Friedmann tauschte am Ende ihres Lebens das Exil in der DDR mit der Rückkehr nach Österreich. Smolka bekam den immer wieder aufgeflammten Antisemitismus im Ostblock zu spüren, als man ihn Anfang der 1950er-Jahre infolge der Schauprozesse in der Tschechoslowakei als »imperialistischen Agenten« denunzierte. Er brach infolge mit der KPÖ, die sich von ihm distanziert hatte.

Was anhand dieser Geschichte ebenfalls deutlich wird, ist die besondere und gewichtige Rolle von Frauen in der Spionage. Dennoch wird diese generell bis heute kaum erzählt, so Maik Baumgartner und Ann-Katrin Müller. Es gebe nur wenige Bücher oder Dokumentationen über Geheimagentinnen, »nur in Ausnahmefällen kennt man ihre Namen oder die Organisationen, denen sie zum Erfolg verholfen haben«. Diese Frauen seien »doppelt unsichtbar«.[39] Auch wenn Friedmann und Tudor-Hart im Vergleich zu anderen Geheimagentinnen zumindest öfter in der Literatur erwähnt wurden, gelten sie doch bislang als Randfiguren, hauptsächlich im Rahmen der Biografie Philbys. Dabei kümmerten sich die beiden Frauen um den Alltag des Spionagegeschäfts und stellten als Relais das Funktionieren des Informationssammelns sicher, insbesondere durch ihre Kuriertätigkeit. Auch wenn Deutsch als Rekrutierer von Philby gilt, so wären die beiden nicht zusammengekommen, wenn nicht die »Talentsucherin« Tudor-Hart gewesen wäre. Broda brauchte letztlich den Anstoß durch Tudor-Hart, um mit dem sowjetischen Geheimdienst in Kontakt zu treten. Und auch auf der Gegenseite, beim MI5, waren mit Jane Archer und Evelyn McBarnet zwei Frauen federführend mit den Ermittlungen in Sachen Spionageabwehr betraut.

Schließlich verweben sich diese Biografien und Geschehnisse auch zu einer sehr speziellen Wiener Geschichte. Die österreichische Hauptstadt war Anfang des 20. Jahrhunderts ein einzigartiger multiethnischer Schmelztiegel, der einige der wichtigsten Ideen der Moderne hervorbrachte: Psychoanalyse, Jugendstil, Zwölfton-Musik, Zionismus, modernistische Architektur, die *Wiener Schule* des Liberalismus. Gleichzeitig war Wien auch jener Ort, an dem Antisemitismus durch Georg von Schönerer und Karl Lueger zu politischen Zwecken instrumentalisiert wurde. Grassierende rassistische sowie ethnonationalistische Ideologien wurden zum geistigen Nährboden für den jungen Adolf Hitler, der von 1907 bis 1913 in Wien lebte.[40]

Dieses Nebeneinander von so unterschiedlichen Ideen und Strömungen hatte großen Einfluss auf die Politisierung und die Verortung von Broda, Deutsch, Friedmann, Smolka und Tudor-Hart in den sozialen Konflikten ihrer Epoche. Überdies war das Wien dieser Zeit auch schon eine internationale Spionagedrehscheibe ersten Ranges, primär bedingt durch die

39 Maik Baumgartner, Ann Katrin-Müller, Die Unsichtbaren. Wie Geheimagentinnen die deutsche Geschichte geprägt haben, München 2022, 11f.

40 Cockett, Vienna, 2.

zentrale geografische Lage und die laxe Handhabe der Behörden. Dass insbesondere die zaristischen und später die sowjetischen Dienste Wien als eine zentrale Basis nutzten, legte den Grundstein für den Wiener Spionagezirkel. Deutsch, Friedmann und Tudor-Hart fanden in dieser Stadt den Anschluss an die geheimdienstlichen Strukturen der UdSSR und der Komintern.

So schließt die vorliegende Publikation eine Lücke in der zeitgeschichtlichen Betrachtung und gibt abschließend noch einen Ausblick auf die weitere Entwicklung Wiens im Zusammenhang mit sowjetischer und zuletzt russischer Spionage. Daraus werden lang zurückreichende Kontinuitäten erkennbar – von der laxen Gesetzeslage bis hin zur relativ toleranten Haltung der Behörden.

Sitz des Geheimdienstes MI5 im Thames House am Nordufer der Themse

Die »Bolschewikenzentrale«: Wien als Zentrum sowjetischer Spionage

Österreich gilt bis heute als Spielwiese internationaler Geheim- und Nachrichtendienste. Bereits in den Jahren nach dem Ersten Weltkrieg verzeichnete man eine intensive Tätigkeit verschiedener Agenten aus aller Herren Länder. Wien löste damals Paris als Hauptstadt der Spionage ab. Diese richtete sich wie auch in den darauffolgenden Jahrzehnten überwiegend nicht gegen Österreich. Interessant war das Land wegen seiner zentralen geografischen Lage als Drehkreuz und Knotenpunkt für Spione, die sich zwischen der Tschechoslowakei, Ungarn, Deutschland und der Sowjetunion hin- und herbewegten.[41]

Rein politisch und wirtschaftlich war das hohe Spionageaufkommen jedenfalls nicht zu erklären: Österreich, noch bis 1933 eine Demokratie, war weder militärisch noch wirtschaftlich von Belang. Aber es gab eine Reihe von Faktoren, die Spionage begünstigten: Einer war das liberale Niederlassungsrecht.[42] Außerdem stellte Spionage in den 1920er- und 1930er-Jahren nur dann ein Vergehen dar, wenn es um Aktivitäten ging, die gegen Österreich gerichtet waren. In solchen Fällen wurde wegen »Geheimbündelei« Anklage erhoben. Im Falle eines Schuldspruchs drohten Inländern eine Haftstrafe von bis zu einem Jahr. Bei Ausländern bewegte sich der Strafrahmen zwischen einem Monat und bis zu einem halben Jahr.[43]

Überdies war die Spionageabwehr schwach ausgeprägt: Die seit 1920 bestehende *Zentrale Evidenzstelle* (ZEST) der Bundespolizeidirektion Wien war ein Informationszentrum und kein operatives Amt. Die Aufgabe der ZEST lautete: »Sammlung aller politisch hervortretenden Personen und Bewegungen ohne Rücksicht auf ihre Wertung als staatsfeindlich oder staatsfreundlich.«[44] Zentrale Bedeutung hatte dabei die Überwachung der heimischen kommunistischen Bewegung: Parteitage und öffentliche Kundgebungen wurden erfasst – ebenso wie die Tätigkeit österreichischer kommunistischer

41 Helen Fry, Spymaster. The Man who saved MI6, New Haven 2021, 24–38.

42 McLoughlin, Geheimapparate, 373.

43 Ebenda, 374.

44 Jagschitz, Zentralevidenzstelle, 71.

Funktionäre.[45] Die ZEST wurde aber dem Anspruch ihres Initiators – des Wiener Polizeipräsidenten Johannes Schober –, ein zentraler Nachrichtendienst zu werden, nicht gerecht. Dafür waren nie genug Finanzmittel vorhanden und andere Behörden widersetzten sich diesen Zentralisierungsbestrebungen. 1933 machte die Gründung eines staatspolizeilichen Evidenzbüros in der Generaldirektion für die öffentliche Sicherheit die ZEST praktisch obsolet.[46]

Im Österreich der Zwischenkriegszeit bestand auch kein ständiger militärischer Nachrichtendienst. Dieser war 1920 aufgelöst und 1924 sowie 1933 wieder ins Leben gerufen worden. Diese Struktur nahm aber keine Abwehrarbeit wahr, sondern beschränkte sich auf die Beobachtung der militärischen Lage im Grenzgebiet. Somit verfügten Kriminalbeamte des staatspolizeilichen Büros innerhalb der Wiener Polizeidirektion über die Oberhoheit im Hinblick auf die Spionageabwehr.[47] Ab 1920 initiierte Schober einen Nachrichtenaustausch über kommunistische Aktivitäten mit mehreren Ländern. Diese »antikommunistische Interpol« hielt zahlreiche Konferenzen ab.[48]

Grundsätzlich aber waren die österreichischen Behörden laut dem Historiker Gerald Jagschitz bestrebt, »die internationale Agentenszene unbelästigt zu lassen und nur in jenen Fällen einzuschreiten, in welchen eine Verwicklung von österreichischen Staatsbürgern konstatiert wurde. So wurde etwa ein Österreicher verhaftet, der sich durch Bestechung von Beamten aus der Nachrichtengruppe des Landesbefehlshaberamtes (der späteren Heeresverwaltungsstelle Wien) streng vertrauliche militärische und politische Nachrichten beschaffte und sie sofort an die tschechoslowakische, polnische, englische, französische und rumänische Mission, zeitweise auch die ungarische Gesandtschaft weitergab. Diese Nachrichten betrafen nicht Österreich selbst, sondern jene Daten, die die Nachrichtenabteilung über fremde Staaten beschafft hatte.«[49]

Unter den vielen Akteuren, die in Wien operierten, stach einer besonders hervor. Schon Ende des 19. Jahrhunderts galt Wien als das bevorzugte

45 Ebenda, 83.
46 Ebenda, 82 und 86.
47 McLoughlin, Geheimapparate, 373.
48 Jagschitz, Zentralevidenzstelle, 71.
49 Ebenda, 84.

Operationsgebiet der zaristischen Geheimdienste.[50] Im Jahrzehnt vor dem Ersten Weltkrieg stiegen die Spionagefälle nochmals sprunghaft an. Speziell das Grenzgebiet Galizien entwickelte sich zum Hotspot. Die zaristischen Dienste *Ochrana* und der militärische *Radweska* hatten in der k. u.k-Armee zahlreiche Quellen. Der bekannteste Verratsfall war jener von Oberst Alfred Redl, der im Jahr 1913 platzte.[51]

Wien zog aber auch oppositionelle russische EmigrantInnen an. Diese bildeten eine der größten »Ausländerkolonien«. Ende 1911 hielten sich in Wien 5324 russische Staatsbürger auf, von denen laut Polizeidirektion lediglich 20 als politische Flüchtlinge galten.[52] Im *Neuen Wiener Journal* wurde 1925 rückblickend zusammengefasst: »Es herrschte damals in Österreich die Gepflogenheit, politische ›Verbrecher‹ an Russland nicht auszuliefern. Da aber beinahe die gesamte russische Intelligenz, soweit sie im Ausland studiert hatte, zum politischen Verbrechertum zählte, wurde von dem stillschweigenden Asylrechte ausgiebiger Gebrauch gemacht.«[53] Als die Spannungen zwischen Österreich und Russland zunahmen, wurde die »Russenkolonie« zum strategischen Asset. Den Auslieferungsansuchen zaristischer Gerichte wurde nur mehr stattgegeben, wenn es sich nicht um politische Delikte handelte.[54]

Einige der wichtigsten Kader der Bolschewiki ließen sich in Wien nieder: Alexander und Elena Trojanowski von 1911 bis 1914, Nikolai Bucharin von 1912 bis 1914, Stalin von Jänner bis Februar 1913 und Lenin im Dezember 1900, März 1901, Juni 1913 und für wenige Tage Ende August/Anfang September 1914. Am längsten wohnte die Führungsperson der russischen Sozialdemokratie, Leo Trotzki, in Wien, und zwar von Oktober 1907 bis August 1914.[55] Auch die *Prawda* erschien ab 1909 von Wien aus.[56] Mit der Übersiedlung Lenins von Paris nach Krakau 1912 wurde Wien überhaupt »zu einer der Schaltstellen im Verbindungsnetzwerk der

50 Leidinger, Moritz, Wien, 139.

51 Erich Witzmann, Galizien war »Hotspot der Spionage«, in: *Die Presse*, 12. 8. 2023.

52 Leidinger, Moritz, Wien, 133.

53 Günther Haller, Café Untergang. Stalin, Hitler, Trotzki 1913 in Wien, Wien 2023, 96f.

54 Leidinger, Moritz, Wien, 135.

55 Paul Kutos, Russische Revolutionäre in Wien 1900–1917. Eine Fallstudie zur Geschichte der politischen Emigration, Wien 1993, 16.

56 Ebenda, 39.

Auslandsorganisation der Bolschewiki«, so der Historiker Paul Kustos. Das Ehepaar Trojanowski und deren Wohnung in der Schönbrunner Schlossstraße Nr. 30 war die erste Anlaufstelle für durch Wien kommende Kader.[57] Sie alle hatten in Wien von den Behörden nichts zu fürchten. »Man betrachtete in Wien jeden Feind der Romanow als Freund«, so der Journalist Günther Haller. Laut einem Bericht in *Der Tag* von 1925 war zumindest ein Wachmann mit dem Namen Czermak dazu abgestellt gewesen, Trotzki immer wieder einmal aufzusuchen.[58]

Die Russische Revolution von 1917 sollte das Spionageaufkommen auf eine andere Ebene heben. Schon im Jahr 1920 wurde die geheime Telegrafenagentur *Rosta* eingerichtet, die täglich Bulletins für linke Zeitungen herausgab. Indem er einen Beamten bestach, bekam der Verantwortliche Sandor Rado das Material »unmittelbar« vom Leiter von *Radio Wien*. Dieses fing zur internen Information der Bundesregierung täglich die aus Moskau »An jedermann, jedermann!« adressierten Telegramme auf, die das Nachrichtenmaterial der

Die Wohnung des Ehepaars Trojanowski in der Schönbrunner Schlossstraße Nr. 30 war eine wichtige Anlaufstelle für bolschewistische Kader. An den Aufenthalt Stalins erinnert eine Gedenktafel.

57 Ebenda, 122f.
58 Haller, Café, 48.

sowjetischen Republiken enthielten.[59] Rado ging von 1920 an zwei Jahre lang täglich ins Außenministerium und holte die dort aufgefangenen sowjetischen Telegramme ab. Der Chef der Presseabteilung hatte die Pförtner angewiesen, ihm »jederzeit« Einlass zu gewähren, weil er »diplomatischer Beauftragter von Äthiopien« sei, einem Land, mit dem Österreich damals keine auswärtigen Beziehungen unterhielt. Diese Anordnung »bekräftigte« Rado »von Zeit zu Zeit mit ein paar Kronen«. Ein Teil des so erlangten Materials wurde in mehreren westlichen Sprachen ausgestrahlt. Täglich wurden Bulletins in Deutsch, Französisch und Englisch herausgegeben und an »linksorientierte« Zeitungen und Organisationen versandt.[60] Das war damals »die einzige Nachrichtenquelle aus Moskau«, so Rado in seinen Erinnerungen. Außer den Radiotelegrammen bekam *Rosta*-Wien auch Zeitschriften und die *Prawda* und *Iswestija*, die über einen sehr langen Weg von Murmansk, über einen norwegischen Hafen und anschließend mit der Bahn nach Oslo und von dort weiter nach Österreich geliefert wurden: »Die sowjetischen Blätter wurden von uns fotokopiert und als Faksimile für die Bibliotheken vervielfältigt, weil diese Zeitungen schon damals einen außerordentlichen bibliophilen Wert darstellten. Selbst Lenins Reden wurden uns durch eine Schallplatte übermittelt. Wir mieteten einen großen Saal in Wien und ließen die Platte vor einem riesigen Publikum laufen.«[61]

Am 25. Februar 1924 nahmen Österreich und die Sowjetunion diplomatische Beziehungen auf. Dieser Schritt war vorwiegend wirtschaftlich motiviert. Bereits 1930 rangierte Österreich als sechstgrößter Importeur in die UdSSR. Man lieferte Sensen, Dreschmaschinen und Lastautos – im Gegenzug kamen Getreide, Eier, Erdöl und andere Rohstoffe. Insbesondere die österreichische Industrie machte sich einseitig abhängig: 1930 wurden 40 Prozent des Walzblechs in die Sowjetunion exportiert – ebenso wie die Hälfte aller Holz verarbeitenden Maschinen.[62] Im Windschatten der politischen und wirtschaftlichen Verflechtung blühte das Spionage-Geschehen auf: Seit 1924 wurde die ehemalige zaristische Gesandtschaft in der Reisnerstraße als sowjetische Botschaft genutzt. Dort etablierte sich binnen

59 Sandor Rado, Deckname Dora, Stuttgart 1972, 41.

60 Ebenda, 44f.

61 Ebenda, 45f.

62 Christian Bartlau, Wien, die »Bolschewistenzentrale«, in: *Die Zeit*, 1.5.2024.

kurzer Zeit ein »Spionagezentrum«, lautete 1925 der Befund der Wiener Polizeidirektion. Es sei auffällig, dass die Botschaft ebenso wie die »nicht extraterritoriale Handelsmission« der UdSSR jeweils 34 Angestellte beschäftige. Diese Personalstärke könne selbst »von drei Vertretungen der anderen Großmächte auch nicht im Entferntesten erreicht werden«.[63] Am 22. April 1925 hieß es dann: »Hier werden«, auf »eigene Faust« von den »hypertrophisch dotierten« Sowjetvertretungen organisiert, »die Kurierposten nach Rom, Bukarest, Belgrad und Sofia umgepackt und an die Bestimmungsorte weitergeleitet. Wien passieren die Spione und Emissäre, um sich an die ihnen zugewiesenen Operationsstätten zu begeben«.[64] Die These lautete, dass Wien als kultureller »Vorort« des Balkans und als Verbindungsraum zwischen Ost und West von großer geografischer Bedeutung sei.[65] Verdächtig erschien auch, dass am Dach der sowjetischen Botschaft eine Funkantenne errichtet und diese mit einem Draht mit dem Turm der nahe gelegenen russisch-orthodoxen Kirche verbunden wurde.[66]

Die russische Botschaft befindet sich seit 1891 im Palais Nassau in der Reisnerstraße, Wien-Landstraße

63 Leidinger, Moritz, Wien, 148.

64 Verena Moritz, Hannes Leidinger, Moritz, Wien als Standort der Kommunistischen Internationale bis Mitte der Zwanzigerjahre, in: Jahrbuch für historische Kommunismusforschung, Berlin 2004, 32–63, hier 43.

65 Hannes Leidinger, Parteiarbeit, in: McLoughlin, Leidinger, Moritz, Kommunismus, 123–256, hier 174f.

66 McLoughlin, Geheimapparate, 398.

Dass die zahlreichen sowjetischen Agenten zu verschiedenen Geheimdiensten zählten, die miteinander konkurrierten, komplizierte die Angelegenheit. Als erste Organisation war am 20. Dezember 1917 die *Allrussische außerordentliche Kommission zur Bekämpfung von Konterrevolution, Spekulation und Sabotage*, kurz *Tscheka* genannt, gegründet worden. Diese Geheimpolizei wurde infolge immer wieder umbenannt und neu organisiert: 1922 bildete sich die *Vereinigte staatliche politische Verwaltung* (OGPU). 1934 wurde ein eigenes *Volkskommissariat für innere Angelegenheiten* (NKWD) geschaffen, das die OGPU mit der uniformierten Polizei zusammenführte. Der NKWD kontrollierte nun mit den Hauptabteilungen für Staatssicherheit, Miliz, Grenzschutz und Zwangsarbeitslagern nahezu alle sowjetischen Exekutivorgane.[67] 1941 trennte man die Geheimpolizei vom NKWD unter der Bezeichnung *Volkskommissariat für Staatssicherheit* (NKGB) wieder ab und stellte sie 1946 im *Ministerium für Staatssicherheit* (MGB) neu auf. 1953/54 entwickelte sich daraus das *Komitee für Staatssicherheit* (KGB), das 1995 in den *Föderalen Dienst für Sicherheit der Russischen Föderation* (FSB) umgewandelt wurde. Die für die Auslandsspionage zuständige erste KGB-Hauptverwaltung wurde schon 1991 abgespalten und als *Dienst der Außenaufklärung der Russischen Föderation* (SWR) auf eigene Beine gestellt.

Für den Zeitraum und die Ereignisse, auf die sich diese Publikation fokussiert, ist die OGPU am relevantesten. Sie gliederte sich in eine Abteilung für Spionageabwehr, eine Abteilung, die sich mit der Disziplinierung von sowjetischen Funktionären und Parteimitgliedern befasste und in die Auslandsabteilung (INO), die für die Spionage in anderen Ländern zuständig war.[68] Es galt, politische, wirtschaftliche und kommerzielle Informationen zu beschaffen, lokale kommunistische Parteien und Organisationen zu überwachen und »antisowjetische« Emigrantengruppen zu unterwandern.[69]

Neben der OGPU gab es noch einen weiteren Player, den 1921 entstandenen militärischen Geheimdienst *Razvedupr*,[70] der ab 1925/26 als *vierte Abteilung* in der Direktion des Generalstabs der Roten Armee rangierte.

67 Heinz Höhne, Der Krieg im Dunkeln. Die deutsche und russische Spionage, Augsburg 2000, 294.

68 Information obtained from General Krivitski during his visit to this country, January-February 1940, in: TNA, KV 2/805, 55x, hier Bl. 32.

69 Ebenda, Bl. 35.

70 Ab 1942 rangierte der Militärgeheimdienst unter der Bezeichnung *Hauptverwaltung für Aufklärung* (GRU).

Innerhalb der *vierten Abteilung* war die dritte Sektion für die Beschaffung von militärisch relevanter Information aus Ländern außerhalb der Sowjetunion zuständig. Dazu zählte auch jedes politische oder wirtschaftliche Nachrichtenmaterial, das womöglich Entscheidungen des Generalstabs oder des Politbüros in Bezug auf die Außenpolitik beeinflussen konnte. Somit war de facto »alles« relevant. Die sowjetischen Militärattachés waren nicht Teil der *vierten Abteilung*, erhielten aber dort eine spezielle Spionage-Ausbildung.[71]

1934 gelang es der OGPU allmählich, die Kontrolle über die *vierte Abteilung* zu erringen. 1935 war dieser Prozess abgeschlossen. INO-Chef Artur Artusow wurde gleichzeitig stellvertretender Leiter der *vierten Abteilung*, was bedeutete, dass die INO nun sowohl die militärische als auch die politische Spionage übersah. Artusow baute den Apparat entsprechend den Vorstellungen Stalins um. Dieser hatte laut dem Historiker Jonathan Haslam keinen Respekt vor Recherche und Analyse und hatte sich mit dem großen und teuren Apparat der *vierten Abteilung*, mit seiner großen Anzahl an ex-zaristischen Offizieren, schon länger unzufrieden gezeigt. 1932 wollte Stalin keinen weiteren Quartalsbericht über fremde Länder zum Lesen bekommen. Aufgrund dieser Vorgaben schaffte Artusow kurzerhand die Abteilungen für Recherche und Analyse ab, was freilich negative Folgen hatte.[72]

Ein weiteres Problem waren die vielen internationalen Amateure, die für die *vierte Abteilung* arbeiteten. Ab 1930 war in Wien der gebürtige Bulgare Ivan Vinaroy (»Mart«) als geheimdienstlicher Stützpunktleiter (Resident) tätig. Obgleich begabt, war er mit den kulturellen Gegebenheiten der Stadt nicht wirklich vertraut. Einmal traf er seine Agenten in einem koscheren Restaurant. Als die Runde dort ihre Hüte abnahm, erregte sie viel unnötige Aufmerksamkeit.[73] Ein anderer Agentenführer in Wien, der Lette Konstantin Basov, wurde im Dezember 1931 gemeinsam mit vier Mitarbeitern von der Polizei festgenommen, nachdem sie sich in einem Café getroffen hatten. Der Termin hatte stattgefunden, obwohl Moskau bereits vermeldet

71 Information obtained from General Krivitski during his visit to this country, January-February 1940, in: TNA, KV 2/805, 55x, hier Bl. 2f.

72 Jonathan Haslam, Near and Distant Neighbours: A New History of Soviet Intelligence, New York 2015, 65ff.

73 Ebenda, 57

hatte, dass Basov beschattet werde. Er wurde von seinem Assistenten bald aus der Haft herausgeholt, aber Basov hatte in der Zwischenzeit schon gestanden, der sowjetische Resident zu sein. Und er brach die Kardinalregel, indem er seine wahre Identität enthüllte: Yan Abeltyn. Diese Erkenntnisse setzten in Lettland 1933 eine Verhaftungswelle in Gang und führten zur Ausforschung des Kuriers Julius Trossin, der Verbindung zu Geheimdienststützpunkten (Residenturen) in Deutschland, Rumänien, Finnland, Estland, Großbritannien und den USA gehalten hatte. Seine Verhaftung enttarnte das gesamte Netzwerk.[74]

Neben der INO/OGPU und der *vierten Abteilung* gab es aber noch einen dritten Geheimdienst, der bei der Auslandsspionage mitmischte: Die 1919 gegründete *Kommunistische Internationale* (Komintern), ein von Lenin gegründeter internationaler Zusammenschluss kommunistischer Parteien. Das *Exekutivkomitee der Kommunistischen Internationale* (EKKI) beschloss am 14. April 1919 die Errichtung von Auslandsfilialen.[75] Im Jahr darauf wurde die *Abteilung für Internationale Verbindungen* (OMS) errichtet. Diese unterhielt zu unterschiedlichen Zeiten Residenturen in Wien, Amsterdam, Stockholm, Vardø, Varna, Oslo, Stettin, Riga, Berlin, Paris, Prag, Brüssel, Shanghai, Istanbul sowie an mehreren Orten in Südfrankreich, Jugoslawien, Mexiko und Chile; darüber hinaus Stützpunkte in mehreren sowjetischen Grenz- und Hafenstädten.[76] Die OMS verfügte somit über eigene Netzwerke, die von einem Geheimdienst nicht zu unterscheiden waren. Diese GenossInnen verschoben Waffen, führten ihre eigenen Quellen, sandten Kuriere aus, sammelten Gelder und nutzten zumindest bis 1927 die Abdeckung durch offizielle Handelsmissionen und Botschaften der Sowjetunion.[77]

Die Komintern verfügte außerdem über spezielle Organisationsstrukturen, die die politischen Aktivitäten und die Ausbildung kommunistischer Kader koordinierten und kontrollierten. Dazu zählte die 1926 in Moskau gegründete und bis 1938 existierende *Internationale Lenin-Schule*. Laut den

74 Ebenda, 58.

75 Leidinger, Moritz, Wien als Standort der Kommunistischen Internationale bis Mitte der Zwanzigerjahre, 34.

76 Bernhard H. Bayerlein, Das neue Babylon. Strukturen und Netzwerke der Kommunistischen Internationale und ihre Klassifizierung, in: Jahrbuch für Historische Kommunismusforschung, Berlin 2004, 181–270, hier 210.

77 Haslam, Neighbors, 29.

Angaben eines Überläufers wurden Studentinnen und Studenten dort darin ausgebildet, Geheimtinte zu verwenden und Techniken zur Passfälschung anzuwenden: »Sie nahmen auch an einem Sabotagekurs teil, wo sie Wissen über Chemikalien und Sprengstoffe erwarben, darüber, wie man die Wasserversorgung kappt, Maschinen zerstört und Telefonleitungen unterbricht. Wenn sie diesen Kurs abgeschlossen haben, wird von den Studenten erwartet, dass sie das notwendige Wissen aufweisen, um als erstklassiger Intelligence- oder Sabotageagent selbstständig arbeiten zu können.«[78]

OGPU/INO, *vierte Abteilung* und OMS waren also die relevanten Akteure, die in Österreich ab Anfang der 1920er- bis Ende der 1930er-Jahre das Spionagegeschehen dominierten. Die drei Dienste besaßen mehrere Residenturen: Die »legale« (weil diplomatisch abgedeckte) Residentur der OGPU befand sich in der Botschaft in der Reisnerstraße und bestand aus zwei Offizieren. Die *vierte Abteilung* hatte keine Legal-Residentur, sondern mehrere »illegale« Residenturen. Das bedeutete, dass die dazugehörigen Agenten keine Diplomatenpässe zur Verfügung hatten und ihnen im Falle einer Festnahme somit Haft drohte. Manche dieser Geheimdienstmitarbeiter lebten überhaupt unter aufwendiger Tarnung als sogenannte »Illegale« im Ausland, ohne einen Rückschluss auf die Sowjetunion in ihrem Lebenslauf. In Wien agierte Anfang der 1930er-Jahre der leitende illegale Resident der *vierten Abteilung*, Ivan Vinarov. Von seinem Posten aus kontrollierte er Quellen in Polen, der Tschechoslowakei, Bulgarien, Jugoslawien, Griechenland und der Türkei. 1933 trat Fyodor Gaidarov an Vinarovs Stelle. In Baden bei Wien befand sich ab April 1931 eine eigene *rezidentura svyazi* zum Zwecke der Funkkommunikation zwischen Moskau und den Netzwerken der *vierten Abteilung* in ganz Zentraleuropa.[79]

Komintern und OMS hatten das größte Netzwerk in Wien inne. 1921 war ein eigener Arbeitsplan für den Wiener »OMS-Punkt« entwickelt worden, von dem aus »Österreich, Ungarn, Rumänien, Jugoslawien, Bulgarien, Griechenland und die Türkei zu betreuen« waren. In diesen Ländern sollte mit den dortigen kommunistischen Parteien als auch mit der Moskauer

78 Information obtained from General Krivitski during his visit to this country, January-February 1940, in: TNA, KV 2/805, 55x, hier Bl. 60.

79 Boris Volodarsky, Stalin's Agent: The Life and Death of Alexander Orlov, Oxford 2014, 45f.

Zentrale »aufs Engste kooperiert werden«.[80] Die meisten der mittel- und südosteuropäischen Sektionen der Komintern übersiedelten in den 1920er-Jahren überhaupt nach Wien, wo sie Auslandskomitees aufbauten.[81] Alleine zwischen 1927 und 1930 gab es mindestens sieben solcher Vertretungen.[82]

Bei diesen Exilleitungen handelte es sich neben polnischen und italienischen Kleingruppen um die ungarischen Kommunisten, die sich nach dem Sturz der kurzlebigen Räterepublik 1919 ins grenznahe Wien zurückgezogen hatten. Des Weiteren veranstalteten die in ihren Heimatländern verbotenen rumänischen, jugoslawischen und bulgarischen KPs von 1922 bis 1926 in Wien Konferenzen, unterhielten Auslandsbüros und unterstützten die Initiativen der lokalen Niederlassung der *Internationalen Roten Hilfe* (IRH, im Russischen MOPR) der Komintern. Zudem befanden sich deutsche Spitzenfunktionäre in der Stadt – speziell in der Phase des Verbots der KPD 1923/24. Die probolschewistischen Fraktionen aus Südosteuropa bildeten eine eigene *Kommunistische Balkanförderation* (KBF) in Wien, nachdem Sofia als Standort unhaltbar geworden war. Damit geriet Wien ab Mitte der 1920er-Jahre zu einer regelrechten »Bolschewiken-Zentrale« und Propaganda-Drehscheibe der kommunistischen Internationale.[83] Zu den wichtigsten konspirativen Treffpunkten zählten die private Unterkunft des sowjetischen Missionschefs im Hotel Regina und die umliegenden Cafés wie das Landtmann.[84] Aber auch das heute nicht mehr bestehende Café Anton Wunderer in Wien-Penzing war beliebt bei den sowjetischen Spionen.[85]

Sekretär der KBF war Georgi Dimitroff, später von 1935 bis 1943 Generalsekretär der Komintern in Moskau und von 1946 bis 1949 bulgarischer Ministerpräsident. Dimitroff hielt sich in den 1920er-Jahren wiederholt monatelang in Wien auf. Während seines zweiten Aufenthalts nutzte er gleich drei Wohnungen abwechselnd. Oft besuchte er die Caféhäuser Ritter, Sperl, Raimund, Attaché und Wunderer, wo ausländische Zeitungen auflagen. Bei

80 Leidinger, Parteiarbeit, 136.

81 Ebenda, 171.

82 McLoughlin, Geheimapparate, 415.

83 Hannes Leidinger, Die Alpenrepublik als »Lernort« der Kommunistischen Internationale, in: Moritz, Leidinger, Köstenberger, Gegenwelten, 203–228, hier 217f.

84 Verena Moritz, Hannes Leidinger, Russische Spionage in Wien. Ein kurzer Überblick zum 20. Jahrhundert, in: JIPSS, Nr. 1/2007, 22–29, hier 25.

85 Leidinger, Moritz, Wien, 172.

deren Studium durfte ihn sein Mitarbeiterstab nicht stören.[86] Dimitroff kümmerte sich im Rahmen seines illegalen, aber gleichzeitig unbehelligten Aufenthalts um die Exilvereinigung der bulgarischen KP und um die zahlreichen in Österreich lebenden bulgarischen Studenten. Gleichzeitig fungierte er als Komintern-Vertreter bei der KPÖ.[87]

An den Aufenthalt von Georgi Dimitroff 1924–1926 erinnert eine Gedenktafel am St. Elisabeth-Platz in Wien-Wieden

Von 1923 bis 1925 arbeitete der belgische Anarchist Victor Serge bei der Komintern in Wien. Seine Eindrücke schilderte er später so: »Wien erholte sich schmerzhaft von seiner inflationären Krise: Österreich, im Wissen, dass es nicht hinter seinen ärmlichen Grenzen leben konnte, spielte auf Zeit, baute Arbeiterwohnungen und erfreute sich an süßer Musik in jedem Café bis hinunter zum kleinsten. Ich kam mit einem Diplomatenpass an, was mir etwas Verlegenheit einbrachte, weil ich offiziell nicht verzeichnet war.«[88] Serge und seine Gesinnungsgenossen hatten mit den österreichischen Sozialdemokraten bewusst keinen Kontakt. Man verachtete die »Austromarxisten« wegen ihrer »Nüchternheit, Besonnenheit und bourgeoisen Mäßigung«.[89] Laut seiner Biografin Susan Weissman erlebte Serge in Wien bereits mit, wie die Komintern und die sowjetische KP vom Bürokratismus gelähmt wurden. Er hatte aber auch Zeit, Freud und Marx zu studieren und schloss Freundschaft mit Georg Lukács und Antonio Gramsci.[90] Letzterer hielt sich von November 1923 bis Mai 1924 in Wien auf. Viel von dieser Zeit verbrachte Gramsci im damaligen KPÖ-Hauptquartier in der Alserstraße Nr. 69. Von Wien

86 McLoughlin, Geheimapparate, 423.
87 Leidinger, Parteiarbeit, 171.
88 Victor Serge, Memoirs of a Revolutionary, Iowa City 2002, 175.
89 Susan Weissman, Victor Serge. A Political Biography, London 2013, 65.
90 Ebenda, 64.

aus gründete er die Tageszeitung *L'Unità*. Während seines Aufenthalts war Gramsci polizeilich nicht gemeldet, weshalb es sich nicht nachvollziehen lässt, wo er gewohnt hat.[91] Lukács wiederum war nach dem Scheitern der ungarischen Räterepublik im August 1919 nach Wien geflohen, wo Bürgermeister Karl Seitz eine schützende Hand über ihn hielt.[92] 1928 wurde seine Aufenthaltsgenehmigung widerrufen. In der Folge reiste er über Berlin nach Moskau, wo er Jahre später den stalinistischen Säuberungen knapp entging.

Das alltägliche Leben in Wien war für die Exilanten wenig beschaulich, so der Historiker Hannes Leidinger: »Das ›Gastland‹ Österreich etwa hatte wenig mehr als ungeheizte Baracken und das Gefühl des Unerwünschtseins anzubieten. Eine Ursache dafür war auch das Elend der Einheimischen, denen es nicht viel besser ging. Das EKKI wurde darüber informiert, das Anfang 1925 die ›Hälfte der KPÖ-Mitglieder‹ keine Arbeit hatte. […] Dementsprechend hart wurden Verteilungskämpfe um die vorhandenen Ressourcen und speziell um die begehrten Parteiposten geführt. Wer zu kurz kam, wartete mit Verdächtigungen und Beschuldigungen auf.«[93] Nicht umsonst war von einer »Exilpsychose« die Rede.[94] Ab 1930 verlegt man die KBF-Sektionen infolge der spannungsgeladenen innenpolitischen Situation in Österreich schrittweise nach Berlin. Allerdings verblieben einzelne Strukturen in Wien und die jugoslawische KP baute ihren Apparat sogar noch weiter aus.[95]

Die Operationen richteten sich fast gänzlich ins benachbarte Ausland. Wien und Umgebung waren somit eine Art »Dienstleistungszentrum«, wo man sich auch der Kader der KPÖ als untergeordnetes Personal bedienen konnte.[96] Nach den Februarkämpfen 1934 sollten die meisten Auslandskomitees Wien verlassen und wichen auf Prag oder Paris aus. In Wien waren aber nach wie vor »Abfertigungsleute« der ausländischen Zentralkomitees tätig, die sich um die Kuriertätigkeit und die Geldflüsse ins jeweilige Heimatland kümmerten.[97]

91 Erwin Riess, Herr Groll auf Reisen. 255. Folge, in: *Augustin*, 15.4.2015.

92 Verena Moritz, Staatsgeschäfte, in: McLoughlin, Leidinger, Moritz, Kommunismus, 23–122, hier 107.

93 Leidinger, Alpenrepublik, 225.

94 Ebenda, 227.

95 Ebenda, 218.

96 McLoughlin, Geheimapparate, 373.

97 Ebenda, 427.

Gleich ob OGPU, *vierte Abteilung* oder OMS, alle waren auf verschiedene Dokumente wie Geburtszertifikate, Pässe, Diplome und Privatkorrespondenz angewiesen, um zu funktionieren. In Österreich gab es ein sehr leistungsstarkes Netzwerk, um diese Unterlagen zu beschaffen. So führte man einen österreichischen Beamten mit dem Codenamen »Rosenfeld«, der eine Methode entwickelt hatte, um Geburtszertifikate zu fälschen, die dann benutzt wurden, um gültige Pässe zu erhalten. Diese spezielle Passserie wurde als die »österreichische Serie 500« bekannt, weil die INO/OGPU 500 österreichische Schilling für jedes einzelne Dokument bezahlte. »Rosenfeld« war von Ignaz Reiss angeworben worden und wurde von Otto Miller, dem Leiter der Dokumentfälschung in der Moskauer Zentrale, geführt.[98] Hinter dem Decknamen Miller verbarg sich ein gebürtiger Österreich: Georg Killich, ehemals KPÖ-Gemeinderat in Deutsch-Wagram und gelernter Drucker, war von seiner Stelle im Mechitaristenkloster in Wien-Neubau entlassen worden, weil er dort kommunistische Flugblätter mitgedruckt hatte. In der Folge wurde Killich 1925 in der sowjetischen Botschaft tätig sowie als Kurier für die Komintern, bis er nach Moskau berufen wurde. Dort avancierte er zum Leiter der Passfälschungswerkstätte und überlebte als geschätzter Fachmann alle Säuberungswellen.[99] Miller und sein Kollege bei der *vierten Abteilung*, »Locker«, ein weiterer gebürtiger Wiener, waren als »die Konsuln« bekannt, weil sie die Reisedokumente der »Illegalen« borgten, wenn diese in Moskau waren, um Kopien von Visa, Unterschriften und anderen Einträgen herzustellen.[100]

Die Zusammenarbeit mit »Rosenfeld« geriet ins Schleudern, als der INO/OGPU-Agent Dimitri Bystrolyotov im Sommer 1934 mit einem Pass der »500er-Serie« lautend auf »Josef Schwerma« im Zug nach Paris fuhr und diesen bei der Ankunft aushändigte, damit Marken eingeklebt werden konnten. Wahrscheinlich durch Zufall oder weil Bystrolyotov es versäumt hatte, den Pass vom österreichischen Konsulat wieder abzuholen, wurde man hellhörig. Das Dokument wurde nach Wien geschickt, wo man es

98 Duff, Spies, 72.

99 Duncan Forbes, Edith Tudor-Hart und sowjetische Spionage, Vortrag im Wien-Museum, Oktober 2013, https://www.mcloughlin.at/wp-content/uploads/2018/05/Wien-Museum-Edith-Suschitzky-Vortrag-Oktober-2013.pdf.

100 Duff, Spies, 72.

untersuchte. Schon bald wurde ein internationaler Stopp über mehrere verdächtige Reisepässe verhängt.[101]

1931 wurde eine Passfälscherwerkstatt des OMS hier in der Wasserburgergasse Nr. 2 ausgehoben.

Ein Vorteil, den Wien und Österreich konkret boten, war die Leichtigkeit, mit den man hier an vertrauenswürdige Reisepässe kommen konnte. Beschafft wurden diese durch Bestechung von Beamten oder durch Antragstellung von KPÖ-Mitgliedern und Sympathisanten. Außerdem konnten Arbeitslose angeregt werden, auf reguläre Weise einen Pass zu beantragen und diesen dann zu verkaufen. Die vielen Nationalitäten der einstigen Donaumonarchie hatten auch nach 1918 das Anrecht auf einen Pass, wenn sie sich für die österreichische Staatsbürgerschaft entschieden.[102] Ein »illegaler« sowjetischer Spion konnte somit relativ leicht vorgeben, in einem Teil der früheren Donaumonarchie geboren worden zu sein, weil es schwierig war, solche Angaben zu überprüfen.[103] Die deutsche Sprache musste nicht

101 Ebenda, 72f.
102 McLoughlin, Geheimapparate, 431.
103 Duff, Spies, 71f.

perfekt beherrscht werden, was den Grenzübertritt erleichterte. Ferner herrschte zwischen Österreich und fast allen europäischen Staaten Reisefreiheit.[104] Zudem waren in Österreich viele Behörden ermächtigt, Pässe auszustellen. Dies erschwerte das strenge Einhalten von Richtlinien, was wiederum die Passbeschaffung erleichterte.[105]

Pässe wurden aber auch in großem Stil nachgemacht und die OMS unterhielt zu diesem Zweck in Wien eine eigene Fälscherwerkstatt. Diese befand sich in der Wasserburgergasse Nr. 2 und wurde Anfang November 1931 ausgehoben. Der damalige Leiter der Wiener OMS-Residentur, der Deutsche Willi Klose, hatte beim Anmieten von Wohnungen den Fehler gemacht, keinen Decknamen zu verwenden. Das machte es einfach, ihn und seine Verbindungsleute auszuforschen. Nacheinander wurden diese – Mitglieder oder Sympathisanten der KPÖ – verhaftet, bis die Polizei auch auf die Fälscherwerkstatt stieß. Man stellte unter anderem einen Typendruckapparat, eine Handpresse sowie zahlreiche gefälschte Pässe und Passunterlagen sicher. In einer weiteren Wohnung in der Heiligenstädterstraße fanden sich nach Ländern geordnete Stampiglien, Blanko-Pässe und Reproduktionen echter Reisepässe. Außerdem wurde noch ein Depot für Drucksorten ausgehoben. Die zwei Lokalitäten lagen nur wenige Gehminuten voneinander entfernt.[106]

Abgesehen von der geografischen Lage und dem einfachen Zugang zu Reisepässen bot Wien noch andere Annehmlichkeiten, die von den Spitzen der sowjetischen Geheimdienste in Anspruch genommen wurden. Dazu zählte insbesondere das Cottage-Sanatorium für Nerven- und Stoffwechselkranke in der Sternwartestraße Nr. 74. Dieses betrieb der aus Deutschland stammende Arzt Carl von Noorden. Geboten wurden unter anderem physikalische, elektrotherapeutische und hydrotherapeutische Kuren, Heißluft- und Fangobehandlungen sowie Schlamm-, Sand- und Sonnenbäder. Zusätzlich standen ein Röntgeninstitut und chemisch-mikroskopische Laboratorien zur Verfügung. Zu den Patienten von Dr. Noorden zählten in den 1930er-Jahren auffällig viele hochrangige Geheimdienstoffiziere wie der Stellvertreter von NKWD-Chef Genrich Grigorjewitsch

104 McLoughlin, Geheimapparate, 431.
105 Ebenda, 436.
106 Ebenda, 441f.

Jagoda, Jakov Arganov, sowie der spätere NKWD-Leiter Nikolai Iwanowitsch Jeschow.[107]

Das ehemalige Cottage Sanatorium in der Sternwartestraße

Zahlreiche Protagonisten aufseiten der sowjetischen Geheimdienste, die im Laufe dieser Studie noch öfter erwähnt werden, waren jedenfalls eng mit Wien verbunden: So etwa im Falle von Ignaz Reiss, der als Nathan Markowitsch Poretzki 1899 in Galizien geboren worden war. Er kam während des Studiums in Wien mit dem Kommunismus in Kontakt. Die österreichische Hauptstadt war folglich Anfang der 1920er-Jahre auch Reiss' Einsatzgebiet für die *vierte Abteilung*. Er beteiligte sich am Aufbau des Südostbüros der Komintern unter Josef Krasny.[108] Um über die Region Kenntnisse zu erlangen, suchte Reiss den Kontakt mit Experten – zunächst mit Journalisten und dann über diese mit Ex-Offizieren und Beamten, die in den Ländern Südosteuropas gearbeitet hatten. Eine dieser österreichischen Quellen war ein früherer Generalstabsoffizier der k. u.k-Armee, der nur zu willig war, seine magere Pension aufzubessern, indem er Reiss schriftliche Berichte zukommen ließ. Die erste Begegnung zwischen den beiden verlief bezeichnend: Reiss war in die kleine Provinzstadt gefahren, wo der Offizier lebte und ging mit ihm in ein Kaffeehaus. Als sie sich hingesetzt hatten, bemerkte Reiss, dass ihn sein Gegenüber anstarrte und den Kopf schüttelte. Nach dem Grund gefragt, meinte der Offizier etwas verhalten: »Ich bin von Ihnen sehr beeindruckt. Ehrlich gesagt habe ich jemanden mit schmutzigen Fingernägeln erwartet.« Der Offizier kannte die verschiedenen nationalen Minderheiten aus der Zeit der Monarchie, aber der Anblick eines

107 Volodarsky, Agent, 42.
108 Moritz, Staatsgeschäfte, 103.

bolschewistischen Agenten war dann doch etwas Ungewohntes für ihn. Trotzdem kamen die beiden Männer gut miteinander aus. Reiss bekam sowohl wertvolle Analysen über die Situation im Balkan-Raum, aber auch lehrreiche Anekdoten über die Donaumonarchie erzählt. An nachrichtendienstlicher Information mangelte es in Wien selten.

Was aber fehlte, war die Erfahrung und die Fähigkeit zur Auswertung und Evaluierung, erinnerte sich Reiss' Ehefrau Elisabeth später in ihren Memoiren: »Wien war wortwörtlich mit Dokumenten überschwemmt, von denen viele, wenn nicht gar alle, gefälscht waren – entweder von weißrussischen Emigranten-Organisationen oder von der polnischen Spionageabwehr. Falsch oder echt, diese Dokumente mussten beschafft, bezahlt, fotografiert und schließlich nach Moskau geschickt werden. Eines der Dokumente, die zurückgeschickt wurden, war angeblich ein Geheimabkommen zwischen dem polnischen und französischen Generalstab, das deren zukünftige militärische Zusammenarbeit gegen die Sowjetunion skizzierte. Es geschah erst in Moskau, dass dieser ›Vertrag‹ als empörende Fälschung erkannt wurde. Dieses Dokument, das angeblich vom französischen Generalstab stammte, war in einer Syntax und Rechtschreibung abgefasst, die kein Franzose so verwenden würde. Unglücklicherweise sprach niemand, der für die vierte Abteilung in der Botschaft in Wien arbeitete, Französisch.«

Moskau habe das Problem verschlimmert, indem es junge und ungeschulte Mitarbeiter schickte, die für ihre Arbeit nicht befähigt waren und diese nicht mochten. Das führte dazu, dass sie erst recht demoralisiert wurden und ihre Aufgabe als sinnlos betrachteten. Wirkliche Erfolge seien selten gewesen, so das Fazit von Elisabeth Poretzki.[109]

Reiss dürfte in das Verschwinden des russischen Gesandtschaftsbediensteten Mieczyslaw Jaroslavskij 1925 verwickelt gewesen sein. Dieser hatte auch für die *vierte Abteilung* gearbeitet und sich dabei auf den Balkan konzentriert. Jaroslavskij tauchte schließlich in Mainz wieder auf, wo er an den Folgen einer Vergiftung verstarb. So richtig aufmerksam wurde die Polizei auf Reiss jedoch im Kontext der Ermordung des mazedonischen

109 Elisabeth K. Poretzky, Our own People. A Memoir of 'Ignace Reiss' and His Friends, Ann Arbour 1970, 70f.

Freiheitskämpfers Todor Nikolow Panica im Wiener Burgtheater am 8. Mai 1925. Reiss musste für zwei Monate in Haft, ohne dass man Belastendes gegen ihn gefunden hätte.[110]

Reiss, den man im Geheimdienst den »Dicken« nannte, wurde schließlich nach Moskau berufen und wechselte trotz einiger Bedenken zur INO/OGPU. Zu diesem Zeitpunkt verlor die *vierte Abteilung* nämlich an Boden und die Komintern war wegen ihrer völligen Unterwürfigkeit gegenüber dem Kreml keine Alternative. Reiss war kommunikativ, ein »soziales Chamäleon« und sang gerne. Er war aber auch streng beim Spionage-Handwerk und überließ nichts dem Zufall. Seine Zweifel gegenüber Stalin sollten sich im Laufe der 1930er-Jahre immer mehr verstärken und zu einer für Reiss tödlichen Konfrontation führen.[111]

Im Mai 1933 kam Alexander Michailowitsch Orlow, der eigentlich Leiba Lasarewitsch Feldbein hieß, als »Lew Nikolaew« nach Wien. Der legale OGPU-Resident und Stationschef, der beim österreichischen Außenministerium als Zweiter Botschaftssekretär Anton Schuster akkreditiert war, holte Orlow am Ostbahnhof ab und chauffierte ihn nach Hinterbrühl, das 18 Kilometer von Wien entfernt im Wienerwald liegt. Dort bezog Orlow das Quartier in der Hauptstraße Nr. 27.[112] Er wurde von seiner Tochter begleitet, die in der Klinik von Noorden Aufnahme fand. Allerdings war dieser nicht auf Herzerkrankungen und Rheumatismus spezialisiert, unter denen sie litt.[113] Ansonsten studierte Orlow drei Wochen Englisch und schrieb sich im Sprachkurs eines britischen Professors ein. Im Juni 1933 wechselte er nach Prag, wo man ihn mit zwei gefälschten Identitäten versorgte – einem österreichischen Pass lautend auf Leo Felbin und einem US-amerikanischen mit dem Namen William Goldin.[114] 1934 kehrte Orlow nochmals nach Wien zurück, wo er den Befehl bekam, nach London zu reisen. Am 14. Juli 1934 erhielt er als »Goldin« in Stockholm ein Visum für die Einreise in Großbritannien.[115] Dort war Orlow als Vertreter eines US-amerikanischen Kühlschrank-Unternehmens getarnt (*The American Refrigerator*

110 Moritz, Staatsgeschäfte, 103f.
111 Haslam, Neighbors, 71f.
112 Volodarsky, Agent, 48.
113 Ebenda, 56.
114 Duff, Spies, 63f.
115 Nigel West, The Illegals. The double lives of the Cold War's most secret agents, London 1993, 109.

Company Ltd.), mit Sitz an der zentralen Londoner Adresse Regent Street Nr. 84. Im Stockwerk darunter befand sich das britische Hauptquartier der renommierten *Encyclopædia Britannica.*[116] Als illegaler OGPU-Resident überwachte Orlow die weiteren Rekrutierungsschritte in Bezug auf die Cambridge Five, ehe man ihn 1936 nach Spanien weiterschickte. Orlow sollte später in den Westen überlaufen, behielt aber sein Wissen über Philby und die anderen Spione zeitlebens für sich.

Ein weiterer Wien-Veteran war Walter Krivitski. Er hieß eigentlich Samuel Ginsberg und wuchs so wie Reiss in Galizien auf. Schon als 13-Jähriger hatte er sich der kommunistischen Jugendorganisation angeschlossen. 1917, zum Zeitpunkt der Russischen Revolution, war er 18 Jahre alt und dieses Ereignis erschien ihm als die »absolute Lösung« für alle gesellschaftlichen Probleme wie Armut, Ungleichheit und Ungerechtigkeit. Mit dem Bildungsabschluss trat er den Bolschewiki bei und nahm den Kampfnamen »Krivitski« an – angelehnt an das slawische »kriv« für »krumm, verdreht, schief«. Seine Tätigkeiten als politischer Organisator, technischer Arbeiter und Journalist prädestinierten Krivitski für nachrichtendienstliche Arbeit. Diese begann mit der Aufgabe, in Wien revolutionäre Literatur für die klandestine Verteilung in Polen vorzubereiten. Das Propagandamaterial wurde in Bündeln zusammengeschnallt und von tschechischen Eisenbahnarbeitern nach Lwiv/Lemberg geschmuggelt. Dort kümmerte sich eine Untergrundzelle unter Reiss um die weiteren Schritte. Auf den strebsamen Krivitski wurden vorgesetzte Stellen bald aufmerksam und sandten ihn mit Schmuggelgütern von Berlin nach Wien und von dort nach Prag. Er hatte gefälschte zaristische 500-Rubelscheine dabei, die dann dazu dienten, die KPÖ zu finanzieren. Krivitski war mit dabei, als am 15. Juni 1919 einige Tausend Kommunisten zum Wiener Polizeigefangenenhaus marschierten, um festgenommene Gesinnungsgenossen zu befreien.[117] In der Hörlgasse versperrten ihnen berittene Sicherheitswachebeamte und Wachleute der Stadtschutzwache den Weg. Als die Demonstranten versuchten, die Reihen zu durchbrechen, eröffnete die Exekutive das Feuer. Es gab 20 Tote und 80 Schwerverletzte.[118]

116 John Costello, Oleg Tsarev, Deadly Illusions, London 1993, 143.

117 Gary Kern, A Death in Washington: Walter G. Krivitski and the Stalin Terror, New York 2003, 14ff.

118 Werner Sabitzer, Die »Gründonnerstagsrevolte«, in: *Öffentliche Sicherheit*, Nr. 3–4/2019, 53ff.

Krivitski kam ohne Verletzung davon. 1920 arbeitete er bei *Rosta*-Wien als Übersetzer.[119] Im selben Jahr wurde er von der Polizei aufgegriffen, aber diese identifizierte ihn nur als früheren Studenten und ließ ihn gehen. Ebenfalls 1920 trat Krivitski in den Dienst der *vierten Abteilung*, wodurch seine Karriere als Geheimdienstoffizier so richtig begann.[120] Kurz vor den Februarkämpfen 1934 war er wieder in Wien, wurde von der Polizei festgenommen und verbrachte sechs Monate im Gefängnis. Irgendwie schaffte Krivitski es wieder nach Moskau. Im Anschluss schickte man ihn in die Niederlande, wo er als illegaler Resident eine koordinierende Funktion für die Militärspionage in ganz Westeuropa übernahm.[121] Er lebte in der Celebesstraat Nr. 32 in Den Haag, und zwar unter dem Tarnnamen »Dr. Martin Lesser« – ein Österreicher, der mit Kunst und alten Büchern handelte.[122] Krivitski fuhr im eigenen Automobil durch ganz Europa, um Missionen in den Niederlanden, Frankreich und Skandinavien zu managen. Um Deutschland und Österreich musste er wegen der Verhaftungsgefahr einen Bogen machen. Agenten in den verschiedenen Ländern standen normalerweise über geheime Kanäle mit ihm in Kontakt oder kamen persönlich nach Den Haag, um mit Krivitski oder einem Mitglied seines Stabs zu sprechen. Die Arbeitsbelastung war hoch – weshalb der asketische Krivitski von 10 Uhr vormittags bis Mitternacht durchzuarbeiten pflegte und dabei keinen Tropfen Alkohol trank. Dafür rauchte er und fand die Tätigkeit am »scharfen Rand des Kampfes für die Interessen meiner Leute« aufregend. Dass diese ihm auch persönliche Macht einräumte, genoss Krivitski obendrauf.[123]

1937 sollte er mit dem Stalinismus brechen und überlaufen. 1940 gelangte Krivitski nach Großbritannien und informierte die dortigen Geheimdienste über ihre sowjetischen Pendants. Bei dieser Gelegenheit warnte Krivitski auch vor einem Österreicher, der sich möglicherweise in Großbritannien befinde und »sicher« als Doppelagent für die OGPU und den deutschen Geheimdienst arbeite. Diese Quelle dürfte Franz Thaler gewesen sein,

119 Rado, Deckname, 44.
120 Kern, Death, 16f.
121 Ebenda, 50.
122 Duff, Spies, 58f.
123 Kern, Death, 58.

laut dem Historiker Barry McLoughlin »vermutlich der wertvollste Agent der sowjetischen Aufklärung in Österreich während der ganzen Zwischenkriegszeit«. Thaler hatte 1930 als Sekretär des Heimwehrführers und kurzzeitigen Innenministers Rüdiger Starhemberg gearbeitet. Er war wie von Krivitski erwähnt ein Mehrfachagent im Dienste nicht nur der INO/OGPU und der *vierten Abteilung*, sondern auch der deutschen Reichswehr (oder nach einer anderen Darstellung des Aufklärungsdienstes des deutschen Luftfahrtministeriums). Den sowjetischen Diensten lieferte Thaler wertvolle Informationen über die österreichische NSDAP.[124] Als er von der Gegenspionage der tschechoslowakischen Armee 1935 in Prag verhaftet wurde, soll er auch diesem Dienst ein deutsches Dokument verschafft haben.[125]

Auch wenn die Angaben eines Überläufers wie Krivitski immer mit Vorsicht zu betrachten sind, so erlauben diese doch Einblicke in das damalige Funktionieren des sowjetischen Geheimdienstapparats. Die für Auslandsspionage zuständige 3. Sektion der *vierten Abteilung* beschäftigte laut Krivitski drei Typen von Agenten: Die Führungsagenten, die als Residenten Kontrolle ausübten, waren stets Stabsoffiziere der Roten Armee, so wie Krivitski selbst. Die nächste Stufe in der Hierarchie füllten die Residenten-Agenten aus. Dabei handelte es sich ebenfalls um Offiziere auf permanenten Posten, die dem vorgesetzten Residenten als Assistenten dienten. Die dritte Gruppe waren die sogenannten »Spekulanten« – laut Krivitski »hauptsächlich Österreicher, Tschechen, Ungarn oder Rumänen«, die in ihren Herkunftsländern wegen ihrer kommunistischen Aktivitäten zu Gesetzeslosen geworden waren. Im Gegenzug für eine Tätigkeit für die *vierte Abteilung* hätten sie nichts zu verlieren, dafür aber viel zu gewinnen gehabt. Allerdings habe immer auch das Risiko des Verrats bestanden, so Krivitski.[126]

Er ging auch auf die Vorzüge österreichischer Passdokumente ein: »Bis 1928 oder 1929 reisten sowjetische Agenten normalerweise mit österreichischen, deutschen oder dänischen Pässen. Einstmals waren echte österreichische Pässe sehr einfach in Österreich erhältlich. Um einen legalen österreichischen Pass zu erhalten, war eine Meldebestätigung wichtiger als eine

124 Kommunismus, 411.

125 Vgl. Dieter Heinze, Feuerschein über den Sudeten, Leipzig 2013.

126 Information obtained from General Krivitski during his visit to this country, January-February 1940, in: TNA, KV 2/805, 55x, hier Bl. 5

Geburtsurkunde. Zu einem bestimmten Zeitpunkt führte die vierte Abteilung einen hohen Beamten im Gemeinderat in einer kleinen Stadt in Österreich als Agenten. Dieser Mann stellte falsche Meldeunterlagen zur Verfügung, wenn sie gebraucht wurden. Ein Komplize in einer nahegelegenen Stadt stellte, wenn notwendig, falsche Geburtsurkunden aus. Irgendwann vor 1934 wurden beide Männer verhaftet und die vierte Abteilung war daraufhin gezwungen, einstweilen in Moskau gefertigte österreichische Pässe zu verwenden.«[127]

Alle Dokumente, die auf illegale Weise beschafft wurden, fotografierte man und sandte die Negative einem Botschaftsagenten der *vierten Abteilung* in einem verschlossenen Paket zu, welcher sie an die 3. Sektion in Moskau übermittelte. Keiner der Spitzenagenten habe je die Früchte seiner Arbeit bei sich gehabt, wenn er Großbritannien verließ. Krivitski selbst schrieb seine Berichte mit der Hand. Das wurde dann abgelichtet und über die sowjetische Botschaft in Paris nach Moskau weitergegeben. Zum Einsatz kam auch Geheimtinte, die den Agenten in Form von Pulver zur Verfügung stand. Von 1926 an wurde auch ein Kuriersystem genutzt, das die *vierte Abteilung* unter Bediensteten einer Schifffahrtsgesellschaft eingerichtet hatte. Es wurde aber auch auf Funk zurückgegriffen. In Wien war eine Gruppe von sowjetischen Offizieren mit einem Drahtlossender ausgestattet. Aber die *vierte Abteilung* sei nie mit ihren Geräten zufrieden gewesen, obwohl diese besser funktioniert hätten als jene der OGPU.[128]

Sowohl die INO/OGPU als auch die *vierte Abteilung* würden jeweils zwei Residenten entsenden, wie Krivitski den britischen Behörden zu Protokoll gab: Einen »legalen« mit diplomatischem Status, der in der Botschaft angesiedelt war und einen »illegalen« Residenten, der sich in der Regel als Geschäftsmann tarnte oder wie »jemand Gewöhnlicher aus der Öffentlichkeit«. Krivitski hielt dazu fest: »Der illegale Resident kommt in der Regel hierher als Österreicher oder als Staatsangehöriger irgendeines Landes, das er gut kennt. Er kommt nie mit einem Pass an, der einen klaren Rückschluss darauf erlaubt, dass er in Russland gewesen ist. Wenn er zum Beispiel aus Österreich hierher kommt, wird er von Russland nach Österreich

127 Ebenda, Bl. 10.
128 Ebenda, Bl. 17ff.

mit einem russischen Pass reisen und in Wien wird er einen neuen Pass in Empfang nehmen, der für ihn hergestellt wurde, um in dieses Land zu kommen – während er seinen alten entweder für seine spätere Rückkehr nach Sowjetrussland zurücklässt oder dieser wird nach Moskau retourniert, bis es Anzeichen dafür gibt, dass er ihn an einen anderen Ort für seine Rückkehr nach Sowjetrussland geschickt haben will.«

Krivitski bemerkte, dass die Stimmung zwischen den verschiedenen sowjetischen Geheimdiensten von offener Feindschaft geprägt war. Der OGPU-Agent in einer sowjetischen Botschaft sei »immer ein Stachel in der Seite« seines Gegenübers von der *vierten Abteilung* gewesen. Es existiere eine »scharfe Spannung« zwischen beiden Seiten. Verschlimmert werde diese durch die Praxis, die OGPU in den Botschaften gegenüber den Agenten der *vierten Abteilung* zu bevorzugen. Material und Botschaftsbesucher würden der *vierten Abteilung* vorenthalten, beschwerte sich Krivitski.[129]

Aber selbst die Abläufe des operativen Geschäfts innerhalb der *vierten Abteilung* waren kompliziert: Der legale Resident in der Botschaft hatte seinem illegalen Gegenpart in jeder Form Unterstützung zu leisten, ohne dass beide dabei direkten Kontakt aufnahmen. Zu diesem Zweck musste der legale Resident ein System einrichten, um Nachrichten zu empfangen und zu schicken; die Telegramme mussten verschlüsselt und entschlüsselt werden und es musste einen separaten Safe geben, in dem die Instruktionen und der Fragenkatalog der Zentrale in Moskau aufbewahrt wurden. Außerdem benötigte man ein Fotostudio für den Fall, dass es der illegale Resident benutzen musste. Meistens wurde die Kommunikation über eine bestimmte Frau abgewickelt, die für den illegalen Residenten und gleichzeitig für die Sekretärin oder Frau des legalen Residenten arbeitete.[130]

Der illegale Resident wiederum unterhielt mit seinen eigenen Untergebenen ebenfalls nur indirekten Kontakt. Das geschah mittels Nachrichten, die in den Safes von vertrauenswürdigen Adressen zurückgelassen wurden. Jeder Unteragent oder eher dessen Frau oder Freundin benutzte eine bestimmte Adresse, wo er/sie Nachrichten oder Material für die Vorgesetzten deponierte. Nur in besonders dringlichen Fällen war es erlaubt,

129 Ebenda, Bl. 14f.
130 Ebenda, Bl. 15.

das Telefon zu benutzen, um direkt zu kommunizieren. Damit es erst gar nicht dazu kam, hatte man untereinander bereits Ort und Zeit für Treffen in Notfällen ausgemacht. Selbst von schriftlicher Kommunikation wurde abgeraten. Falls sie dennoch erfolgte, wurde ein vorher ausgemachter Code verwendet.[131]

Was bedeutete nun die Aktivität, die Geheimdienstoffiziere wie Krivitski entfalteten, für Österreich selbst? Nachdem viele verschiedene Nachbarregionen von Operationen, die von Wien ausgingen, betroffen waren, schien es nur eine Frage der Zeit, bis dies auf Österreich zurückschlug. Als am 17. April 1925 eine Explosion in Sofia mehr als 100 Menschenleben forderte, verdächtigte man die sowjetischen Auslandsgeheimdienste. Deren Spur führe wieder einmal nach Wien, merkte der britische *Daily Telegraph* an.[132] Das dürfte auch tatsächlich der Fall gewesen sein. Laut dem ehemaligen sowjetischen Diplomaten Giorgij Besedowskij waren bei der damaligen Sowjetgesandtschaft in Wien zwei Offiziere stationiert. Zu ihren Aufgaben hätte unter anderem »die Besorgung von Sprengstoffen für größere terroristische Akte« gehört. Laut Besedowskij sollen beide Männer – der Pole Stefan Usdanskij und Stabskapitän Wladimir Jaroslawskij – auf diese Weise am Anschlag in Sofia beteiligt gewesen sein. Jaroslawskij verschwand kurze Zeit nach dem Attentat aus Wien. Angeblich ließ man ihn verschwinden, um sein Schweigen sicherzustellen.[133] Bulgarische Emigranten wiederum fürchteten, sie könnten infolge des von Wien aus gesteuerten Terrors in ihrem Heimatland Opfer von Racheaktionen werden. »Wir kannten die Cafés, wo die Revolver warteten, die aus dem Café von gegenüber von anderen Revolvern überwacht wurden«, erinnerte sich Victor Serge an diese spannungsgeladene Zeit.[134]

Es kam auch zu mehreren Mordfällen, die im Zusammenhang mit sowjetischen Geheimdienstaktivitäten standen: Am 25. Juli 1931 wurde in der Hockegasse Nr. 28 in Wien-Währing der deutsche Waffenhändler Georg Semmelmann erschossen. Zwei Kopfschüsse trafen ihn tödlich, wobei der zweite abgefeuert wurde, als Semmelmann bereits niedersank. Das war

131 Ebenda, Bl. 19f.

132 Leidinger, Parteiarbeit, 172.

133 Leidinger, Moritz, Wien, 173f.

134 Leidinger, Parteiarbeit, 218.

der »Kontrollschuss« nach Art des sowjetischen Geheimdienstes. Der Täter floh durch das Stiegenhaus, wurde aber noch dort von zwei Polizisten überwältigt, die in der Hockegasse patrouilliert hatten, als sie die Schüsse hörten. Es handelte sich um den serbischen Staatsbürger Andreas Bikovic, der im Geschworenenprozess freigesprochen wurde. Offenbar war Semmelmann ermordet worden, weil er versucht hatte, die OGPU zu erpressen. Davor hatte der Geheimdienst die Zusammenarbeit mit dem Deutschen eingestellt, weil er sich als unzuverlässig und leichtsinnig erwiesen hatte.[135] Es gab noch weitere Fälle, die nie geklärt wurden: 1932 wurde die Leiche des bulgarischen Geschäftsmanns Dimitroff Kaltscheff im Fluss Vöckla gefunden. 1933 verschwand der polnische Ex-Offizier Vitold Sturm de Strem spurlos in der Umgebung von Wien.[136]

In der Hockegasse Nr. 28 ereignete sich 1931 der Mord an dem deutschen Waffenhändler Georg Semmelmann

Mit der Zeit wuchs der außenpolitische Druck auf Österreich, gegen die Umtriebe etwas zu unternehmen. Anfang April 1932 stellte der Abgesandte des königlich-jugoslawischen Ministeriums des Inneren, Vladeta Milićević, ein brisantes Ersuchen an die Polizeidirektion Wien. Er bat um Information zu den »in Wien lebenden und tätigen Beamten der Sowjetunion, sowie über Personen, welche verdächtig sind, dass sie Hauptagenten der G. P. U. und Komintern oder Angehörige der Balkankomitees sein könnten«. Milićević wurde auch gleich konkret und fragte, ob die »folgend angeführten Personen« bei der Polizeidirektion Wien bekannt und in Evidenz geführt würden: »Worovieff,[137] Tschembrovsky, Kolosoff, Rine, Gordeff, Deutsch,[138] Litwak, Zeljidic, Grunberg, Godner, Geodor, Joranoff,

135 McLoughlin, Geheimapparate, 452–467.

136 Ebenda, 450f.

137 Gemeint ist Igor Lebedinsky (Deckname ZIGMUND), der als »*chef-adjoint du service consulaire*« in der sowjetischen Botschaft akkreditiert war. Tatsächlich war er der legale OGPU-Resident. Volodarsky, Agent, 82.

138 Arnold Deutsch, später OGPU-Agentenführer in London.

Gromoff, letztere zwei sind Sowjetoffiziere und bedienen sich folgender Agenten: Murawjeff, Konjuchoff, Sergieff, Klimoff, Koncek, Hussak, Borisoff, Jan Krull und Michailoff; von der Balkankomintern sind bekannt: Chef derselben Michailoff, Sekretär Kenkoff, Chef der mazedonischen Abteilung: Zeidzeff, Chef der politischen Abteilung: Jaceslav Stanislavsky, sein Sekretär ist Sosulja, Agent der G. P. U.« Die Bundespolizeidirektion wandte sich ihrerseits an das Bundeskanzleramt und bat um Weisung, wie mit dem Ersuchen umzugehen sei.[139]

Dort sah man kein Problem darin, dem Delegierten ein »Verzeichnis der hierseits jeweils der Pol. Dion. Wien bekanntgegebenen Mitglieder und Mitarbeiter der hiesigen Gesandtschaft der Sowjetunion sowie der Handelsvertretung dieses Staates zur Verfügung zu stellen, da diese Funktionäre offiziell seitens der Gesandtschaft der Sowjetunion der Bundesregierung notifiziert worden sind«. Eine tiefergehende »Mitteilung von allfälligen d. a. Wahrnehmungen über die Tätigkeit der vorgenannten ausländischen Funktionäre« wurde dagegen als »nicht statthaft« befunden. Was die »übrigen angeblichen Hauptagenten der GPU, der Komintern und Angehörigen der Balkankomitees betrifft«, so wurde es der Polizeidirektion Wien überlassen, dem Delegierten im Rahmen des internationalen Verkehrs zwischen den Polizeibehörden »die geeignet erscheinende Antwort zu erteilen«. Überhaupt wurde die offensichtliche Aufklärungstätigkeit von Milićević gar nicht gern gesehen: »Es kann festgestellt werden, dass der der jugoslawischen Gesandtschaft in Wien zugeteilte Delegat des jugoslawischen Ministeriums des Inneren eine überaus rege Tätigkeit entfaltet, die keineswegs gefördert werden soll. [...] Der Bundespolizeidirektion in Wien wurde bei jeder Gelegenheit der Rat gegeben, sich dem Delegierten gegenüber möglichst zurückhaltend zu benehmen. Verschiedene Wahrnehmungen weisen darauf hin, dass seitens des Delegaten beziehungsweise seiner Organe eine Überwachungsfunktion entfaltet wird, der die Polizeidirektion Wien ein besonderes Augenmerk zuwenden sollte. Der Delegat und seine Organe haben anscheinend die Aufgabe, die in Österreich lebenden jugoslawischen Emigranten unter ständiger Bewachung zu halten, um jeden sich bietenden

139 Bundes-Polizeidirektion in Wien an Bundeskanzleramt, 2. 5. 1932, in: Österreichisches Staatsarchiv/Archiv der Republik (künftig: ÖStA/AdR), Bundeskanzleramt, Gegenstand: Informationserteilung an die kgl. Jugoslawische Gesandtschaft in Wien, 158.057 GD 1/12.

Anlass zum Gegenstand einer Intervention bei der Bundespolizeidirektion in Wien machen zu können. Der Bundespolizeidirektion in Wien ist dieses Treiben wohlbekannt; es muss anerkannt werden, dass sich die Polizeidirektion von Delegierten nicht besonders engagieren lässt.«[140]

Hinter vorgehaltener Hand meinte der Wiener Polizeipräsident Schober, dass Wien zum Ausgangspunkt einer »höchst verderbliche[n]« kommunistischen »Wühlarbeit« geworden sei.[141] Seine Beamten observierten besonders linksgerichtete Emigranten und ausländische Kommunisten, verhafteten diese oder wiesen sie aus. Vor allem letztere Maßnahme wurde in unzähligen Fällen getroffen. Allerdings brachte die Polizei die Delinquenten »nur« zum Bahnhof. Niemand überprüfte, ob die Ausgewiesenen das Land auch tatsächlich verließen und falls doch, wo sie die Grenze passierten.[142] Außerdem waren den Behörden durch die diplomatische Immunität vieler sowjetischer Agenten die Hände gebunden. Man bemühte sich daher, zu relativieren und die Sache herunterzuspielen und darauf zu verweisen, dass es im benachbarten Ausland noch schlimmer zugehe als in Österreich. Dem Historiker Leidinger zufolge konnten die Wiener Regierungsstellen »nur vermuten, was hinter den Mauern des mysteriösen [Botschafts-]Gebäudes vor sich ging. Meldungen über kommunistische Propagandaaktivitäten und russische Agentennetze gehörten zwar zum Berufsalltag der Beamten. Ihr Wahrheitsgehalt ließ jedoch zu wünschen übrig. Zu viele gefälschte Dokumente waren im Umlauf. Des Weiteren erklärte der österreichische Gesandte in Berlin im Februar 1923, es sei ›bei der großen Erfahrung, welche die russischen Revolutionäre besitzen, schwierig, authentisches Material [...] beizubringen.‹ Unter den Emigranten gelte vor allem ›Berlin als Spionagezentrum‹. Über die ›Wühlarbeit‹ in Deutschland und Österreich ›seien bis jetzt aber wenig Einzelheiten bekannt‹.«[143]

1925 bekam der österreichische Botschafter Baron Franckenstein im britischen Außenministerium dennoch das »herrschende Unverständnis«

140 Einlaufstück, in: ÖStA/AdR, Bundeskanzleramt, Gegenstand: Informationserteilung an die kgl. Jugoslawische Gesandtschaft in Wien, 158.057 GD 1/12.

141 Moritz, Staatsgeschäfte, 104.

142 Ebenda, 106.

143 Leidinger, Parteiarbeit, 138.

darüber zu spüren, dass Großbritannien selbst nur eine Handvoll »bolschewistischer Delegierter« diplomatischen Status zuerkenne, während das kleine Österreich viel mehr »Moskauer Emissäre« akzeptiere. Franckenstein gab an, dass man sich in Wien bemühe, den Stab der Sowjetvertretung zu verringern, aber über genaue Zahlen verfüge er nicht.[144]

Österreich saß zwischen den Stühlen. Denn auch die Sowjetunion machte Druck. Im September 1925 hatte sich ein gewisser Evdokim Ševsčenko in der sowjetischen Botschaft in der Reisnerstraße gemeldet. Aus Gewissensgründen gab er an, dass er zu einem Komplott gegen Botschafter Jan Berzin gehöre. Ševsčenko und drei andere Verschwörer hätten es sich zum Ziel gesetzt, Berzin zu beseitigen. Laut Pressemeldungen führten Spuren angeblich direkt zum Chef der bulgarischen Geheimpolizei als Hintermann der Anschlagsplanungen. In Moskau wurde diese sogenannte »Berzin-Affäre« hochgespielt.[145] So wies man auf die Präsenz von geflohenen »russischen Weißgardisten« in Wien hin. Diese Emigranten zählten zum prozaristischen Lager und waren nach der Niederlage im russischen Bürgerkrieg (1917–1922) in zahlreiche europäische Länder geflohen. In Wien war man nach Beobachtung der antibolschewistischen Szene noch im Jahr 1921 zum Schluss gekommen, dass die dazugehörigen Emigranten in »keine feste Organisation eingefügt« seien, sondern »bei gelegentlichen, dem Zufall überlassenen Zusammenkünften in verschiedenen Kaffeehäusern ihre Meinung über das künftige Schicksal Russlands zum Ausdruck bringen«.[146]

Ein paar Jahre später, im Februar 1926, beurteilte die Wiener Polizeidirektion die Situation schon kritischer: »In der letzten Zeit wurde die Aufmerksamkeit der Polizeidirektion wiederholt auf die Tätigkeit der in Wien lebenden Emigranten aus Russland gelenkt. Es handelt sich hie[r]bei um Personen, welche wegen ihrer politischen Einstellung zur Sowjetregierung die russische Staatsangehörigkeit aufgegeben bzw. verloren, damit auch auf die Möglichkeit derzeit in die Heimat zurückzukehren, verzichtet und sich deshalb im Auslande niedergelassen haben. Dagegen besteht, soweit Wien in Betracht kommt, insolange kein Bedenken, als sich diese Emigranten an die inländischen Gesetze und behördlichen Vorschriften strenge

144 Ebenda, 175.
145 Moritz, Staatsgeschäfte, 66.
146 Ebenda, 116.

halten und insbesondere die Grundsätze des Asylrechtes nicht übertreten. Wie der kürzlich geplante, allerdings misslungene Anschlag wider dem Wiener Gesandten der Union der Sozialistischen Sowjetrepubliken, der übrigens nicht im Inlande, sondern im Auslande ausgeheckt wurde, beweist, besteht doch die Gefahr, dass sich unbedachte Angehörige dieser Emigration in politische und sogar in kriminelle Aktionen einlassen. Dabei ist die Annahme wohl gerechtfertigt, dass sich in diese Kreise auch zahlreiche unlautere Elemente eingedrängt haben, welche einzelne Emigranten, deren verzweifelte Lage und Leichtgläubigkeit missbrauchend, aus egoistischen Motiven oder im Auftrage dritter zu Unternehmungen zu verleiten suchen, welche geeignet sind, die öffentliche Ruhe und Ordnung im Inneren zu stören und den guten Ruf Wiens im Auslande zu beeinträchtigen.«[147] Doch die namhaften Anführer der russischen Konterrevolution hielten sich damals in Berlin und in Paris auf.[148] In Wien reichte das Aktivitätsniveau nicht an jenes der sowjetischen Geheimdienste und der Komintern heran.

Im Frühjahr 1927 entzündete sich um den Journalisten Ludwig Fuchs ein weiterer Spionageskandal: Seine Frau, die als Sekretärin im Bundeskanzleramt arbeitete, gab zu, vertrauliches Material an ihn weitergegeben zu haben. Fuchs soll dann »verdächtig oft« mit Bediensteten der russischen Botschaft verkehrt haben.[149] Kurze Zeit später, im Jahr 1928, sorgte die Festnahme von Béla Kun für ein internationales Medienereignis. Denn Kun hatte zwischen 21. März und 1. August 1919 die Ungarische Räterepublik angeführt. Diese war nach Sowjetrussland der zweite sozialistische Staat der Welt, auch wenn sie infolge eines Krieges mit Rumänien rasch zusammenbrach. Kun wurde danach kurz im österreichischen Karlstein an der Thaya festgehalten, ehe ihm die Flucht nach Moskau gelang. Von dort aus war er für die Komintern tätig. Seinen Reisebewegungen wurde seitens westlicher Geheimdienste intensiv nachgespürt. 1925 hieß es, Kun sei auf der Route »Moskau–Berlin–Paris« unterwegs und benutze einen französischen Pass unter dem Namen »Pupin«.

147 Dienstzettel, 19. 2. 1926, in: ÖStA, AdR, NPA, Liasse Russland 2/11.
148 An das Bundeskanzleramt, Abteilung 13, 15. 10. 1925, in: Ebenda.
149 Moritz, Staatsgeschäfte, 68.

Es sei nicht auszuschließen, dass Kun versuchen könnte, Großbritannien zu besuchen.[150] Zwischendurch gab es Zeitungsmeldungen, wonach Kun in Portugal verhaftet worden wäre.[151] Dort winkte man ab – die betreffende Person sei ein Portugiese, der nach dem Vorbild des »notorischen Ungarn« mit einem Spitznamen benannt worden sei.[152] Ein anderes Mal im Jahr 1924 vermuteten die britischen Behörden Kun in Wien. Der Verdacht gründete sich auf die Angaben eines Informanten, der Kun gesehen haben wollte, wie er eine Fähre zwischen Dover und Ostende benutzte und am dortigen Bahnhof den Wagen nach Wien bestieg. *Scotland Yard* fragte diesbezüglich bei den österreichischen Kollegen nach. Die Antwort war negativ: Kun sei im fraglichen Zeitraum nicht in Wien und schon seit der Mitte des Sommers 1924 von Moskau weg gewesen. Außerdem leide er an einer akuten Nierenkrankheit und werde als sehr kranker Mann eingeschätzt.[153] *Scotland Yard* war aber »nicht geneigt, der Wiener Polizei in diesem bestimmten Fall zu vertrauen«: »Die Österreicher, [...], sind insbesondere besorgt, die öffentlichen Vorwürfe, die von Zeit zu Zeit erhoben werden, zu widerlegen, wonach Wien ein Zentrum kommunistischer Aktivitäten sei.«[154]

Genau dafür schien am 26. April 1928 die Bestätigung erbracht: Kun wurde in der Neubaugassse Nr. 5 in Wien-Neubau verhaftet. Dort befanden sich die Räumlichkeiten der Firma *Medikamente- und Chemikalienhandel, Georg Mayerhofer Co.* Er hatte die Räumlichkeiten unter einem falschen Namen gemietet – vom Besitzer Georg Mayerhofer. Dieser wurde am selben Abend ebenfalls verhaftet.[155] Mayerhofer war 1918 in Budapest für die ungarische KP aktiv gewesen und hatte dann 1921 in Wien ein chemisch-pharmazeutisches Unternehmen gegründet. Mit Kun war Mayerhofer seit dem Sommer 1927 in Kontakt. Mayerhofer mietete in der Neubaugasse Büroräume für Kun, wo dieser eine Briefkastenfirma unterhielt, die als Anlaufstelle für seine politische Korrespondenz aus Prag und Budapest diente. Bereits im August und September 1927 war Kun unter dem Namen »Josef Wagner«

150 Schreiben an Mr. Haldane Porter, in: TNA, KV2/578, 25a.
151 Schreiben an Captain Miller, Scotland Yard, 4. 7. 1925, in: TNA, KV2/578, 32a.
152 Schreiben an X. P., 1. 7. 1925, in: TNA, KV2/578, 35b.
153 Schreiben an Captain Liddell, Scotland Yard, 23. 12. 1925.
154 S. B. 420/SE/104, in: TNA, KV2/578, 45a.
155 Arrest of Bela Kun, 24. 6. 1928, in: TNA, KV2/577, 21a.

in der Hügelgasse Nr. 15 in Wien-Hietzing gemeldet. Mitte Jänner 1928 kehrte er zurück und wohnte mit seiner Sekretärin Ilona Breuer, die er als seine Frau ausgab, wieder an derselben Adresse.[156]

Kun gab schließlich zu, wer er sei – behauptete allerdings, seine »politische und literarische Arbeit« hätte nur mit Ungarn zu tun gehabt.[157] Außerdem stellte sich heraus, dass Kun und Breuer immer wieder die Wiener Wohnung von Adalbert Szekely besucht hatten, eines früheren Volkskommissars der gestürzten ungarischen Räteregierung. Es wurden 6000 Dollar in der Wohnung sichergestellt, die offenbar für Propagandazwecke vorgesehen waren.[158] Die ungarische KP befand sich gerade mitten in einem Fraktionskampf. Kun wollte deshalb eine neue und ihm genehme Parteiführung installieren und plante für Mai 1928 eine geheime Konferenz in Wien.[159] Weder die KPÖ noch die OMS-Verbindungen hatte er in Anspruch genommen. Anscheinend wussten sogar die Mitarbeiter des illegalen ungarischen Auslandsapparats in Wien nichts von seiner Ankunft in der Stadt.[160]

In den Räumlichkeiten in der Neubaugasse fand man Dokumente zur illegalen Arbeit der ungarischen KP, die sich in Form eines »Auslandskomitees« ehemaliger ungarischer Kommissare und Emigranten organisierte. Jenő Landler und Gyula Alpári waren die wichtigsten Köpfe – und ihre Differenzen mit Kun waren aufgetreten, als dieser sich im Exil in Moskau befand. Insofern diente der Wiener Aufenthalt von Kun dem Zweck, seinen Einfluss wiederherzustellen und die »illegale Arbeit« in Ungarn zu verstärken, was etwa von Alpári als unzeitig erachtet worden war.[161]

Bei den sichergestellten Unterlagen handelte sich um Kopien maschingeschriebener Korrespondenz, deren Originale und Umschläge offenbar vernichtet worden waren. Außerdem fand man die Organisationsstatuten der ungarischen KP, ausgefeilte Pläne Kuns für Propaganda in Ungarn und

156 Konrad Jekl, Am Rande der Räterepublik. Béla Kun und Österreich, in: Konrad Jekl, Auf den Spuren der Republik Österreich. Aufsätze zur österreichischen Zeitgeschichte, Frankfurt am Main 1995, 99–126, hier 120.

157 Englischsprache Übersetzung eines Artikels im *Corriere de la Sera*, 7.5.1926, in: KV 2/578, 60a.

158 Summarised Translation, Wien, Mai 1928, in: TNA, KV2/577.

159 McLoughlin, Geheimapparate, 417.

160 Ebenda, 417f.

161 Arrest of Bela Kun, 24.6.1928, in: TNA, KV2/577, 21a.

Vorgaben für die »illegale Arbeit«, den Einsatz von illegalen Druckerpressen und Tipps für konspiratives Verhalten, denen Kun selbst während seines Aufenthalts in Wien gefolgt war:[162]

»(i) Du musst immer bedenken, dass die Polizei ermittelt, nachforscht und sucht. Du musst daher mehr als alles andere Vorsichtsmaßnahmen für die Sicherheit der Bewegung und Deiner eigenen Person treffen.

(ii) Wenn Du einen Genossen triffst, der für die Bewegung arbeitet, sei immer sehr vorsichtig, schau Dich um; benutze niemals denselben Ort für zu lange Gespräche; überzeuge Dich selbst, dass die Wände keine Gitter haben, stell Dich an seltsamen Orten nicht dorthin, wo man belauscht werden kann, benimm Dich nie in auffallender Art und Weise (wie geheime Zeichen, plötzliche Unterbrechung von Gesprächen etc., sondern benimm Dich ruhig und unauffällig. Ausschließlich geschäftliche Angelegenheiten müssen in Pseudonymen besprochen werden und diese Worte müssen bedeutungslos sein, damit sie keinen Verdacht erregen.

(iii) Wenn Du versuchst, jemanden zu gewinnen und in die Bewegung hineinzubringen, musst Du erst seine wirklichen Beweggründe herausfinden und diese kontrollieren. Du musst ihn beobachten, ob er nützlich und vertrauenswürdig erscheint und Du musst Dich nicht beeilen, eine Beziehung einzugehen, selbst wenn die Information über ihn günstig ist.

(iv) Sei immer vorsichtig, dass Dir niemand folgt, vor allem, wenn Du zu einem Treffen mit einem Genossen gehst. In diesen Fällen, komm früher zum Treffpunkt und stelle sicher, dass Euch niemand beobachtet. Stell Dich dann auf die Seite und wenn Dein Genosse kommt, sieh nach, ob ihm jemand folgt. Wenn Du einen Spion bemerkst, der Dir folgt, führ ihn in die Irre und lass Deinen Genossen durch eine Geste wissen, damit er Dein Spiel versteht. Du solltest dann herausfinden, wo der Spion wohnt.

(v) Wenn Du Dich in Gesellschaft eines verdächtigen Mannes befindest und triffst einen Genossen auf der Straße, sprich nicht als Erster, bevor er Dich anspricht. Lass ihn durch ein Zeichen wissen, dass er in Gefahr ist.

(vi) Bei einem Spion, der in eine Zelle oder in eine Sektion eingedrungen ist, wird es schwieriger, ihn unschädlich zu machen. Deshalb muss immer Wache gehalten werden.

162 Summarised Translation, Wien, Mai 1928, in: TNA, KV2/577.

(vii) Diese Regeln bedeuten nicht, eine dauernde ›Sherlock Holmesness‹ an den Tag zu legen oder sich ständig Sorgen zu machen, sondern stattdessen einen kühlen Kopf und ein Verantwortungsgefühl zu wahren.

(viii) Wenn Du verhaftet wirst, verrate nichts und niemanden. Sei darauf bedacht, dass man keinen Spion mit Dir einschließt, der Deine Gespräche mit anderen aushorcht. Sei vorsichtig, an wen und was Du schreibst, damit es nicht dazu verwendet werden kann, um andere zu kompromittieren. Erinnere Dich, dass die Wachsamkeit der Polizei mit Deinem Arrest nicht aufhört.«[163]

Der Fall Kun schlug in der ausländischen Presse hohe Wellen. Sogar Bundeskanzler Ignaz Seipel wollte die Angelegenheit im Ministerrat nicht kleinreden: »Wenn Kun hier versucht hat, eine Konspirationszentrale aufzurichten, so ist das für uns ein ärgerer Schlag, als wenn es unsere eigenen Kommunisten organisieren würden, denn ein solcher Versuch ist eine Schädigung unseres internationalen Vertrauens. Deshalb müssen wir der Welt zeigen, dass wir die Sache ernstnehmen.«[164] Die kaisertreue Volkspartei verbreitete in Wien Flugblätter, in denen die Regierung aufgefordert wurde, Kun an Ungarn auszuliefern. Die Linke nahm den Fall Béla Kun zum Anlass, gegen die bürgerliche Regierung zu protestieren. Aus Deutschland und Frankreich kamen Solidaritätsbekundungen von der *Roten Hilfe*, dem *Komitee zum Schutz der Opfer des weißen Terrors auf dem Balkan* und vom ungarischen Emigrationskomitee in Paris.[165]

In einer Sitzung des Oberlandesgerichts Wien am 9. Juni 1928 entschied das Gericht für das Auslieferungsbegehren an Ungarn. Das Justizministerium erteilte dafür aber keine Genehmigung. Stattdessen sei das Asylrecht zu wahren. Genauso wenig wollte man die Sowjetunion verärgern. Also wurden Mayerhofer, Kun und Breuer am 26. Juni 1928 von einem Schöffensenat vom Vorwurf der Geheimbündelei freigesprochen. Wegen verbotener Rückkehr nach Österreich wurde Kun zu drei Monaten Arrest verurteilt, wovon er noch einen absitzen musste. Breuer kassierte einen Monat Haft. Über alle drei Angeklagten wurde die dauernde Landesverweisung verhängt. Am 27. Juli 1928 trat Kun vom Ostbahnhof die »Heimreise« in

163 Supplement E, in: TNA, KV 2/577.
164 McLoughlin, Geheimapparate, 417.
165 Jekl, Rande, 120f.

die UdSSR an, am 1. August 1928 sollte er in Moskau eintreffen.[166] Noch 1933 hieß es, ein gewisser Perely mit ungarischer Abstammung sei von Kun nach Wien entsandt worden, um dort ein Propaganda-Büro aufzubauen.[167] 1937 sollte Kun im Zuge der stalinistischen Säuberungen verhaftet und im Jahr darauf hingerichtet werden.

Was die österreichische Rolle als Schutzhafen für Kun und die sowjetischen Geheimdienste anging, so hatte man in Großbritannien bereits eigene Schlüsse gezogen. In einem *Scotland-Yard*-Bericht von 1926 wird der Vorwurf erhoben, die österreichische Seite sei nicht vertrauenswürdig, wenn es um »russische Aktivitäten in Österreich« gehe. Das habe sich im Fall von Kun gezeigt: Dieser sei bereits im Herbst 1925 unter dem Decknamen »Emmerich Schwarz« bei einem Kongress in Wien gewesen, während österreichische Stellen das Gegenteil behaupteten. Unter den Bericht fügte ein Beamter mit etwas zeitlichem Abstand ergänzende kommentierende Notizen hinzu: »Es sieht so aus, dass es eine Art von Übereinkunft zwischen den Österreichern und den Bolos [Bolschewiken] gibt, die darin besteht, dass es den Bolos erlaubt wird, Wien als Zentrum für die Arbeit außerhalb von Österreich zu benutzen. Das wirft einen Deckmantel über ihre Aktivitäten. Im Gegenzug garantieren die Bolos, Österreich in Ruhe zu lassen, […].«[168]

Für solche informellen Absprachen gibt es keine Beweise. Ein stillschweigendes Übereinkommen ist aber denkbar: freie Hand für die sowjetischen Geheimdienste und die Komintern für Operationen von Österreich aus – im Gegenzug für das Respektieren des Gastrechts, d. h. keine Handlungen gegen österreichische Interessen. Allerdings dürften mit der Zeit auch politische Abwägungen in Moskau selbst eine Rolle gespielt haben, warum man Österreich in Ruhe ließ. Das legt etwa ein Bericht der österreichischen Botschaft in Moskau vom 20. September 1934 an den Bundesminister für auswärtige Angelegenheiten, Egon Berger-Waldenegg, nahe. Betitelt mit »Aus der Hexenküche der Komintern« fasste einer der Botschaftsmitarbeiter unbestätigte Erkenntnisse zusammen: »Von Komintern sei gegenwärtig ein großer Schub von Agitatoren, Absolventen der Lenin-Parteischule,

166 Ebenda, 122.
167 Subject Bela Kun, 16. 2. 1933, in: TNA, KV2/577, 30dx.
168 Re: Bela Kun, 23. 7. 1926, in: TNA, KV2/578, 47a.

nach Österreich unterwegs. Unter ihnen befänden sich aber keine Österreicher, nur Reichsdeutsche, meistens Bayern, die hauptsächlich in der Provinz in Tirol, Steiermark und Salzburg ihre Arbeit aufnehmen sollen; Österreicher seien bei der Komintern als nicht sehr zuverlässig bekannt. Nach der in der Komintern verbreiteten Meinung, setze die österreichische Regierung der kommunistischen Propaganda in Österreich verhältnismäßig wenig Hindernisse in den Weg. In der Komintern neige man daher der Ansicht zu, dass die österreichische Regierung mit diesem Verhalten eine bestimmte Absicht verfolge, nämlich die österreichische Sozialdemokratie zu spalten, um über zwei einander befehdende Parteien leichter zu obsiegen. Der Komintern sei es seitens der Sowjetregierung strengstens verboten, in Österreich irgendeine Aktion durchzuführen; die österreichischen Kommunisten seien lediglich angewiesen, einen scharfen Agitationskampf gegen die Sozialdemokratie zu führen.«[169]

Jedoch rief die offensive Tätigkeit Moskaus via Wien eine Gegenreaktion von anderer Seite hervor. Bereits 1918 war der in Bern stationierte Major Hans Vischer beauftragt worden, Stützpunkte des britischen Auslandsgeheimdiensts MI6 in den Ländern der untergegangenen Habsburgermonarchie einzurichten: Wien, Prag und Budapest.[170] Die österreichische Hauptstadt galt in den 1920er-Jahren bald als der wichtigste europäische Außenposten des MI6. Seine Station in der Metternichgasse Nr. 6 stand unter Leitung von Captain Thomas Kendrick,[171] der Agentennetze in der Tschechoslowakei, Italien, Ungarn und Jugoslawien betreute. Kendrick ließ nicht nur Telefonkabel der sowjetischen Gegenseite anzapfen,[172] sondern verfügte auch über einen Informanten bei der Wiener Polizei.[173] Gewinnbringend war der Austausch und das Zuhören in den Caféhäusern der Stadt. Insbesondere die Cafés Louvre, Herrenhof und Atlanta stachen hervor. Dort trafen sich internationale Korrespondenten, aber auch einheimische Politiker, Künstler und Intellektuelle.[174]

169 An Bundesminister für auswärtige Angelegenheiten, 20.9.1934, in: ÖStA, AdR, NPA, Liasse Russland 2/12–2125.

170 Keith Jeffrey, MI6: The history of the Secret Intelligence Service, 1909–1949, London 2010, 201.

171 Fry, Spymaster, 24.

172 Ebenda, 34.

173 Ebenda, 57.

174 Ebenda, 47.

Ein MI6-Bericht von 1926 beschreibt das OMS-Zentrum Wien. Dieses sei das direktive Organ für folgende Länder: Italien, Tschechoslowakei, Ungarn, Schweiz, Jugoslawien, Bulgarien, Griechenland und Rumänien. In Österreich selbst arbeite das Zentrum nicht, weil man fürchte, die Organisation zu kompromittieren. Im Sommer 1925 sei das Zentrum radikal verkleinert und umorganisiert worden. Seine Hauptfunktion bestünde darin, als Kommunikationskanal zu funktionieren und Kontrolle über die Aktivitäten von kommunistischen Parteien in Südosteuropa und auf dem Balkan sicherzustellen. Die lokalen Akteure erhielten aber gleichzeitig mehr Handlungsfreiheit. Eine Zeit lang sah es nach einer völligen Liquidierung des Zentrums Wien aus, aber dieser Plan wurde nicht umgesetzt. 1926 kam es zu einer Kursänderung. Die Kontrolle des Zentrums Wien wurde wiederhergestellt, auch über die griechische kommunistische Partei. Die Untergrundaktivitäten wurden verstärkt, weil Moskau mehr Effizienz verlangte.

Laut dem Dokument gliederte sich das OMS-Zentrum Wien in

- das Balkan-Komitee (mit Vertretern für Albanien, Serbien, Bulgarien, Griechenland und Rumänien);
- die Sektion für den Militärnachrichtendienst, dem neben dem Leiter und seinen Stellvertreter zwischen vier und fünf Agenten angehörten. Weitere Offiziere waren nicht in Wien, sondern vor Ort postiert (je einer in Griechenland, Bulgarien, Tschechoslowakei, Jugoslawien, Ungarn);
- die Propagandasektion;
- die Sektion für Militäroperationen (zuständig für den Balkan und Südosteuropa). Ihre Aufgabe war der Transport und die Verwahrung von Waffen- und Munitionsnachschub;
- die Liaison-Sektion für das Balkan-Komitee. Sie hatte die Funktion, Verbindung zu den verschiedenen kommunistischen Parteien in der Region zu halten und diese zu kontrollieren.[175]

1923 erfuhr der MI6 aus einer »guten Quelle« Details zur Vorgangsweise der sowjetischen Gegenseite in Zentraleuropa. Dort seien verschiedene

175 The Vienna Centre of the Communist International, 17.5.1926, in: TNA, KV3/230, 20a ff.

Agentennetzwerke aktiv, die über Mittelsmänner koordiniert wurden. Dafür stünden Tarnadressen zur Verfügung. Eine davon sei die »Alma« in der Gumpendorferstraße Nr. 87. Zu den Aufgaben der Netzwerke zählten Industrie- und Wirtschaftsspionage sowie Militär-Spionage. Ein entsprechender Fragenkatalog aus Moskau erging zunächst an das Zentrum Berlin, den wichtigsten Knotenpunkt der sowjetischen Spionage in Westeuropa. Von dort aus erhielt das Zentrum Wien seine Vorgaben. Das Personal bereite zwei Arten von Berichten vor. Einer davon sei ausschließlich militärischer Natur. Dokumente würden in Wien fotografiert, rumänische Texte ins Deutsche übersetzt, polnische ins Russische. Jede Woche verkehre ein Kurier zwischen Wien und Berlin. Allerdings bespreche man dringende Angelegenheiten immer auch telefonisch.[176]

1928/29 schafften es Kendricks Leute auch, die legale Residentur in der sowjetischen Botschaft anzuzapfen – und zwar indem mehrere Briefe von Stanislas Kalina, einem OGPU-Offizier, abgefangen wurden. So meldete Kalina am 21. Mai 1928 der Zentrale, dass ein Agent Instruktionen und Finanzmittel erhalten hatte, um diese an den Kommandanten einer bulgarischen Garnison für den Fall eines bewaffneten Aufstandes gegen die Regierung weiterzuleiten.[177] Am 14. Juli 1928 empfahl Kalina, dass die OGPU ihre Aufmerksamkeit der deutschen Spionage zuwenden solle. Die fortgesetzte Aktivität des deutschen Spionageapparats sei in der Lage, die Pläne der OGPU in Deutschland als auch im Zusammenhang mit Österreich »komplett zu zerstören«.[178] Am 25. Februar 1929 schlug Kalina der Moskauer Zentrale vor, mithilfe eines erfahrenen »Provokateur-Abenteurers« ein falsches »russisches Emigranten-Komitee« zu organisieren, um die Szene von monarchistischen Gegnern des Sowjetregimes zu unterwandern und Gegenspionage zu betreiben.[179]

Ein weiterer Brief vom 4. Juni 1928 gab Einblicke in angebliche realpolitische Überlegungen hinter der österreichischen Entscheidung, Béla Kun auszuweisen: »In Verbindung mit der bevorstehenden Einigung hinsichtlich der Frage von Béla Kuns Schicksal vertrete ich die Meinung, dass

176 The Bolshevik S. S. in Central Europa, 10. 7. 1923, in: TNA, KV3/230, 1a, ff.
177 Strictly Secret an MI5, 4. 6. 1928, in: TNA, KV3/230, 25a.
178 MI5 for information, 25. 7. 1928, in: TNA, KV3/230, 29a.
179 Strictly Secret an MI5, 13. 3. 1929, in: TNA, KV3/230, 32a.

im Interesse seiner persönlichen Sicherheit alle möglichen Anstrengungen getroffen werden sollten, um die Entscheidung der österreichischen Regierung, ihn nach Russland zu deportieren und jene der deutschen Regierung, ihm ein Transitvisum zu gewähren, geheim zu halten. Nach meinem Informationsstand wird die ganze Angelegenheit erst definitiv geregelt, wenn das Gerichtsurteil gegen deutsche Ingenieure erfolgt ist, die in die Affäre von Schachty[180] (Donezbecken) verwickelt sind. Darüber hinaus bin ich persönlich überzeugt, dass die Verhaftung von Béla Kun in großem Maße ein Resultat der Verhaftung der deutschen Ingenieure in Russland war und ich bitte darum, dass meine Einschätzungen in diesem Zusammenhang an die zuständigen Stellen übermittelt werden.«[181] Kalina mag spekuliert haben, aber Kun könnte tatsächlich ein Pfand im Tauziehen um die Ingenieure gewesen sein. Letztere kamen wenige Wochen nach Kuns Ausreise mit milden Strafen davon.

Im Visier des britischen Geheimdiensts befand sich auch der Funk der Wiener OMS-Residentur. Diese hatte nur mit Moskau eine direkte Verbindung – zu den Stationen in Prag und Basel waren Kuriere unterwegs. Anfang 1933 gelang der *General Codes and Ciphers School* (GCCS) ein Coup. Sie identifizierte den Funkverkehr zwischen einem weltweiten Netzwerk von geheimen Stationen mit einer zentralen Einrichtung nahe Moskau. Es handelte sich um den Funkverkehr der Komintern. Ein Team von Kryptoanalysten unter der Leitung von Oberst John Tiltman entschlüsselte die gesamte Kommunikation mit England. Außerdem wurde der Transmitter in einem Londoner Vorort aufgespürt.[182] Es ist unklar, ob alle Berichte aus oder nach Wien decodiert wurden.[183] Der Funkverkehr versiegte im ersten Halbjahr 1937, nachdem man in Moskau erfahren hatte, dass die Chriffriercodes geknackt worden waren. Außerdem wirkten sich die stalinistischen Säuberungen katastrophal auf das Funktionieren des sowjetischen Geheimdienstapparats aus.[184]

180 Der Schachty-Prozess (auch Schachty-Affäre) vom 18. Mai bis 7. Juli 1928 war ein Schauprozess, der sich gegen sowjetische und einige ausländische parteilose Spezialisten richtete. Man beschuldigte sie der Sabotage. Von den deutschen Angeklagten wurden zwei freigesprochen, einer erhielt eine Bewährungsstrafe.

181 Arrest of Bela Kun, 20. 6. 1928, in: TNA, KV2/578, 62a.

182 Christopher Andrew, Secret Service. The Making of the British Intelligence, London 1985, 365.

183 McLoughlin, Geheimapparate, 387.

184 Ebenda, 394.

Es gibt auch einige persönliche Zeugnisse von MI6-Angehörigen über ihre Wiener Zeit. So stieg 1930 der Agent John Whitwell auf der Durchreise nach Prag im Hotel Sacher ab. Es war der Auftakt für eine jahrzehntelange Karriere mit zahlreichen internationalen Stationierungen. »Österreich war nun ein kleines Land, aber Wien war die frühere Hauptstadt eines Kaiserreichs und seine Wirtschaft bildete einen integralen Teil der weltweiten Finanzstruktur.« An die erste Dinner Party im Kollegenkreis erinnerte sich Whitwell nicht besonders gut. Er erhielt keine Gelegenheit, über seinen Job zu sprechen und fühlte sich komplett unvorbereitet für die Aufgabe. Dafür bekam er Geschichten über seine Vorgänger zu hören: Einer war in periodischen Abständen vom Arbeitsplatz verschwunden, um sich zu betrinken. Einmal hatte die Polizei diesen Mann in eine Ausnüchterungszelle gesteckt, weil er aggressiv geworden war. In seiner Tasche hatte er alle möglichen vertraulichen Dokumente mit, die er im Verlauf der Arbeitsstunden davor gesammelt hatte. Der andere MI6-Offizier war wegen einer Geliebten in eine Auseinandersetzung verstrickt, was die unwillkommene Aufmerksamkeit der Polizei erweckte. Die Folge war, dass diese beiden Offiziere wegen ihrer Dienstverfehlungen nach London zurückberufen wurden.

Whitwell fand diese Anekdoten nicht besonders ermutigend. Bevor er vom Franz-Josefs-Bahnhof nach Prag abfuhr, sah er noch in einem bekannten Restaurant den Chef der politischen Polizei sitzen. Dieser soll eines Tages einem Neuling der Wiener Station die lokale Verhörmethode demonstriert haben, indem er einem Gefangenen mit einem Gummiknüppel ins Gesicht schlug.[185]

Nach dem »Anschluss« 1938 sollten Kendrick und seine Mitarbeiter eine wichtige Rolle bei der Rettung von österreichischen Juden spielen. Da Kendrick im Rahmen seiner Tarnung als *Passport Control Officer* bei der britischen Botschaft für Visa-Angelegenheiten zuständig war,[186] ermöglichte sein Stab ab März 1938 innerhalb von zwei Monaten jeden Tag zwischen 175 und 200 Juden die Ausreise nach Großbritannien.[187] Kendrick geriet allerdings bald ins Visier des *Amts Ausland/Abwehr* der Wehrmacht. Am 17. August 1938 wurde er auf dem Weg nach München nahe Salzburg verhaftet.

185 John Withwell, British Agent, London 1966, 20-27.

186 Andrew, Service, 240.

187 Fry, Spy, 116.

Nach diplomatischem Protest wies man Kendrick innerhalb von wenigen Tagen aus. Das war das Ende für die MI6-Station in Wien: Ihr Personal wurde umgehend zurückgezogen.[188]

Im Jahr 1934 hatte Kendrick auch eine Angelegenheit mitbekommen, die in weiterer Folge zur Rekrutierung der Cambridge Five führen sollte – die überstürzte Heirat eines jungen Briten mit einer bekannten kommunistischen Aktivistin.

188 Andrew, Service, 395f.

Alles begann in Wien – Litzi und Kim

In der Latschkagasse Nr. 9 in Wien-Alsergrund trafen Kim Philby und Litzi Friedmann zum ersten Mal aufeinander

Rückblickend betrachtet war es eine schicksalhafte Begegnung und der vielleicht größte Beitrag, den Wien zur Geschichte der Spionage lieferte: Im Wiener Bezirk Alsergrund, genauer gesagt in der Latschkagasse Nr. 9, Tür 13, läutete es im Herbst 1933 in der Wohnung von Alice »Litzi« Friedmann. Vor der Tür stand Harold Adrian Russell Philby, den seine Freunde »Kim« nannten.

Kim war am Neujahrstag 1912 in Ambala (Indien) geboren worden. Sein Vater Harry St. John Philby war in der indischen Kolonialverwaltung tätig, wechselte aber 1915 als Finanzverantwortlicher und Geheimagent nach Bagdad, wo er die Arabische Revolte gegen das Osmanische Reich mit organisierte. 1917 wurde St. John zu Ibn Saud geschickt, der 1932 Saudi-Arabien begründen sollte. Für diese Aufgabe empfahl er sich, weil St. John geschickt zwischen verschiedenen Kulturen hin- und herwechseln konnte. Der studierte Arabist, Schriftsteller und Abenteurer konvertierte zum Islam, nahm sich eine saudische Sklavin als zweite Ehefrau und kleidete sich auch zu Hause nach arabischer Weise.[189] Gleichzeitig stand St. John mit der britischen Nahostpolitik auf Kriegsfuß, die aus seiner Sicht proarabisch gestaltet werden sollte. Mit seiner rechthaberischen Art setzte sich St. John aber zwischen alle Stühle und konnte seine Ziele nicht erreichen.[190] 1924 wurde er aus dem *Colonial Office* entlassen und wäre während des Zweiten Weltkrieges fast interniert worden, weil er mit befürwortenden Kommentaren zum NS-Regime aufgefallen war. St. Johns Ablehnung des britischen Establishments war so ausgeprägt, dass sein Sohn die Überzeugung trug, der Vater wäre von seinem Verrat zwar vom Donner gerührt worden, hätte aber keinesfalls ablehnend reagiert. Letztlich blieb St. John diese Nachricht erspart. Er starb 1960, drei Jahre bevor Kim sich in die Sowjetunion absetzte.[191]

Von seinem Sohn wurde St. John sowohl verehrt als auch gefürchtet. Der Vater warf einen langen Schatten und Philby war sich dessen ständig bewusst – vor allem als er in St. Johns Fußstapfen tretend mit 17 Jahren auf das *Trinity College* in Cambridge ging, um Geschichte zu studieren.[192] Bereits im Verlauf des Studiums wurde Philby in der kommunistisch dominierten *Cambridge University Socialist Society* (CUSS) aktiv. Im März 1933 – kurz nach dem Reichstagsbrand – besuchte er Berlin und wurde Zeuge der politischen Verfolgung nach der nationalsozialistischen Machtergreifung. Philby ging bewusst in ein Geschäft, dass einem Juden gehörte und vor dem zwei SA-Männer postiert waren. Als diese ihn zur Rede stellten, warum er das jüdische Geschäft nicht boykottiere, soll Philby auf Deutsch gesagt haben: Das sei ihr Problem, nicht seins. Er werde überall hineingehen, wo er wolle. Auch aufgrund solcher Erlebnisse nahm Philby die faschistische

189 Christopher Andrew, Oleg Gordievsky, KGB. The Inside Story of its Foreign Operations from Lenin to Gorbachev, London 1991, 209f.

190 Patrick Seale, Maureen McConville, Philby. The Long Road To Moscow, New York 1978, 33.

191 Chris Smith, The Last Cambridge Spy. John Cairncross, Bletchley Park Mole and Soviet Agent, Cheltenham 2022, 46.

192 Ben Macintyre, A Spy among Friends. Philby and the great Betrayal, London 2015, 36.

Gefahr überaus ernst – und das zu einer Zeit, als in Großbritannien der Kommunismus als die größere Bedrohung angesehen wurde.[193]

Wie es ihn dann wenige Monate später nach Wien verschlug, erzählte Philby später so: »Am letzten Tag meines Aufenthaltes an der Cambridger Universität im Sommer 1933 entschloss ich mich, Kommunist zu werden. Aber ich wusste nicht, wie ich es umsetzen sollte und wandte mich an einen Dozenten, welchen ich sehr verehrte. Das war der Spezialist für die marxistische Ökonomie Maurice Dobb. Dobb gab mir ein Empfehlungsschreiben für eine marxistische Gruppe in Paris, welche völlig legal und offen operierte. Diese wiederum vermittelte mich an die in Wien in der Illegalität operierende kommunistische Bewegung. In Österreich entwickelte sich eine kritische Situation, und die illegalen Organisationen benötigten dringend Freiwillige. Ich half Sozialisten und Kommunisten, welche von der Polizei gesucht wurden, bei der illegalen Ausreise aus dem Land.«[194]

Wien war keine unbekannte Stadt für Philby. Er war dort schon einmal gewesen. Es existiert nämlich ein von ihm am 23. August 1930 unterzeichneter Meldeschein, der einen Aufenthalt in der Pension Schulhof in der Theobaldgasse Nr. 15 belegt. Philby blieb damals nur wenige Tage und reiste nach München weiter.[195]

Bevor es nun wieder losging, kaufte sich Philby ein Motorrad. Die 50 Pfund dafür hatte er sich bei seinem Vater verdient, indem er die Druckfahnen von St. Johns neuem Buchs *The Empty Quarter* Korrektur las. Auf dem Weg nach Wien machte Philby in Paris Station. Mit einem Empfehlungsschreiben von Dobb ausgestattet, schaute er bei einer Gruppe der *Internationalen Roten Hilfe* (MOPR) vorbei. Diese wurde von einem Komintern-Agenten namens Ladislas Dobos alias Louis Giberati angeführt. Er gab Philby eine Adresse in Wien mit auf den Weg.[196] Es war die Anschrift des Pianisten, Dirigenten und Musikwissenschaftlers Georg Knepler, Leiter des Österreichischen Hilfskomitees für deutsche Flüchtlinge

193 Genrikh Borovik, The Philby Files. The Secret Life of the Master Spy – KGB Archives Revealed, London 1994, 21f.

194 Kim Philby – Ein Leben als Kundschafter. Übersetzung aus der sowjetischen Wochenendzeitschrift *Sarubjeschow* vom 3.–9. Juni 1988, in: BArch, MfS, BV Halle AGG Sach Nr. 219, hier Bl. 14f.

195 Meldezettel für Unterparteien, 23. 8. 1930, in: Dokumentationsarchiv des österreichischen Widerstandes (künftig: DÖW), 50120/X048, Meldeunterlagen Alice Friedmann und Harold Philby.

196 Zarew, Costello, Superagent, 200f.

mit Sitz in der Elisabethstraße im 1. Bezirk. Knepler, ein überzeugter Marxist, leistete mit seinem Verein all jenen Hilfe, die vor den Nationalsozialisten aus Deutschland geflohen waren. Er selbst emigrierte nach dem 12. Februar 1934 nach London, ehe er nach 1945 zurückkehrte. Er wirkte noch einige Jahre in Wien als Kulturreferent der KPÖ, ehe er 1949 in die DDR übersiedelte.[197]

Als Philby ihn traf, soll er Knepler gefragt haben, wie er sich nützlich machen könne. Knepler empfahl das Sammeln von Geld und Kleidung sowie das Verfassen und Verteilen von Flugblättern. Dafür war allerdings eine Unterkunft bei einem vertrauenswürdigen Vermieter notwendig, der einen nicht bespitzeln würde. Knepler wusste auch hier Rat. Philby möge sich bei »einer ihm sehr nahestehenden Genossin« ein Zimmer nehmen: Alice »Litzi« Friedmann.[198] Bei ihr zu Hause hatten nach dem Verbot der KPÖ am 26. Mai 1933 Sitzungen führender Parteifunktionäre stattgefunden – so etwa im Vorfeld des »Internationalen Antikriegstages« am 1. August 1933.[199] Laut der Polizeidirektion Wien hatte die KPÖ einen eigenen »Arbeitsplan zum 1. August« entwickelt: »Darin wird zunächst allgemein zur Aufgabe gestellt, die Arbeiterschaft zum ›Massenwiderstand gegen die faschistische Diktatur und ihre Notverordnungen‹ zu organisieren und überall Störaktionen bis zur Auslösung des Generalstreiks durchzuführen.« Speziell zur Vorbereitung der für den Antikriegstag beabsichtigten »Kundgebungen in und vor den Betrieben« sei »überdies eine ausgedehnte Propaganda durch Flugblätter und dergleichen zu entfalten«. Im Vorfeld erhielt die Polizei aber »eine vertrauliche Mitteilung«, wonach in Litzis Wohnung »unter dem Vorsitze des Kommunisten Karl Zwifelhofer[200]« besprochen worden sei, »schon am Vorabende des 1. August durch Demonstrationsbummel

197 Gerhard Oberkofler, Über das musikwissenschaftliche Studium von Georg Knepler an der Wiener Universität. Eine archivalische Notiz zu seinem hundertsten Geburtstag, in: Mitteilungen der Alfred Klahr Gesellschaft, Nr. 3/2006, https://www.klahrgesellschaft.at/Mitteilungen/Oberkofler_3_06.html.

198 Zarew, Costello, Superagent, 202.

199 Manfred Mugrauer, Mandantinnen von Hugo Ebner aus seinem politischen und persönlichen Umfeld, in: Claudia Kuretsidis-Haider, Österreichische Pensionen für jüdische Vertriebene. Die Rechtsanwaltskanzlei Ebner: Akteure – Netzwerke – Akten, Wien 2017, 127–160, hier 150.

200 Karl Zwifelhofer war ab 1933/34 Mitglied des KPÖ-Zentralkomitees. Er wurde 1940 durch Zufall in Prag verhaftet und entging dem Todesurteil, indem er Informationen und Verbindungspersonen preisgab. Zwifelhofer soll im Sommer 1945 bei Verhören erschlagen worden sein. Hans Schafranek, Widerstand und Verrat. Gestapospitzel im antifaschistischen Untergrund 1938–1945, Wien 2017, 365 und 391.

Unruhe zu erzeugen und am 1. August selbst zu demonstrieren«.[201] Deshalb nahm die Polizei am 19. Juli 1933 um »6 Uhr 30 Minuten früh« eine Hausdurchsuchung in der Latschkagasse vor: »Bei der Durchsuchung der aus 3 Zimmern samt Nebenräumen bestehenden Wohnung wurden verschiedene kommunistische Schriften wie z. B. der ›Kommunistische Pressedienst‹ von Anfang Juli 1933, ›Arbeitspläne zum 1. August‹ (beim Bette der Friedmann gefunden), Briefe, Namensverzeichnisse, Legitimationskarten, ein Paket mit einer Kartothek betreffend die Verrechnung von kommunistischen Broschüren etz. vorgefunden und beschlagnahmt. Bemerkt wird noch, dass sich in der Wohnung der Friedmann zahlreiches altes kommunistisches Schriftenmaterial befindet, welches ihr angeblich von unbekannten Parteigenossen zur Aufbewahrung übergeben wurde.« Im Zuge der Amtshandlung wurden der aus Ungarn stammende Dramatiker Julius Hay und seine Sekretärin Hertha Wende, angetroffen und überprüft. Wende hatte ein Zimmer bei Litzi gemietet und Hay »habe deshalb hier genächtigt, weil er mit seiner Sekretärin bis spät in die Nacht gearbeitet habe«.[202]

Litzi stritt konsequent alles ab: »Ich bleibe dabei, dass in meiner Wohnung niemals irgendeine Sitzung kommunistischer Funktionäre stattgefunden hat […]. Die bei mir vorgefundenen Schriftstücke […] habe ich am Tage meiner Verhaftung durch einen Unbekannten in meine Wohnung zugestellt erhalten und noch gar nicht gelesen. Derartige Schriften sendet man mir zu, weil offenbar bekannt ist, daß ich mit der kommunistischen Partei sympathisiere; direkt angehört habe ich der kommunistischen Partei weder vor und noch viel weniger nach dem Verbote.«[203] In einer Niederschrift hielt Litzi fest, dass die besagte Besprechung bei ihr zu Hause »nicht stattgefunden« hatte: »Einen Zwifelhofer kenne ich überhaupt nicht und habe diesen Namen noch nie gehört.«[204] Knappe vier Wochen musste Litzi in Polizeihaft und weitere fünf Tage in Untersuchungshaft, ohne das Anklage erhoben wurde. Sie wurde am 21. August 1933 gegen Gelöbnis entlassen.[205]

201 Bundespolizeidirektion in Wien an Staatsanwaltschaft Wien, 30. 7. 1933, in: Zentrales Parteiarchiv (ZPA) der KPÖ, Landesgericht für Strafsachen Wien I, 15 St 376/33, Vr 5517/33.

202 Meldung, Bundespolizeidirektion Wien, in: Ebenda.

203 Vernehmung des Beschuldigten, 4. 8. 1933, in: Ebenda.

204 Niederschrift, 29. 7. 1933, in: Ebenda

205 Mugrauer, Mandantinnen von Hugo Ebner, 150.

Kurze Zeit später fand die erste Begegnung zwischen Litzi und Philby statt. Wann genau, ist unklar. Den Meldezettel als Unterpartei in der Latschkagasse unterschrieb Philby am 19. September 1933.[206] Von seiner Quartiergeberin war Philby sofort beeindruckt. Litzi, eine »offene und direkte Person«, habe ihn gleich als Erstes gefragt: »Wie viel Geld hast Du?« 100 Pfund, antwortete Philby, der hoffte, die Summe würde für ein Jahr in Wien reichen. Doch Litzi stellte eine Berechnung an und meinte schließlich, dass ihm ein Überschuss von 25 Pfund bleibe, den er an das MOPR spenden könne: »Wir brauchen das dringend.« Philby stimmte zu, auch weil ihm diese Entschlossenheit gefiel.[207] Kurze Zeit später machte Litzi ihn zum Bezirksschatzmeister, damit er noch mehr Mittel auftreibe.[208]

80-jährig erinnerte sich Litzi gegenüber ihrer Tochter Barbara Honigmann an dieses Kapitel in ihrem Leben. Ihr zufolge war nicht Knepler der Vermittler, sondern der Kontakt Philbys im Wiener MOPR-Komitee, Marie »Mitzi« Frischauf-Pappenheim. Diese war Sozialistin, Schriftstellerin, Librettistin und Ärztin. Sie schrieb unter anderem das Libretto für das Monodrama »Erwartung« von Arnold Schönberg. Auch die Spende Philbys erscheint in anderem Licht. Laut Honigmann sagte ihre Mutter: »Ich hatte eine Dreizimmerwohnung im 9. Bezirk und in einem der Zimmer logiert immer jemand, der illegal untergebracht werden musste. Manchmal fanden bei mir auch die ZK-Sitzungen oder andere Versammlungen der KPÖ statt. Und eines Tages hat mir Mitzi also Kim geschickt. Er war natürlich nicht illegal, er kam ja aus Großbritannien. [...] Kim überbrachte Geld, das er und seine Freunde in Cambridge gesammelt hatten, um den Kampf der Arbeiter in Wien zu unterstützen. Sie dachten, in Wien sei Revolution, und in Wien *war* Revolution.«[209]

Litzi kam am 2. Mai 1910 als Alice Kohlmann auf die Welt. Ab 1928 war sie als selbstständige Sprachlehrerin tätig und ab 1933/34 als Teilzeitbürogehilfin in einer Rechtsanwaltskanzlei. Ihr Vater Israel Kohlmann war Abteilungsleiter in der Israelitischen Kultusgemeinde. Sie selbst war

206 Meldezettel für Unterparteien, 19.9.1933, in: DÖW, 50120/X048, Meldeunterlagen Alice Friedmann und Harold Philby.

207 Cockett, Vienna, 274.

208 Edward Harrison, The Young Kim Philby: Soviet Spy and British Intelligence Officer, Liverpool 2012, 29.

209 Honigmann, Kapitel, 60.

an Religion nicht interessiert, sondern engagierte sich ab 1931 in kommunistischen Vorfeldorganisationen und wurde 1932 Mitglied in der KPÖ.[210]

1952 erhielt der MI5 ein Dossier der österreichischen Polizei mit Hintergrundinformationen zu Litzi: Aus diesem Dokument geht hervor, dass sie mit ihren Eltern bis zum 5. Juli 1931 in der Cottagegasse Nr. 7/1/7 gemeldet war. Sie bewohnten gemeinsam eine Wohnung mit drei Zimmern, Küche und Vorraum. Als Beruf hatte sie Französisch-Lehrerin angegeben. In dem Dossier zu Litzi heißt es weiter: »Ihre Eltern [...] waren strenggläubige Juden, lebten ein sehr zurückgezogenes Leben und hatten keine schlechte Nachrede. Ihre Ehe war eine gute, und Alice war ihr einziges Kind. Nach einer sorgfältigen Schulausbildung gab sie Unterricht in Französisch und Englisch, da sie sprachbegabt war. Mit 21 heiratete sie den kaufmännischen Angestellten Karl Friedmann,[211] der als aktives Mitglied der Sozialdemokratischen Arbeiterpartei angehörte, [...]. Karl Friedmann, Wien 9., Latschkagasse 7, wo sie die überwiegende Zeit ihrer Ehe verbrachten, wird als ruhiger, hart arbeitender und freundlicher Mann beschrieben. Alice Friedmann zeichnete ein ebenso guter Ruf aus. Sie wird als schlanke, hübsche Frau dunklen Typs beschrieben, die das Sozialleben genoss und die meiste Zeit nicht zuhause war.«[212] Karl Friedmann hatte eine zionistische Organisation namens »Blau-Weiß« gegründet.[213] Diese beschäftigte sich mit Körperertüchtigung für jüdische Jugendliche. Auf dem Programm standen Bergsteigen, Wandern, Segeln und Gymnastik – alles unter Bedingung von Abstinenz.[214] Die Ehe von Karl und Litzi Friedmann war kurzlebig und wurde am 19. September 1932 wieder geschieden. Friedmann emigrierte daraufhin nach Palästina.[215]

Litzi war eine leidenschaftlich politische Frau, die auch bei der Komintern andockte. Laut dem Philby-Biografen Philip Knightley rekrutierte sie der Ungar Gábor Péter, ein Flüchtling vor dem Regime von Admiral

210 Mugrauer, Mandantinnen von Hugo Ebner, 148f.

211 Die Ehe mit Friedmann, der später nach Israel emigrierte, war am 28. Juni 1931 geschlossen und am 19. September 1932 für aufgelöst worden, Ehetrennung, 19. 9. 1932, in: Tagebuch über Zivil-Ehesachen, in: Wiener Stadt- und Landesarchiv (künftig): WStLA, MAbt 116 A79 124 1934.

212 Report vom 19. 12. 1951, in: TNA, KV2/4170.

213 Philip Kightley, Masterspy. The Story of Kim Philby, New York 1990, 41.

214 Bruce Page, David Leitch, Philip Knightley, The Philby Conspiracy, New York 1981, 50.

215 Mugrauer, Mandantinnen von Hugo Ebner, 149.

Miklós Horty. Péter hinkte, war aber gleichzeitig eine starke Persönlichkeit und der kommunistischen Partei absolut ergeben. Er wurde als harter, professioneller und rücksichtsloser Agentenführer beschrieben und sollte nach 1945 zum Leiter der ungarischen Geheimpolizei aufsteigen, ehe er 1953 im Zuge einer Säuberung verhaftet wurde und mehrere Jahre im Gefängnis verbrachte.[216]

Zwischen Litzi und dem naiven Upperclass-Sprössling Philby funkte es sofort: »Er war zwei Jahre jünger als ich, und ich war schon von meinem ersten Mann geschieden und Mitglied der Partei. Er kam aus Cambridge, hatte gerade sein Studium dort abgeschlossen, war ein sehr gut aussehender Mann, benahm sich gentlemanlike und war dazu Marxist, eine seltene Erscheinung. Er stotterte, manchmal mehr und manchmal weniger, und wie viele Menschen mit einem Handikap war er sehr charmant. Wir haben uns schnell ineinander verliebt.«[217] Kim sollte noch Jahrzehnte später davon schwärmen, wie sie im Winter 1933/34 im Freien Liebe machten bei Temperaturen unter dem Gefrierpunkt: »Zu seiner Überraschung sei es im Grunde sogar ziemlich warm gewesen, sobald man sich ein bisschen daran gewöhnt hätte, im Schnee zu liegen, zu rollen, zu tollen.«[218]

Philby wurde der »Schatzmeister« von Litzis kommunistischer Zelle: »Er schrieb Pamphlete und sammelte Geld, wobei er sich später stolz daran erinnerte, dass die potenziellen Spender auf seinen englischen Akzent häufig mit überdurchschnittlicher Freizügigkeit reagierten. Ein Teil des Geldes wurde in Waffen investiert für den Fall, dass es zu gewalttätigen Auseinandersetzungen zwischen der Polizei und den Sozialisten kommen sollte.« Außerdem ging es um die Beschaffung und den Schmuggel von Nahrungsmitteln, Geld und Kleidung.[219]

Philby fungierte auch als Kurier zwischen Prag, Wien und Budapest für die MOPR bzw. für das *Hilfskomitee für die Opfer des Faschismus*, das von der Komintern ebenfalls in Paris eingerichtet worden war. Die Aufträge bekam er von »Mitzi« Frischauf. »Meist hatte ich einen großen Umschlag dabei, der viele Papiere enthielt, sowie ein in braunes Packpapier gehülltes Paket,

216 Knightley, Masterspy, 41.
217 Honigmann, Ein Kapitel aus meinem Leben, 59.
218 Dunkelkammern, 75f.
219 Zarew, Costello, Superagent, 202.

von dem ich nicht wusste, was darin war – Geld möglicherweise oder Instruktionen oder auch private Briefe zwischen zwei Eheleuten«, heißt es in Philbys »KGB-Memoiren«, aus denen John Costello und Oleg Tsarev 1993 in einer Publikation zitierten. Demnach habe Frischauf Philby bewusst im Unklaren belassen und eingeschärft, im Falle einer Durchsuchung zu sagen, er bringe die Pakete zu einer Adresse, die er aufgeschrieben habe. Dann sollte er seine Brieftasche hervorholen und nach dem entsprechenden Zettel suchen – nur um überrascht auszurufen: »Oh Gott, jetzt habe ich die Adresse doch glatt in Wien vergessen!« Ein anderes Mal führte er nach Prag einen Strauß Mimosen als Erkennungszeichen mit. Als er ankam, waren die Blumen jedoch längst unansehnlich geworden. Letztlich war die Sorge Frischaufs unbegründet. Denn der britische Pass ermöglichte es Philby stets, die Grenzen unbehelligt zu passieren. »Meine Hauptarbeit zu der Zeit bestand darin, den Wiener Kommunisten der MOPR zu helfen. Ich konnte ihnen sehr aktiv helfen, da ich einen britischen Pass besaß. Sie haben wahrscheinlich keine Ahnung, wie renommiert ein britischer Ausweis zu jener Zeit in Ländern wie Österreich, der Tschechoslowakei und so weiter war, weil jeder annahm, dass ein britischer Reisender entweder ein Lord oder ein Diplomat mit den Taschen voller Geld sein müsse. Es genügte, den britischen Pass zu zeigen, um überall Einlass zu bekommen«, so Philby.[220]

Unterstützung holte er sich bei der angloamerikanischen Community in Wien. Eine Anlaufstelle war Muriel Gardiner, eine geschiedene US-Amerikanerin, die sich 1927 in Wien als Medizinstudentin niedergelassen hatte. Sie war sehr wohlhabend und lebte in einer Villa im Wienerwald sowie in zwei Stadtwohnungen. Gardiner, die von allen »Mary« genannt wurde, war eine überzeugte Sozialistin. Durch seine Bekanntschaft mit ihr konnte Philby »sichere Häuser« für illegale Zusammenkünfte zur Verfügung stellen. Gardiner öffnete dafür ihre Apartments und im Garten ihrer Villa türmten sich bald Pamphlete und Flyer. Sie bestand auch immer darauf, die Boten zu bezahlen, deren Tarife sich die Organisation nicht leisten konnte.[221] Gardiner erinnerte sich an Philby als einen »extrem gutaussehenden, schwarzhaarigen Mann, wahrscheinlich jünger als ich, in Wanderkleidung und Stiefeln

220 Ebenda, 203f.
221 E. H. Cookridge, The Third Man. The Full Story of Kim Philby, New York 1968, 32.

und einen Rucksack tragend«. Er habe »makelloses Englisch« gesprochen. Sie beide hätten den ganzen Nachmittag über Politik diskutiert, so wie es damals gang und gäbe war. Philby habe sie gefragt, ob sie bereit wäre, als »cut out« zu fungieren, also als jemand, der die Kommunikation zwischen verschiedenen AktivistInnen aufrechterhält, ohne selbst Teil der Organisation zu sein. Konkret bat er sie, einen Umschlag mit Geld zu »einem Genossen« zu bringen. Kaum war Philby weg, war sich Gardiner der Sache nicht mehr so sicher. Sie schaute in das Kuvert hinein. Es enthielt mehrere Tausend österreichische Schilling und kommunistische Propagandaliteratur. Sie fühlte sich verraten und ärgerte sich, dem Charme eines Mannes verfallen zu sein, den sie kaum kannte. Gleichwohl tat Gardiner wie geheißen und händigte den Umschlag aus. Dreißig Jahre später sollte sie eine Fotografie von Philby als junger Mann sehen und erkannte in ihm jenen vertrauenerweckenden Gast aus dem Frühling 1934.[222]

Philbys Biografen Patrick Seale und Maureen McConville sind sich sicher, dass Philby die Gemeindebauten des *Roten Wien* besucht und bewundert haben muss. Der mit rund 1050 Metern weltweit längste zusammenhängende Wohnbau, der Karl-Marx-Hof, war zwischen 1927 und 1930 errichtet worden und bot 15.000 Mieterinnen und Mietern Platz.[223] Philby lernte aber auch bitterste Armut in den Elendsquartieren kennen. Im Winter 1933/34 schaute er in Häusern vorbei, die nur ein einziges Fenster hatten, mit Schnee auf den Scheiben. Zwei alte Leute drängten sich vor dem eisernen Ofen zusammen. Er hatte ihnen nur ein Paar Socken anzubieten, aber sie waren höchst dankbar dafür.[224]

Ein oder zwei Stunden täglich verbrachte Philby in den Kaffeehäusern mit Zeitunglesen. Im Café Herrenhof gab es Ausgaben von der *Times*, dem *Daily Telegraph* und *Le Temps* zusätzlich zu den österreichischen und Schweizer Tageszeitungen. Die Lektüre betraf oft das Vordringen des Faschismus in Europa und dieser Schwall an Information dazu entsetzte Philby.[225] Im Sozialleben der Stadt war der Engländer jedenfalls kein Unbekannter. Ein anonymer österreichischer Schriftsteller, der sich später in Großbritannien

222 Holzman, Kim, 39.
223 Seale, Mcconville, Philby, 80
224 Borovik, Files, 21.
225 Ebenda, 21.

niederließ, erinnerte sich, Philby bei Zusammenkünften gesehen zu haben: »Er war ein zotteliger, unbeholfener Engländer, der von den Leidenschaften, die um ihn herumwirbelten, überwältigt war. In welchem Ausmaß er diese geteilt hat, weiß ich nicht. Sicher hat er gesprochen. Aber die meiste Zeit hat er zugehört.«[226]

Im ehemaligen Café Louvre war der junge Kim Philby öfters zu Gast

Philbys Engagement fiel jedenfalls positiv auf. Im Café Louvre traf er einen österreichischen Sozialisten namens Edward Spiro, der später emigrierte und eine Karriere im britischen Militär-Nachrichtendienst machte. Unter dem Pseudonym »E. H. Cookridge« schrieb Spiro 1968 eine Biografie Philbys. Darin bekundet er seinen Respekt für den jungen Engländer, weil er einer Untergrundbewegung in einem kleinen Land half, das eigentlich keine Rolle für ihn spielte. Allerdings kamen Spiro Zweifel, als Philby als kommunistischer Kontaktmann auftrat und sagte, dass er so viel Finanzmittel auftreiben könne, wie gebraucht würden. Diese Mittel hätten nur von sowjetischer Seite kommen können. Philby habe erwähnt, dass er enge Beziehungen mit dem sowjetischen Konsul Iwan Worovieff und mit Wladimir Alexandrowitsch Antonow-Owsejenko, einem Emissär aus Moskau, unterhalte.[227] Der erwähnte Konsul hieß in Wirklichkeit Igor Lebedinsky und war der legale Resident der OGPU in Wien. Antonow-Owsejenko wiederum agierte als militärischer Befehlshaber in der Russischen Revolution und später als Diplomat sowie ab 1934 als Oberstaatsanwalt. Ob er tatsächlich etwas mit Philby in Wien zu tun hatte, ist nicht belegt.

Es gibt noch weitere Hinweise, dass Philbys Verbindung zum sowjetischen Geheimdienst möglicherweise schon in Wien begann. Der Agent Yuri Modin, einer der Betreuer der Cambridge Five, behauptete später, Philby

226 Bruce Page, David Leitch, Philip Knightley, Philby, the Spy Who Betrayed a Generation, London 1979, 81f.

227 Cookridge, Man, 33f.

und Litzi wären bereits in Wien in Kontakt mit einem seiner späteren Führungsoffiziere gekommen. Es hätte sich um Theodore Maly gehandelt. Dieser habe Russland verlassen, um in Deutschland zu arbeiten. Als dann dort Hitler 1933 an die Macht kam, habe Maly just zu jener Zeit in Wien gelebt, als Philby dort ankam: »Im Rahmen der Treffen in Wien, an denen Kim und Litzi teilnahmen, erklärte Maly nachdrücklich, dass außerhalb Deutschlands Krieg gegen den Nazismus geführt und alles getan werden müsse, um die Nazi-Tentakel zu zerquetschen, die sich in die Nachbarländer vortasteten. Malys Charisma war immens und die zwei jungen Leute hörten andächtig zu.«[228] Laut Modin war Litzis Einfluss aber viel entscheidender, obwohl Philby selbst in späteren Jahren versucht habe, diesen herunterzuspielen.[229] Er beließ es bei kryptischen Andeutungen: »Meine Arbeit in Wien muss einigen Leuten zu Ohren gekommen sein, die heute in Moskau meine Kollegen sind […].«[230] Litzi hingegen verneinte Modins Behauptung: »Es stimmt nicht, dass ich es war, die Kim zum sowjetischen Geheimdienst angeworben hat, und dass es überhaupt in Wien geschah, auch wenn das, was er in Wien erlebte, vielleicht für ihn eine politische Initiation dargestellt hat und sehr wichtig für all seine weiteren Lebensentscheidungen gewesen sein mag.«[231]

Die Historikerin Helen Fry wiederum hält es für möglich, dass Philby in Wirklichkeit für den britischen Auslandsgeheimdienst MI6 tätig war und den Auftrag hatte, kommunistische Netzwerke zu infiltrieren. Das würde erklären, warum Philbys Tätigkeit und seine Verbindung mit Litzi von der MI6-Station in Wien offenbar nicht entsprechend registriert wurde. Ihr Chef Kendrick lieferte damals viele Informationen über Operationen der kommunistischen Organisationen und der Komintern. Und da soll ihm ausgerechnet der schillernde Philby entgangen sein? Oder geschah das deswegen, weil Philby für Kendrick gearbeitet hatte? Das lässt sich nicht eindeutig beantworten und bleibt Spekulation.[232]

Philbys Aufenthalt fiel in eine Phase, in der die innenpolitischen Spannungen in Österreich einem Höhepunkt zustrebten. Am 12. Februar 1934

228 Yuri Modin, My Five Cambridge Friends, London 1994, 62.
229 Ebenda, 61.
230 Zarew, Costello, Superagent, 207.
231 Honigmann, Kapitel, 61.
232 Fry, Spymaster, 67f.

brachen zunächst in Linz, später in den Wiener Arbeiterbezirken und in den Industrieregionen der Steiermark und Oberösterreichs die Februarkämpfe aus. Daran beteiligte sich Philby nicht – angeblich nur deshalb nicht, weil der Maschinengewehrtrupp, dem er angehörte, die zugesagten Waffen nie bekam. So bestand seine Haupttätigkeit darin, als Melder die Kommunikation zwischen den Kämpfenden und kommunistischen Zellen im Untergrund aufrechtzuerhalten.[233] Anhand seiner Gespräche mit Philby beschrieb der russische Journalist Genrikh Borovik den Gang der Ereignisse so: Ein Mitglied des KPÖ-Zentralkomitees habe Litzi und Philby gefragt, ob sie sich in einem bestimmten Café einfinden könnten, um dort weitere Befehle abzuwarten. Nachdem sie zwei Stunden dort gewesen waren, hieß es, sie sollten gemeinsam mit zwei weiteren Genossen eine Maschinengewehrstellung besetzen. Angeblich ging es nur darum, für den Munitionsnachschub zu sorgen. Es hieß, man habe bereits jemanden, der die Waffe abfeuern sollte. Litzi und Philby verbrachten aber fast den gesamten weiteren Tag in dem Café, ohne dass weitere Anweisungen kamen. Es hieß nur, sie sollten um 11 Uhr vormittags wieder vorbeischauen. Zu diesem Zeitpunkt hatten sich die bis dahin sporadischen Schusswechsel ausgeweitet. Um an den Absperrungen der Ordnungskräfte vorbeizukommen, nutzte Philby seinen britischen Pass, den er wie eine Ikone vor sich hertrug. Zu Mittag war klar, dass man sie wieder nicht benötigen würde. Es war einfach nicht genug Munition dar. Philby erinnerte sich später, wie seltsam es doch gewesen sei, dass Kommunisten, die stets über die Notwendigkeit eines bewaffneten Aufstands sprachen, ausgerechnet dann keine Waffen hatten, als es darauf ankam.[234]

Zuletzt hielt sich Philby während der Kämpfe im Unterbezirk Heiligenstadt auf. Dort bildete der Karl-Marx-Hof den Angelpunkt der Verteidigung. In den Morgenstunden des 13. Februar 1934 eröffnete eine Geschützbatterie der Regierungstruppen das Feuer auf den Gemeindebau, um diesen »sturmreif« zu schießen. Doch erst am 15. Februar 1934 und mit dem Einsatz massiver Verstärkung gelang die Einnahme des Hofs. In Philip Knightleys Biografie *The Master Spy*, die mit aktiver Mithilfe Philbys

233 Zarew, Costello, Superagent, 204.
234 Borovik, Files, 19.

entstand, wird nur allgemein erwähnt, Philby sei dagewesen, als die Artillerie auf die Wohnbauten zu schießen begann. Philby soll einer Gruppe von Arbeitern geholfen haben, zu entkommen und sich in einem nahegelegenen Abwasserkanal zu verstecken. Die Männer in ihren Schutzbunduniformen wären für die Exekutive leicht zu identifizieren gewesen. Also machte sich Philby auf, um Kleidung zum Wechseln zu finden.[235]

Borovik, ebenfalls einer der letzten Gesprächspartner Philbys, schilderte den Hergang dieser dramatischen Episode geringfügig anders. Demnach habe sich Philby einer Gruppe von Schutzbündlern angeschlossen, die sich in die Kanalisation flüchtete. Eines Nachts sei er dann aus dem Versteck gekrochen und zur Wohnung des britischen Korrespondenten Eric Geyde gegangen. Naiv soll Philby gehofft haben, dieser könne bei den Verantwortlichen der Polizei für freies Geleit intervenieren.[236] Offenbar waren die beiden einander bekannt. Laut Litzi hatte Philby eine Empfehlung an Geyde in der Tasche, als er 1933 nach Wien kam.[237]

Geyde war insgeheim eine Quelle des MI6-Stationschefs Kendrick, mit dem er im Ersten Weltkrieg beim militärischen Nachrichtendienst gedient hatte. In Wien werkte er als freischaffender Journalist – zu einem Zeitpunkt, als er sich in einer unglücklichen Ehe mit einer deutschen Staatsbürgerin gefangen fühlte.[238] Über seine Zeit in Wien verfasste Geyde 1942 das Buch *Fallen Bastions*. Darin kommt er – ohne Philby beim Namen zu nennen – auf dessen nächtlichen Kurzbesuch zu sprechen. Laut Geyde nahmen die Geschehnisse ihren Ausgang, als der Karl-Marx-Hof am 13. Februar 1934 von der Hohen Warte aus von der Artillerie beschossen wurde. Später hätten sich die Verteidiger aus dem Gebäudeinneren in die Kanalisation zurückgezogen: »Sogar Schwerverwundete verblieben dort für Wochen, wurden von Zeit zu Zeit herumgetragen, wenn Arrestgefahr drohte und von hingebungsvollen jüdischen Ärzten versorgt, die das trotz des Risikos für ihre Karriere taten.« Eines Tages, so Geyde, sei dann plötzlich ein »junger Engländer«, den er »entfernt kannte« vor seiner Tür gestanden und habe um Kleidung gebeten, um »verletzten Sozialisten« bei der Flucht aus dem

235 Knightley, Masterspy, 42
236 Cookridge, Man, 26.
237 Honigmann, Kapitel, 60.
238 Fry, Spymaster, 29.

Land zu helfen. Geyde öffnete seine Garderobe, wo Philby mehrere Anzüge hängen sah. Da schrie er aus: »Guter Gott, Mann – ich habe einen Anzug, und Du hast sieben! Ich muss fünf davon haben – ich habe sechs verletzte Freunde in den Abwasserkanälen, die in Gefahr sind, am Galgen zu enden.« Philby nahm die Anzüge mit.[239] Er soll damit die Schutzbündler ausstaffiert und sie über eine Fluchtroute in die Tschechoslowakei geschickt haben.[240] Philby bestätigte Geydes Geschichte. Dieser sei ein »guter Kerl« gewesen und habe die Dinge genau beschrieben: »So ist es passiert. Eric sah meinen räuberischen Blick und erkannte, was ich vorhatte. Er sagte: ›Willst du etwa, dass ich nackt herumlaufen muss?‹ ›Nein‹, antwortete ich. ›Du wirst nicht nackt sein, aber du brauchst nicht so viele Anzüge. Ich werde diesen nehmen und diesen und diesen. Es gibt Leute, die sie mehr brauchen, als du.‹« Daraufhin habe Geyde gemeint: »Also gut, nimm sie.«[241]

In Abrede stellte Philby Erzählungen, wonach er persönlich Schutzbündler durch die Kanalisation schleuste. Er habe davon gehört, sei aber nicht daran beteiligt gewesen.[242] Wie dem auch sei – die Verbindung von Philby mit den Flüchtigen im Kanal könnte eine Inspirationsquelle für Graham Greene gewesen sein, als er 1948 die Romanvorlage für *Der dritte Mann* schrieb. Greene hatte von 1943 bis 1944 in der *Section V* des MI6 gedient – direkt unter Philby, mit dem er ein Leben lang befreundet war. Es ist möglich, dass Philby Greene in der gemeinsamen Geheimdienstzeit von seinen Erlebnissen in Wien 1934 erzählte. Nicht umsonst ließ dieser den an Philby modellierten Antihelden seines Romans, Harry Lime, am Ende durch das Kanalnetz flüchten.[243]

Philby soll insgesamt zehn Tage lang mitgeholfen haben, medizinisches Material und Essen für die im Untergrund Eingeschlossenen zu besorgen und deren Familien Nachrichten zukommen zu lassen.[244] Die Hilfsgüter bekam er unter anderem bei der *Angloamerikanischen Quäker Mission*. Philby sei mehrmals bei der Leiterin Emma Cadbury im Büro vorbeigekommen

239 G. E. R. Geyde, Fallen Bastions. The Central European Tragedy, London 1942, 114.

240 Knightley, Masterspy, 42.

241 Borovik, Files, 20.

242 Zarew, Costello, Superagent, 209.

243 Siegfried Beer, The Third Man, in: History Today, May 2001, 45–51, hier 47.

244 Borovik, Files, 20.

und habe dort Bekannte aus seiner Zeit in Cambridge getroffen.[245] Als er 1987 mit Borovik über diese Erlebnisse sprach, erwähnte Philby auch eine sowjetische Eiskunstläuferin, die einen österreichischen Vornamen trug. Sie könnte eine Tochter von jenen österreichischen Emigranten gewesen sein, denen er damals geholfen hatte, meinte Philby.[246] Diese Hoffnung war wohl trügerisch. Zwischen 700 bis 800 Schutzbündler waren noch 1934 über Prag in die Sowjetunion entkommen. Zunächst wurden sie als Helden begrüßt, doch schon drei Jahre später gerieten sie in den Strudel der stalinistischen Säuberungen, die sich auch gegen Minderheiten in der Sowjetunion richteten. An die 100 Österreicher wurden erschossen. Nur 20 bis 30 überlebten den Gulag und kehrten heim. 250 weitere Schutzbündler kamen davon, weil sie der Sowjetunion aus Enttäuschung noch rechtzeitig den Rücken kehrten.[247]

Als die Februarkämpfe am 15. Februar 1934 endeten, befand sich Philbys Stimmung am Tiefpunkt. Kommunisten, mit denen er sprach, meinten zwar, dass ein Aufstand schon lange überfällig gewesen sei, die meisten waren jedoch deprimiert: »Es war eine totale Niederlage.«[248] Fast 200 Tote und mehr als 300 Verwundete gab es aufseiten des Schutzbundes und 128 Tote und 409 Verwundete aufseiten der Regierung zu beklagen. Die Niederlage des *Roten Wien* war besiegelt. Neun teils prominente Schutzbündler wurden hingerichtet. Bürgermeister Karl Seitz war noch in seinem Arbeitszimmer im Rathaus verhaftet worden und blieb ohne Anklageerhebung bis Ende 1934 in Haft. Hunderte Schutzbündler und sozialdemokratische Funktionäre wurden in einem Anhaltelager in Wöllersdorf interniert.

Zusätzlich zur misslichen Lage und der allgegenwärtigen Repression plagten Philby Geldsorgen. Er hatte viel Geld für Bedürftige ausgegeben. Sein restliches Budget reichte gerade einmal noch für einen Aufenthalt bis April 1934.[249] Außerdem sorgte er sich um Litzi, die als Kommunistin im Visier der Behörden stand. Philby kontaktierte Lilly Jerusalem, die Tochter eines früheren österreichischen Regierungsbeamten: »Kim hat

245 Cookridge, Man, 27f.
246 Borovik, Files, 20.
247 Hunderte Österreicher fielen Stalin zum Opfer, in: *Der Standard*, 27. 2. 2003.
248 Brovoik, Files, 20.
249 Ebenda, 22.

mich angerufen und gefragt, ob ich ihn dringend treffen könnte. Ich habe vorgeschlagen, dass er zu unserem Haus kommen solle, aber er sagte, das sei nicht sicher. So haben wir uns schließlich in einem kleinen Café getroffen. Dann hat er mir im Flüsterton gesagt, dass er von mir will, dass ich seine Freundin Litzi Friedmann in unserem Haus verstecken soll. Ich wusste, dass Litzi eine extreme Linke war, aber ich konnte wegen der Position meines Vaters nicht helfen. Ich habe Kim nie wieder gesehen.«[250] Als viele Jahre später der Skandal um Philbys Verrat platzte, schickte Lillys Mutter ihrer Tochter aus der neuen Heimat Israel Zeitungsausschnitte zu Philby mit handschriftlichen Notizen. Im Begleitbrief stand: »In Wien wusste jeder, dass Kim Philby ein Kommunist war, aber in England offenbar niemand.«[251]

Gegenüber Borovik bekundete Philby, wie wichtig ihm Litzis Sicherheit gewesen war: »Wir haben schon lange davor angefangen, als Mann und Frau zu leben. Ich mochte sie von Anfang an, und wir haben zehn Tage, nachdem wir uns getroffen haben, eine Affäre begonnen. Sie war gerade 23 Jahre alt geworden, sie war verheiratet gewesen und geschieden. Obwohl die Basis unserer Beziehung zu einem gewissen Grad politisch war, habe ich sie wirklich geliebt und sie mich. Ich wolle sie nicht verlassen. Dollfuß hatte die Sozialdemokratie im Keim erstickt, die einzige Kraft, die gegen die Nazis in Österreich aufgestanden wäre. Viele Menschen waren sich sicher, dass sie bald an die Macht kommen würde. Das bedeutete, dass Litzi ins Visier kommen würde: Eine Kommunistin, die zwei Wochen für kommunistische Aktivitäten im Gefängnis gesessen war und halbjüdisch[252] noch dazu. Ich entschied, dass ich ihr offiziell einen britischen Pass verschaffen würde, sie nach England bringen und wir die Parteiarbeit dort gemeinsam fortführen würden.«[253]

Die Heirat war keine spontane Entscheidung, sondern offenbar schon länger beabsichtigt. Denn gleich am 16. Februar 1934 unterschrieb Philby im britischen Konsulat eine eidesstattliche Erklärung, »mit Frau Alice Friedmann, geborene Kohlmann […], die Ehe einzugehen«. Außerdem

250 Page, Leitch, Knightley, Philby, 84.
251 Ebenda, 85.
252 Hier irrte Philby.
253 Borovik, Files, 22.

erklärte Philby, »dass ich konfessionslos bin und niemals einer Kirche angehört habe«.[254] Vier Tage später, am 20. Februar 1934, ersuchten Philby und Litzi die zuständige Wiener Magistratsabteilung 50 förmlich um die »Vornahme des Aufgebotes und der Ziviltrauung sowie um Ausfertigung eines Ehescheines«. Philby gab in dem Formular unter anderem seine Beschäftigung als »Student« und die seines Vaters als »Forschungsreisender« an. Litzi wiederum füllte beim Beruf »Private« und bei der Religion »mosaisch« aus.[255]

Die Zeremonie selbst fand am 24. Februar 1934 um 10:30 Uhr im Trauungszimmer im Wiener Rathaus statt. Philby unterzeichnete die Niederschrift mit »Harold Adrian Russel Philby«, sie mit »Alice Philby geb. Friedmann geb. Kohlmann«. Als Zeugen fungierten Leopold Muray und Josef Hartl.[256] Ein Hochzeitsgast stach im Nachhinein hervor: Teddy Kollek, langjähriger Bürgermeister von Jerusalem, nahm als Freund von Litzis Familie teil. Kollek arbeitete zwischen 1942 und 1945 selbst für die Geheimdienste der Alliierten. Als er später die CIA besuchte und mitbekam, dass sich Philby seit 1949 als MI6-Verbindungsoffizier in Washington befand, soll er seinen Freund, den Leiter der CIA-Gegenspionage James Angleton, gewarnt haben: »Was macht denn der Kommunist hier?« Aber der nahm den Hinweis nicht ernst.[257]

Über die Hochzeit sagte Litzi später: »Die Polizei war dabei, Jagd auf aktive Kommunisten zu machen und ich fand heraus, dass sie hinter mir her waren. Ein Ausweg, wie ich der Verhaftung entgehen konnte, war, Kim zu heiraten, einen britischen Pass zu bekommen und das Land zu verlassen. Das war es, was ich tat. Ich würde eigentlich nicht von einer Zweckehe sprechen. Ich denke, teilweise war es das und zum Teil aus Liebe.«[258] Am 26. Februar 1934 erhielt Litzi ihren britischen Pass. Und sie nutzte ihn gleich, um zwischen 6. März und 15. April 1934 dreimal von Wien aus in die Tschechoslowakei zu reisen, was Philby nicht erklären konnte, als er 1951 vom MI5 vernommen wurde.[259] Am 18. April 1934 unterschrieb er

254 Eidesstaatliche Erklärung, 16. 2. 1934, in: WStLA, MAbt 116 A79 124 1934.
255 Antrag vom 20. 2. 1934, in: Ebenda.
256 Niederschrift, 24. 2. 1934, in: Ebenda.
257 Jefferson Morley, The Ghost: The Secret Life of CIA Spymaster James Jesus Angleton, New York 2017, 50f.
258 Page, Leitch, Knightley, Philby, 64.
259 Holzman, Kim, 40.

noch einen Meldezettel als Unterpartei in der Grinzingerstraße Nr. 39 im westlichen Vorort Grinzing. Seine Gattin sei »sep.[arat] gemeldet«. Die zweite Unterkunft wurde nur kurz genutzt. Am 26. April 1934 war Philby laut Meldezettel »ausgezogen«, und zwar nach »England«.[260]

In diesen letzten Apriltagen trat das Paar also die Reise nach London an. Die Strecke legten sie mit dem Motorrad zurück. Als sie in Paris Halt machten, soll Philby angeblich dem INO/OGPU-Agenten Alexander Orlow über den Weg gelaufen sein. Philby traf diesen jedenfalls bald in London wieder.[261] Gesichert ist, dass die Erfahrung der Februarkämpfe und die Niederschlagung des Aufstands einen tiefen Eindruck bei Philby hinterließen. Er hatte die Niederlage des *Roten Wien* über mehrere Monate aus der Nähe mitbekommen. »Es war eine Erfahrung, die stark genug war, seinen weiteren Lebensweg zu bestimmen«, so die Philby-Biografen Seale und McConville.[262] Nachdem er Wien verlassen habe, sei er ein offen auftretender kommunistischer Militanter gewesen, der nach einer Berufung suchte, die seinem Eifer und Einfallsreichtum entsprach. Eine Gelegenheit dafür kam sehr bald.[263] Dem KGB gegenüber soll Philby 1985 gesagt haben: »Als ich Österreich verließ, war ich ein überzeugterer Kommunist als bei meiner Ankunft.«[264]

Das Haus von Dora Philby in der Acol Road wurde zur ersten Anlaufstelle von Kim und Litzi.

260 Meldezettel für Unterparteien, in: DÖW, 50120/X048, Meldeunterlagen Alice Friedmann und Harold Philby.

261 Zarew, Costello, Superagent, 205.

262 Seale, McConville, Philby, 78

263 Ebenda, 91.

264 Zarew, Costello, Superagent, 204f.

Der Empfang in London war zunächst frostig: Das junge Paar zog in der Acol Road bei Philbys Mutter Dora ein. Sein Vater weilte zu diesem Zeitpunkt in Saudi-Arabien. So unkonventionell er war, doch der Gedanke, dass sein Sohn an eine geschiedene Ausländerin gebunden war, gefiel ihm nicht. Die Mutter wiederum lehnte ihre Schwiegertochter von Beginn an ab. Litzis Umgang mit ihrem Sohn erschien ihr hart, schnippisch und dominant.[265] An St. John schrieb Dora über das Paar: »Warte, bis du sie [Litzi] siehst [...] Ich hoffe, er kriegt einen Job, der ihn von diesem verdammten Kommunismus wegbringt. Er [Philby] ist nicht besonders extrem, aber er könnte es werden, wenn es nicht etwas gibt, das ihn auf andere Gedanken bringt.«[266] St. John jedoch verteidigte seinen Sohn und vertrat den Standpunkt, dass man niemandem seine politischen Ansichten zum Vorwurf machen sollte.[267]

Jim Lee, ein Studienkollege Philbys in Cambridge, der ein- oder zweimal bei dem jungen Paar eingeladen war, sprach abfällig über Litzi: »Sie war eher bizarr, mit Haaren wie Rattenschwänze [...].«[268] Bei anderen Besuchern hinterließ sie einen positiven Eindruck. Auf Tim Milne, der später mit Philby im MI6 diente und im Juli 1934 in der Acol Road vorbeikam, wirkte Litzi »sehr feminin«, nicht besonders intellektuell, aber von heiterem Gemüt: »Ihre Anziehungskraft lag in ihrer Lebendigkeit und in ihrem Sinn für Humor.«[269] Wenn man Litzi und Kim zusammen sah, gab es keinen Grund daran zu zweifeln, dass sie glücklich verheiratet waren. Litzi änderte den Lebenswandel von Philby tiefgreifender, als es sonst eine Ehe tue, meinte Milne: »Er war vorher ein ziemlicher Junggeselle gewesen – soweit ich mich erinnere, hatte er nicht einmal eine Freundin. Nun war die Atmosphäre gemütlich, häuslich und ziemlich bürgerlich.« Weil Litzi eine sehr soziale Person gewesen sei, habe dies auch auf Philby abgefärbt. Ihre Wohnung sei zu einem lebhaften Ort geworden. Zu den Gästen zählte laut Milne eine »Mitteleuropa-Partie« von Österreichern, Tschechen und Ungarn. Manche von ihnen waren jüdische Flüchtlinge, andere

265 Harrison, Philby, 31.
266 Holzman, Kim, 40.
267 Kightley, Masterspy, 45
268 Ebenda, 51.
269 Tim Milne, Kim Philby: The Unknown Story of the KGB's Master-Spy, London 2014, 38

lebten schon länger in Großbritannien. Die meisten, wenn nicht alle dieser Besucher, standen politisch links.[270]

Laut Anweisung hätte Philby auf diese Gesellschaft eigentlich verzichten sollen. Denn die OGPU warb ihn bereits wenige Wochen nach seiner Rückkehr an. Wie bereits erwähnt, spielte Edith Tudor-Hart dabei eine Schlüsselrolle. Bereits in Wien war sie mit Litzi eng befreundet gewesen und hatte 1933 Philby kennengelernt.[271] Tudor-Hart war eine sogenannte »Talentsucherin« und erkannte das Potenzial des jungen Manns. Laut Oleg Zarew und John Costello brachte eine Einladung zum Teetrinken von Tudor-Hart an ihre Freundin Litzi im Mai 1934 die Dinge ins Laufen. Litzi nahm ihren Ehemann mit, der dann auf fesselnde Weise die Erlebnisse in Wien schilderte: »Die Art und Weise, wie der nachdenkliche, Pfeife rauchende junge Engländer gleichermaßen engagiert wie sachlich distanziert von seinen Missionen im kommunistischen Untergrund erzählte, verfehlte nicht die Wirkung auf Tudor-Hart. [...] Tudor-Harts besonderes Interesse erregten aber Philbys Beziehungen zum britischen Establishment über seinen berühmten Vater, dessen Kritik an der britischen Nahostpolitik immer lauter wurde. Obwohl sie es damals noch nicht sagte, erkannte die sowjetische Agentin auf den ersten Blick, dass nicht Litzi, sondern Kim zu einem wertvollen Mitarbeiter ihrer Organisation werden konnte [...].«[272]

Noch im Mai 1934 führte Tudor-Hart Philby zu einer Parkbank am Boating Lake im Londoner Regent's Park. Dort saß der Agentenführer Arnold Deutsch, der den Decknamen »Otto« trug und mit Philby das Erstgespräch führte. Es lohnt sich, an dieser Stelle ausführlich aus der schriftlichen Lebensbeichte von Philby zu zitieren, von der bislang nur ein Ausschnitt zur Verfügung steht: »[...] Lizzy[273] kam eines Abends nach Hause und sagte mir, dass sie ein Treffen für mich mit einem Mann von entscheidender Bedeutung arrangiert hatte. Ich fragte nach, aber sie nannte mir keine weiteren Details. Das Treffen fand im Regent's Park statt. Der Mann nannte sich selbst Otto. Ich habe viel später aufgrund eines Fotos in MI5-Akten herausgefunden, dass sein wahrer Name Arnold Deutsch lautete. Ich denke,

270 Ebenda, 44f.

271 Jungk, Dunkelkammern, 71f.

272 Zarew, Costello, Superagent, 209.

273 Philby sprach hier nur von Litzi – wohl aus dem Grund, dass er Edith Tudor-Hart nicht belasten wollte.

er war tschechischer Abstammung, ungefähr 170 cm groß, er hatte sehr humane Züge. Er hasste London, bewunderte Paris und sprach davon mit tiefer Zuneigung. Er war ein Mann mit einem ausgeprägten kulturellen Hintergrund. Er sprach lange, meinte, dass eine Person mit meinem familiären Hintergrund und Fähigkeiten mehr für den Kommunismus tun könne als die herkömmlichen Parteimitglieder oder Sympathisanten. Kurz gesagt, er schlug vor, dass ich für eine Organisation arbeiten sollte, die ich später als die OGPU identifizieren konnte. […] Ich erklärte meine eigene Haltung mit großer Sorgfalt und er verhörte sehr ausführlich. Er hielt sein Angebot und ich akzeptierte es. Seine ersten Anweisungen waren, dass Lizzy und ich so schnell wie möglich Schluss machen sollten und ich jeden persönlichen Kontakt mit kommunistischen Freunden abbrechen sollte. […] Ich war dann in regelmäßigen Kontakt mit Otto. Unsere Treffen fanden immer in den Randbezirken Londons statt […] und meistens im Freien. Üblicherweise haben wir dann unsere Uhren mithilfe einer benachbarten Uhr synchronisiert, kamen zum Treffpunkt auf die Minute und wechselten mindestens drei Taxis auf dem Weg hin und zurück vom Treffen, um sicherzustellen, dass uns niemand folgte. Bei jedem Treffen wurden die Zeit und der Ort für das nächste fixiert. […] Im ersten Jahr habe ich sehr wenig beigetragen und Otto hat die meiste Zeit damit verbracht, mir das Handwerk zu erläutern, wobei er Sicherheit über allen Dingen betonte. Er hat immer wieder kleine Fallen für mich aufgestellt, um herauszufinden, ob ich wirklich jede Verbindung mit meinen kommunistischen Freunden abgebrochen hatte und ich dem Taxi-Drill folgte etc. Eine meiner frühesten Aufgaben bestand darin, ihm eine Liste mit Details aller meiner kommunistischen Freunde in Cambridge zu geben. Das tat ich. Die Liste inkludierte Donald McLean, Guy Burgess, Scott,[274] Stevens,[275] David Haden-Quest,[276] Tom Pateman,[277] und andere, die ich in der Zwischenzeit vergessen habe. Einige Wochen später, nachdem ich die Liste zusammengestellt hatte, tauchte Otto bei einem Treffen mit einem hochrangigen Offiziellen auf, den er als Big

274 Denis Stott wurde später Deutschlehrer an der *Rochester Mathematical School.*

275 Wilfred Leslie Stevens arbeitete später als Statistiker am *Imperial Chemical Industries* (ICI) und in der Royal Navy.

276 David Haden-Guest, der Sohn eines Labour-Parlamentariers, fiel im Spanischen Bürgerkrieg als Freiwilliger bei den Internationalen Brigaden.

277 Fred Pateman wurde Journalist bei der kommunistischen Zeitschrift *The Daily Worker.*

Bill[278] vorstellte. Ich habe diesen später mit ziemlicher Sicherheit als […] Orlow erkannt. Er war ein Bulle von einem Mann und er ist mir ziemlich unbarmherzig vorgekommen […]. Aber er hat einen guten Humor und war mir gegenüber immer sehr umgänglich. Big Bill ging mit mir die Liste durch und konzentrierte sich schließlich auf Donald und Guy. Wir hatten mehrere Treffen, um deren Potenziale zu diskutieren. Ich war damit einverstanden, Donald zu rekrutieren und hatte große Vorbehalte in Bezug auf Guy, wegen seiner Unzuverlässigkeit und Indiskretion. Schließlich gab mir Big Bill den Auftrag, auf Donald zuzugehen, was ich tat. Er akzeptierte innerhalb von einem Treffen. […] Ich gab ihm Anweisungen, wie er ein Treffen mit Big Bill abhalten sollte und von diesem Moment an, bis auf eine Gelegenheit […], war er kein Teil meines Lebens mehr. Sobald Donald rekrutiert worden war, kam Big Bill auf Guy zurück. Ich blieb bei meiner Meinung, wurde aber schließlich überstimmt. Guy machte es genauso leicht wie Donald und ich organisierte, dass er entweder Otto oder Big Bill traf – ich bin mir nicht sicher, welcher es war.«[279]

Der Spionagering der späteren Cambridge Five wuchs – wie von Philby hier beschrieben – zunächst um seine zwei Studienkollegen Donald Maclean und Guy Burgess. Maclean gelang es als erstem, im Oktober 1935 zu einer einflussreichen Position zu kommen, indem er eine Karriere im Außenministerium begann. Burgess wiederum arbeitete zwischen 1936 und 1944 für die *BBC* und dann ebenfalls für das Außenministerium, wo er in der Nachrichtenabteilung Platz fand. Als dritter »Rekrut« der Cambridge Five kam Anfang 1937 der Kunsthistoriker und Dozent am *Trinity College* Anthony Blunt hinzu. Burgess hatte ihn mit Deutsch zusammengebracht. Blunt diente ab 1940 im MI5 und rückte zum Mitglied im *Joint Intelligence Committee* der Regierung auf, das die Arbeit der Nachrichtendienste koordinierte. Ab 1945 gehörte Blunt in seiner Eigenschaft als Direktor der königlichen Gemäldesammlung formal zum königlichen Haushalt.[280] Zu diesem Zeitpunkt war er ins akademische Leben zurückgekehrt, übernahm aber weiterhin »Teilzeitmissionen« für den sowjetischen Geheimdienst.[281]

278 Es handelte sich um Alexander Orlow, den illegalen Residenten.
279 Extract, 12.6.1964, in: TNA, KV 2/4428, 38z.
280 Andrew, Mitrochin, Schwarzbuch, 96f.
281 Andrew, MI5, 332.

Der fünfte Mann im Bunde hieß John Cairncross und hatte unter anderem in Cambridge Deutsch und Französisch studiert. Er wurde 1937 von dem britischen Kommunisten und Sowjetagenten James Klugmann[282] in den Regent's Park geführt, wo Deutsch hinter den Bäumen hervortrat und das Erstgespräch führte.[283] Cairncross durchlief im Laufe seines Werdegangs das Außenministerium, das Finanzministerium und das Cabinet Office. 1942/43 diente er in der *Government Code and Cypher School* und hatte so Zugang zu den im Rahmen des *Ultra*-Programms entschlüsselten deutschen Funksprüchen. 1944 wechselte Cairncross zum Auslandsgeheimdienst MI6. Dort sollte 1940 auch Philby andocken. Er stieg bis 1949 zum Verbindungsoffizier des MI6 in den USA auf und wäre vielleicht sogar Dienstchef geworden, wären Maclean und Burgess nicht 1951 als erste enttarnt worden. Jedenfalls war die Saat von Deutsch voll aufgegangen und sollte dem sowjetischen Geheimdienst reiche Ernte einbringen. Zwischen 1935 und 1951 beschafften die Cambridge Five rund 20.000 Seiten an Dokumenten und Berichten: »Der Umfang des von ihnen gelieferten Materials war derart groß, dass es Moskau gelegentlich schwerfiel, es zu bewältigen.«[284]

Schon 1936 meldete der illegale OGPU-Resident Theodore Maly, dass seine Einheit alleine mit dem Material, das von Maclean kam, überfordert war. Man benötige deshalb einen speziellen Assistenten. Die Zentrale sagte zu, es werde eine eigene, unabhängige Sektion aufgebaut, um Macleans Ausbeute auszuwerten.[285] Ebendieses Material füllte später 45 Bände im Moskauer NKWD-Archiv. Blunt wiederum beschaffte zwischen 1941 und 1945 1771 Dokumente aus den Beständen des MI5.[286] Seine Tätigkeit in den Kriegsjahren fiel so umfangreich aus, weil Blunt unter anderem für die Zusammenstellung der monatlichen MI5-Briefings für Premierminister Winston Churchill zuständig war.[287] 1944 wurde Blunt zum Hauptquartier der Alliierten Expeditionsstreitkräfte (SHAEF) entsandt, wo er bei der

282 James Klugmann war ein führender britischer kommunistischer Schriftsteller und sowjetischer Spion während des Zweiten Weltkriegs, der zum offiziellen Historiker der CPGB wurde.

283 Smith, Spy, 77.

284 Christopher Andrew, Wassili Mitrochin, Das Schwarzbuch des KGB. Moskaus Kampf gegen den Westen, München 2001, 87.

285 Igor Damaskin, Geoffrey Eliott, Kitty Harris: The Spy With 17 Names, London 2001, 149.

286 Calder Walton, Spies. The epic intelligence war between East and West, New York 2023, 88f.

287 Robert Verkaik, The Traitor of Arnhem: WWII's Greatest Betrayal and the Moment That Changed History Forever, 2024, 170.

Ausarbeitung des Täuschungsplans zur Verschleierung der Landung in der Normandie mitwirkte. Am 6. Mai 1944 gab Blunt eine komplette Kopie an die sowjetische Seite weiter. Es wird vermutet, dass Blunt auch die am 17. September 1944 gestartete »Operation Market Garden« verriet. In diesem Fall soll die deutsche *Abwehr* der Empfänger gewesen sein, weil ein schneller Vorstoß der westlichen Alliierten über Holland durch das Ruhrgebiet auf Berlin nicht im Interesse von Stalins Kriegszielen lag.[288] Im August 1945 – als Blunt bereits seine Funktion als *Surveyor of the King's Pictures* angetreten hatte – schickte ihn König George VI. auf eine Mission nach Deutschland. Es ging darum, politisch belastende Briefe des abgedankten Edward VIII. wiederzubeschaffen, der wegen seiner Sympathien für den Nationalsozialismus untragbar geworden war. Blunt fertigte insgeheim Kopien an und sandte sie als diplomatisches Gepäck nach Moskau.[289]

Burgess übergab alleine in den ersten sechs Monaten des Jahres 1945 389 als geheim klassifizierte Dokumente. Den meisten Schaden für Großbritannien sollte – wenn auch mit Verzögerung – Philby anrichten, indem er britische und US-amerikanische Spionageunternehmen gegen die Sowjetunion aus dem Inneren des MI6 heraus sabotierte.[290] Maurice Oldfield, der 1973–1978 den MI6 leitete, sah Philbys größten Coup darin, die sowjetische Seite über britisch-US-amerikanische Schachzüge zu informieren, einen Separatfrieden mit Deutschland zu schließen.[291] Das genaue Schadensausmaß für den Westen durch Philby ließe sich nur bei völliger Öffnung der Moskauer Archive herausfinden. Aber es könne kein Zweifel bestehen, dass Philbys Karriere ein »sowjetischer Triumph von mächtigem Ausmaß« gewesen sei, heißt es in einer Biografie des Spions von 1981. Darin wird auch ein anonymer CIA-Offizier zitiert: »Wenn man den gesamten Zeitraum von 1944 bis 1951 betrachtet – abzüglich allem, was er zu anderer Zeit aufgeschnappt hat – dann war die gesamte westliche geheimdienstliche Anstrengung, die sehr groß ausfiel, sozusagen ein Minus-Vorteil [minus advantage]. Wir wären besser dran gewesen, wenn wir gar nichts gemacht

288 Ebenda, 161f.

289 Ebenda, 289.

290 Calder Walton, Spies. The epic intelligence war between East and West, New York 2023, 88f.

291 Philip Knightley, The Second Oldest Profession: Spies and Spying in the Twentieth Century, New York 1988, 208.

hätten.«[292] Einen Einblick darin, was konkret verraten wurde, lieferten Oleg Tsarev und Nigel West 2009 mit ihrem Buch *Triplex: Secrets from the Cambridge Spies*. Dieses besteht aus einer Sammlung von ins Englische rückübertragenen sowjetischen Übersetzungen von Dokumenten, die ursprünglich von den Cambridge Five stammten und vom russischen Auslandsgeheimdienst SWR deklassifiziert worden waren. In ihrer Einschätzung kamen Tsarev und West zum Schluss, dass insbesondere Philby sein Material mit besonderer Sorgfalt ausgewählt hatte. Er kompromittierte nicht nur die Identität und Arbeit praktisch aller wichtigen MI6-Offiziere, sondern legte auch Prioritäten, Methoden und zukünftige Vorhaben des Geheimdiensts offen.[293]

Kaum zu beurteilen dagegen ist, wie die sowjetische Entscheidungsfindung durch diese Erkenntnisse beeinflusst wurde. Stalin und sein eigenes Büro waren der einzige Informationsempfänger, der wirklich von Belang war. Nachdem diesbezüglich alles auf unabsehbare Zeit unter Verschluss ist, lässt sich nur spekulieren, ob das Nachrichtenmaterial für Stalin eben jenes Fenster in westliches Denken und Handeln darstellte, oder ob es in Wirklichkeit dazu beitrug, seine ausgeprägte Paranoia zu verstärken. So ist von anderen Fällen bekannt, dass zwar erstklassiges Material besorgt wurde, dieses aber den Entscheidungsfindungsprozess nicht entsprechend beeinflusste. So meldete der für den Militärgeheimdienst GRU in Tokio tätige deutsche Journalist Richard Sorge eine Woche vor dem Angriff der deutschen Wehrmacht am 22. Juni 1941 den Termin des Losschlagens. Doch Stalin vermutete Desinformation dahinter und weigerte sich, die Rote Armee rechtzeitig in Alarmbereitschaft zu versetzen, was katastrophale Folgen hatte. Andere verdiente Agenten wie Sandor Rado und Leopold Trepper wurden 1945 zurückberufen und in Straflager geschickt. Laut Einschätzung des britischen Historikers Richard Aldrich ist es daher wahrscheinlich, dass die Spionageausbeute von Philby und der Cambridge Five in der Sowjetunion gar nicht so viel zählte, wie es westliche Beobachter glauben wollen. Die eigentliche Wirkung sei vielmehr im Westen selbst entfaltet worden – indem etwa die Verratsfälle das anglo-amerikanische Verhältnis belasteten und eine Vertrauenskrise auslösten.[294]

292 Page, Leitch, Knightley, Philby, 289f.

293 Oleg Tsarev, Nigel West, Triplex: Secrets from the Cambridge Spies, New Haven 2009, 104.

294 Richard Aldrich, The Hidden Hand: Britain, America and Cold War Secret Intelligence, London 2021, 424.

Was den Cambridge Five außerdem nicht bewusst war: Der sowjetische Geheimdienst misstraute ihnen die ganze Zeit über und vermutete, es handle sich bei dem profitablen Agentenring um ein perfides britisches Täuschungsmanöver.[295] Ende Februar 1940 entschied Moskau sogar, jeden Kontakt mit SÖHNCHEN (Deckname von Philby) abzubrechen. Erst am 24. Dezember 1940 wurde gemeldet, dass die Verbindung wiederhergestellt war.[296] 1942 kam eine interne Untersuchung zum Schluss, dass SÖHNCHEN zwar kürzlich »viel interessantes Material« übermittelt hatte, aber dass aus diesem hervorgehe, dass der britische MI6 kein Agentennetzwerk in der UdSSR unterhalte, was »hochgradig zweifelhaft« sei.[297] Der MI6 spionierte zu diesem Zeitpunkt tatsächlich den Kriegsverbündeten nicht aus. Man verfügte über keine Station in Moskau und keinen einzigen Agenten in der Sowjetunion – selbst für Jahre nach dem Zweiten Weltkrieg.[298] Erst 1943 wurde eine Abteilung – *Section IX* – aufgebaut, die für die Abwehr sowjetischer und kommunistischer Spionage zuständig war. Aber diese wurde 1944 auf fatale Weise kompromittiert, weil ausgerechnet Philby zu ihrem Chef aufstieg.[299] Er baute eine große Abteilung mit mehr als 30 Mitarbeitern auf und sammelte Unterlagen über antikommunistische Bewegungen in Osteuropa. Ein Kollege erinnerte sich, wie ein angeheiterter Philby eines Nachts in Paris vor der leeren sowjetischen Botschaft auf- und abging, dabei seine Faust schüttelte und rief: »Wie schaffen wir es, sie zu unterwandern? Wie schaffen wir es, sie zu unterwandern?«[300]

Das war Theaterdonner. Denn Philby erkannte, dass er sich eigentlich in einer »idiotischen Position« befand: »Wenn alle meine Operationen gegen die Sowjetunion jedes Mal scheiterten, würde ich bald gefeuert werden. Wenn ich jedes Mal Erfolg hätte, konnte ich der Sowjetunion schweren Schaden zufügen. Aus dieser Situation gab es den einen Ausweg nicht. Ich musste in allen Fällen eine Entscheidung treffen.«[301] Im Nach-

295 Stephen Grey, The New Spymasters. Inside Espionage from the Cold War to Global Terror, London 2015, 39f.

296 Brovovik, Files, 149 und 153.

297 Ebenda, 196f.

298 Walton, Spies, 89.

299 Ebenda, 90.

300 Knightley, Profession, 274.

301 Stephen Dorril, MI6 – Inside the Covert World of Her Majesty's Secret Intelligence Service, New York 2000, 22.

hinein fielen die Urteile dennoch fast schwärmerisch aus. Durch Philby war »der Kreml über sämtliche Versuche, der kommunistischen Spionage nach dem Krieg zu begegnen, im Bilde. In der Geschichte der Spionage gibt es wenige oder überhaupt keine vergleichbaren Geniestreiche«, meinte einer von Philbys früheren Kollegen beim MI6.[302] Der Historiker Christopher Andrew bezeichnete die Cambridge Five insgesamt als »die fähigste Gruppe britischer Agenten, die jemals für eine fremde Macht spioniert hat«.[303] Gleichzeitig seien sie »nicht wegen, sondern trotz der Führung durch die Zentrale« erfolgreich gewesen.[304] Dieser Meinung ist auch Calder Walton, der 2023 eine Geschichte des Geheimdienstkrieges zwischen Ost und West vorlegte. Einige der besten nachrichtendienstlichen Erkenntnisse seien von ideologisch überzeugten Kommunisten wie den Cambridge Five gekommen, die diese Geheimnisse den sowjetischen Diensten quasi nachgeworfen hätten.[305]

Im Rückblick wurde der Agentenring mit der Existenz eines verschworenen Elitenzirkels erklärt, der Privilegierten einflussreiche Positionen zuschanzte. Tatsächlich stammte etwa Cairncross aus einer Familie der unteren Mittelschicht. Sein Vater war ein Eisenwarenhändler, seine Mutter Lehrerin. Eine gemeinsame Taxifahrt mit Deutsch war Cairncross' erste Fahrt in einem Automobil überhaupt in seinem Leben. Nicht umsonst fand ihn Deutsch »naiv und eher provinziell«, aber »sehr vertrauensvoll«.[306] Auch hatten die Cambridge Five bei ihren Karrierestarts gewissermaßen offene Türen eingetreten. Allen war zugutegekommen, dass es vor dem Zweiten Weltkrieg keine Kapazitäten für die Überprüfung von Anwärtern gab. Das Außenministerium hatte dafür keinen einzigen Sicherheitsoffizier angestellt.[307]

Philbys Karriere nahm im Vergleich zu den anderen am langsamsten an Fahrt auf. Beim Aufnahmetest für das Außenministerium war er durchgefallen und schaffte es zunächst »nur« in die Redaktion der liberalen

302 Christopher Andrew, MI5. Die wahre Geschichte des britischen Geheimdienstes, München 2011, 335

303 Ebenda, 402.

304 Ebenda, 730.

305 Walton, Spies, 486.

306 Richard Davenport-Hines, Enemies Within. Communists, the Cambridge Spies and the Making of Modern Britain, London 2019, 176f.

307 Walton, Spies, 51f.

Monatszeitschrift *Review of Reviews*. Seine damalige Sekretärin, Joyce Clayton, erinnerte sich an einen liebenswürdigen, zurückhaltend-scheuen Mann, mit dem es ein Vergnügen war, zu arbeiten. Philby habe sich unkonventionell gekleidet und eine Schwäche für handgewebte, wollene Krawatten gezeigt. Er saß gegenüber von Clayton, weshalb diese seine Telefonate mit »Lizzy« mitbekam. Unter anderem sagte Philby auf Deutsch: »Hast du denn zu viel getrunken?«[308]

Um seine Tarnung zu verbessern, trat Philby in die *Deutsch-Englische Gesellschaft* (DEG) ein, die für Verständigung zwischen Großbritannien und dem Deutschen Reich warb.[309] Im Sommer 1935 unternahmen er und Litzi eine Reise nach Spanien. Unter anderem machten sie in Granada Halt, wo Philby als 16-Jähriger schon einmal gewesen war – auf einem Trip, den ihm sein Vater als Belohnung dafür finanziert hatte, dass er in Cambridge aufgenommen worden war. Während dieser Zeit reiste Litzi auch nach Wien, um ihre jüdischen Eltern nach London in Sicherheit zu bringen.[310] Schon davor hatte sie am 21. September 1934 einen Trip nach Österreich unternommen und war einen Monat geblieben – angesichts der herrschenden Repression eine nicht ungefährliche Sache. Als sich der MI5 1951 diese Aktivitäten rückblickend ansah, wunderte sich der Beamte Helenus Milmo wie Philby diese Reiseaktivitäten mit seinem damaligen Einkommen von rund drei Pfund wöchentlich finanzieren konnte. Er schloss, diese Reisen seien angesichts von Litzis erwiesener Verbindung zur Komintern wohl von einer »kommunistischen oder sowjetischen Organisation« finanziert worden.[311]

Viele Jahrzehnte später stellte es Philby so dar, als wäre Litzi nicht bereit gewesen, alle Beziehungen zur kommunistischen Bewegung abzubrechen. Dies sei für sie ein zu großes Opfer gewesen, was er verstanden habe. Sie hätten die ganze Sache ruhig besprochen und entschieden, dass sie sich trennen sollten. Nicht gleich, aber wenn sich dafür eine passende Gelegenheit ergeben würde.[312] Zumindest nach außen wurde der Schein gewahrt

308 Seale, McConville, Philby, 96.
309 Andrew, Mitrochin, Schwarzbuch, 100.
310 Duff, Spies, 94.
311 Holzman, Kim, 40f.
312 Borovik, Files, 115.

und die beiden trafen sich zeitweise heimlich in dem kleinen Kellerraum des Wohnhauses von Tudor-Hart in der Acre Lane.[313]

Anders, als es manche Philby-Biografien suggerieren, hatte Litzi weiter Anteil an der Geschichte. 1935 wurde sie von ihren beiden Bekannten aus Wiener Tagen – Deutsch und Tudor-Hart – unter dem Decknamen »MARY« angeworben.[314] Ihre wichtigste Rolle in diesem Zusammenhang spielte sie, nachdem Philby im Februar 1937 als Korrespondent am Spanischen Bürgerkrieg teilnahm, um aus dem nationalistischen Lager von General Francisco Franco zu berichten. Dies war möglich geworden, weil Philby einen leitenden Redakteur bei der *Times* angerufen hatte, der ein Freund seines Vaters war. Außerdem beschaffte er ein Empfehlungsschreiben des Herzogs von Alba, der Franco in London repräsentierte. Damit ausgestattet wurde Philby akkreditiert. Am 3. Februar 1937 reisten er und Litzi nach Lissabon, um dort das Visum für Francos Hauptquartier in Sevilla abzuholen. Litzi blieb in Portugal zurück und bildete so einen Kommunikationskanal zwischen Philby und der INO/OGPU in London.[315]

Denn Philby sammelte insgeheim Beobachtungen, Erkenntnisse und Informationen, die das Geschehen auf nationalistischer Seite betrafen. Deutsch suchte nach einem Weg, die Übermittlung sicherzustellen und griff auf Litzi zurück.[316] Zu diesem Zeitpunkt hatten sie und Philby ihre Beziehung beendet – wegen der Anstrengungen durch die Untergrundaktivitäten des jeweils anderen und »obendrein wegen anderer Gründe«.[317] Für die Kuriertätigkeit war es dennoch eine gute Tarnung, dass Litzi immer noch Philbys angetraute Ehefrau war.[318] Auch unterhielten sie noch bis 1944 ein gemeinsames Konto, von dem Litzi zwischen 1937 und 1944 monatlich 40 Pfund abhob.[319]

Mit der Zeit verschob Litzi ihre Basis nach Paris und bezog eine Wohnung am Quai d'Orsay. Ihr stand auch ein Landhaus in Grosrouvre, eine Stunde von Paris entfernt, zur Verfügung – angeblich alles auf Kosten der

313 Jungk, Dunkelkammern, 91.
314 Volodarsky, Agent, 494.
315 Duff, Spies, 119f.
316 Borovik, Files, 125.
317 Holzman, Kim, 46.
318 Borovik, Files, 125.
319 Holzman, Kim, 46

OGPU.[320] Hier dürfte Litzi einerseits als Anlaufstelle der Komintern fungiert haben. So vermutet der Historiker Andrew Brown, dass sie Eva Kolmer vom *Austrian Centre* instruierte, wenn diese von London nach Paris reiste.[321] Andererseits war Litzi weiterhin ein Kontaktkanal ihres Ehemanns. Philby reiste einmal im Monat nach Biarritz, Perpignan oder Gibraltar, um dort Litzi zu treffen. Sie stiegen in den schönsten Hotels ab. So schildert es ihre Tochter Barbara Honigmann: »Meine Mutter liebte diese heimlichen Rendezvous mit ihrem Mann. Sie war inzwischen nach Paris übersiedelt, fuhr im Auftrag der Sowjets regelmäßig in den Süden, verbrachte jeweils einen Tag und eine Nacht mit Kim, danach kehrte sie nach Paris zurück und überbrachte den Russen seine ausführlichen Reports.«[322] Dem russischen Exilanten und Historiker Boris Volodarsky zufolge war dieses Reiseaufkommen bescheidener. Litzi sei angeblich die meiste Zeit in Paris mit ihrem neuen Liebhaber »Pieter«, einem niederländischen Bildhauer, »und wahrscheinlich ein paar mehr« beschäftigt gewesen. In dem Haus in Grosrouvre soll sie in einer Wohngemeinschaft von zwölf Leuten gelebt haben, die »mit der Spanischen Republik, Léon Blum und der Volksfront sympathisierten«.[323] Litzi selbst erinnerte sich später an diese Zeit als den schönsten Abschnitt ihres Lebens.[324]

Die Ehe mit Philby bestand ohnedies nur mehr auf dem Papier. Philby selbst hatte eine Affäre mit der kanadischen Schauspielerin Frances »Bunny« Lindsay-Hogg begonnen. Dass es sich um die geschiedene Frau eines britischen Adeligen und überzeugte Royalistin handelte, trug zu seiner Tarnung bei. »Bunny« erinnerte sich später, Philby habe ihr gegenüber nie ein Wort über Sozialismus, Kommunismus oder etwas in dieser Richtung verloren.[325]

Der sowjetische Geheimdienst wollte aber nicht nur Informationen von Philby aus Spanien. Von Stalin persönlich soll die Anweisung gekommen sein, »SÖHNCHEN« ein Attentat auf Franco durchführen zu lassen. Ein fast unmöglicher Auftrag: Philby besaß weder eine militärische Ausbildung,

320 Volodarsky, Agent, 483

321 Andrew Brown, The Viennese Connection: Engelbert Broda, Alan Nunn-May and Atomic Espionage, in: *Intelligence and National Security*, 24 (2), April 2009, 173–193, hier 176.

322 Jungk, Dunkelkammern, 92f.

323 Volodarsky, Agent 483.

324 Holzman, Kim, 48.

325 Andrew, Gordievsky, KGB, 234.

noch wusste er mit einer Waffe umzugehen. Das bewog den Residenten Maly im Mai 1937, der Zentrale abzuwinken. Philby besitze nicht den körperlichen Mut und andere notwendige Fähigkeiten, um den Mordauftrag auszuführen. Später hätte sich eine passende Gelegenheit ergeben, Franco nahezukommen. Dabei spielte Philby ein Zufall in die Hände. Im Dezember 1937 war er mit drei Kollegen im Auto unterwegs zur Teruel-Front, als eine republikanische Granate einschlug. Philby überlebte als Einziger. Die faschistische Propagandamaschinerie schlachtete den Tod der ausländischen Journalisten aus und verwandelte Philby in einen Helden. Am 2. März 1938 verlieh ihm Franco einen Orden. Aber zu diesem Zeitpunkt war das Interesse an Francos Liquidierung auf sowjetischer Seite nicht mehr gegeben und der Mordbefehl widerrufen. Stattdessen konzentrierte man sich darauf, die trotzkistischen »Volksfeinde« in einem »Bürgerkrieg im Bürgerkrieg« zu vernichten – was an der Niederlage der Republikaner 1939 großen Anteil hatte.[326]

Im Herbst 1938 kam Philby nach London zurück, um sich von seinem zweiten Aufenthalt in Spanien zu erholen. Litzi bat ihn bei dieser Gelegenheit, seinem sowjetischen Kontaktmann etwas mitzuteilen. Sie habe jemanden getroffen, »der einen Mann kennt, der von einem Wissenschaftler wusste, der an der Erforschung einer völlig neuen Form von Energie arbeitet.« Litzi hatte nicht alles verstanden – nur so viel, es handle sich um eine vergleichsweise so starke Energiequelle, dass man nur ein einziges Stück Kohle benötige, um einen Zug von Wladiwostok nach Moskau anzutreiben. Philby bat daraufhin Burgess, ein Treffen zwischen Litzi und einem sowjetischen Agenten in London zu arrangieren, damit sie diesen Bericht weiterleiten konnte. Er fragte sich später, ob es sich bei diesem Wissenschaftler vielleicht um Klaus Fuchs gehandelt haben könnte, der dem sowjetischen Geheimdienst später entscheidende Hinweise über das *Manhattan-Projekt* lieferte. Philby wurde jedenfalls während seines Exils in Moskau über die Hintergründe nicht aufgeklärt.[327]

Philby blieb noch bis Juli 1939 in Spanien und wechselte im Oktober desselben Jahres als Kriegsberichterstatter zum britischen Expeditionskorps

326 Andrew, Mitrochin, Schwarzbuch, 101.
327 Zarew, Costello, Superagent, 259f.

nach Frankreich, wo er ab 1940 für die *Times* über die katastrophal verlaufenden Kämpfe an der Westfront berichtete. Die Beziehungen, die er in dieser Zeitspanne knüpfte, halfen ihm dabei, noch 1940 in den MI6 einzutreten. Seine Sprachkenntnisse und die Tatsache, dass er in Spanien, Frankreich und Deutschland gewesen war, empfahlen ihn für diese Aufgabe. Ebenso interessierte sich der hochrangige MI6-Offizier Valentine Vivian, ein Bekannter von St. John, persönlich für die Rekrutierung des jungen Philby.[328] Später erinnerte sich Vivian, St. John bei einem Mittagessen in Bezug auf Kim gefragt zu haben: »Er war ein bisschen ein Kommunist in Cambridge, nicht wahr?« St. John antwortete: »Oh, das war alles Schuljungen-Nonsens. Er ist jetzt charakterlich gebessert.« Es gibt jedenfalls keinen Beleg dafür, dass im Jahr 1940 irgendjemand, der im MI6 an Philbys Rekrutierung beteiligt war, etwas über dessen politische Verbindungen im *Trinity College* oder über seine Aktivitäten in Wien wusste.[329] Der Einzige, der es hätte wissen müssen, war der Wiener Stationschef Kendrick. Aber von ihm gab es in Bezug auf Philby im Jahr 1934 keine nachweisliche »red flag«.[330]

Dafür geriet Philbys Tätigkeit für den sowjetischen Geheimdienst zwischenzeitlich in eine schwere Krise. Infolge der stalinistischen Säuberungen wurde die Residentur in Großbritannien 1937/38 empfindlich geschwächt. Im ganzen Jahr 1938 kam es zu einer Störung des Kommunikationsflusses, zeitweise brach die Verbindung gänzlich ab, bis es Philby und Burgess gelang, den Kontakt wiederherzustellen – durch ein komplexes Kuriernetzwerk, dass von Litzi zu Tudor-Hart und dann weiter zu dem CPGB-Funktionär Bob Steward führte, der für die Verbindung zur sowjetischen Botschaft zuständig war.[331] Der letzte in London verbliebene INO-Offizier Anatoli Gorski (»KAP«) war gar nicht mehr im Bilde, als Philby im Sommer 1939 aus Spanien zurückerwartet wurde und fragte die Zentrale: »Wenn Sie uns Anweisungen geben, was wir mit SÖHNCHEN anfangen sollen, wären wir dankbar, wenn Sie uns ins Bild setzen würden, denn er ist uns nur ganz allgemein bekannt.«[332]

328 Modin, Friends, 72f.
329 Davenport-Hines, Enemies, 308f.
330 Fry, Spymaster, 65.
331 Volodarsy, Agent, 484.
332 Andrew, Mitrochin, Schwarzbuch, 125.

Ziemlich ahnungslos war Gorski auch im Falle Litzis: Am 10. Juli 1939 berichtete er nach Moskau, dass sie weiter in Frankreich lebe, ihrer Aussage nach auf Anweisung des Geheimdiensts. Er könne sich aber an keine diesbezüglichen Befehle erinnern und bat daher die Zentrale, diese Frage zu klären. Außerdem habe sich MARY (Litzi) beschwert, dass man ihr und dem MÄDCHEN (Burgess) 65 Pfund schulde – wegen einer viermonatigen Kommunikationslücke: »Ich versprach, es zu Hause [mit der Zentrale] zu überprüfen, und gab ihr 30 Pfund als Vorschuss, weil sie sagte, sie brauche unbedingt Material.«[333] Die Antwort darauf fiel knapp aus: »Informiert KAP, dass man, als es notwendig war, MARY den Befehl gegeben hat, eine Wohnung in Paris zu unterhalten. Das ist nicht länger erforderlich. Sorgen Sie dafür, dass sie die Wohnung loswird und bescheidener lebt, denn wir werden nicht dafür aufkommen. MARY sollte keine 65 Pfund erhalten, weil wir nicht der Meinung sind, dass wir ihr überhaupt irgendetwas schulden. Wir bestätigen die Zahlung von 30 Pfund. Sagen Sie ihr, dass wir nichts mehr zahlen werden.« An dieser Stelle schaltete sich auch Philby in die Diskussion ein. In einem Brief aus London vom 25. August 1939 hieß es: »SÖHNCHEN [Philby] und MARY haben uns gefragt, die Entscheidung, ihnen die Summe, die sie nun auf 45 Pfund schätzen, nicht zu bezahlen, nochmals zu überdenken.« Die Ausgaben seien im Zuge von Arbeit angefallen und entsprechend genehmigt worden. In London war man auf der Seite von SÖHNCHEN und MARY: »Persönlich denken wir, dass die Schuld bezahlt werden sollte.« Eine entsprechende Anweisung der Zentrale wurde aber erst am 20. September 1939 abgezeichnet.[334]

Der Abschluss des Hitler-Stalin-Paktes am 23. August 1939 bedeutete einen Schock für Philby, den er nur schwer verarbeitete. Der Residenturchef berichtete nach Moskau, dass »SÖHNCHEN« in der Vergangenheit immer wieder angegeben hatte, »kein anderes Ziel im Leben zu haben, als für die Revolution zu arbeiten«. Unter dem Eindruck des Nichtangriffspakts Stalins mit Hitler habe er dann begonnen, »verblüffende« Fragen zu stellen: »›Warum war das notwendig?‹ ›Was wird mit der Einheitsfront gegen den Faschismus jetzt passieren?‹« Erst nach mehreren Gesprächen habe

333 Ebenda, 126.
334 Borovik, Files, 132f. und 141.

»SÖHNCHEN« »die Bedeutung des Pakts verstanden«. Von »MARY«, also Litzi, wusste der Führungsoffizier auch, dass sich Philby ihr gegenüber bereits mehrfach beschwert hatte, dass er eine »gewisse Desillusionierung« verspüre. Das sei ein Resultat des Kontakts mit »Paul« gewesen, womit der frühere illegale Resident Maly gemeint war, der zu diesem Zeitpunkt bereits den Säuberungen zum Opfer gefallen war.[335]

Infolge des Kriegsausbruchs 1939 musste Litzi nach Großbritannien zurückkehren, wofür sie eine spezielle Erlaubnis benötigte. Es war Philby, der sich darum kümmerte. Er schrieb einen Brief an das zuständige Außenministerium, dieses solle seiner Ehefrau die Rückkehr erlauben, was auch geschah.[336] Aber die beiden lebten nun endgültig getrennt, was ganz im Sinne der Legendierung von Philby war. Die Ehe mit einer ausländischen Kommunistin sollte keine Hypothek für seinen anvisierten Aufstieg darstellen.[337]

Während des Zweiten Weltkrieges arbeitete Litzi als Trainee in einer Rüstungsfabrik. Sie bekam sogar ein Diplom, angeblich das einzige in ihrem Leben.[338] Glaubt man dem ehemaligen MI5-Agenten und Whistleblower Peter Wright, dann hatte Litzi in diesem Lebensabschnitt eine »langjährige Affäre« mit einem leitenden Beamten des MI5, der deswegen seinen Hut nehmen musste.[339] Gesichert ist, dass Litzi seit 1941 mit Georg Honigmann zusammenlebte. Dieser war für verschiedene Zeitungen als freier Autor tätig, ehe er von 1938 bis 1944 als Nachrichtenredakteur für die Auslandsabteilung der Nachrichtenagentur *Exchange Telegraph & Co. Ltd.* und als Chef des *European Service* von *Reuters* arbeitete. Nach Kriegsende übersiedelten er und Litzi 1945 in die DDR.

1946 ließen sich Litzi und Philby formell scheiden. Vorher hatten sie sich in Wien getroffen und Litzi willigte ein, die Scheidung wegen seiner Untreue einzureichen. Am 17. September 1946 wurde das Scheidungsdekret erlassen und bereits eine Woche später heiratete Philby zum zweiten Mal, und zwar die 35-jährige Alieen Furse, die zu diesem Zeitpunkt das vierte gemeinsame Kind erwartete. Vorher suchte Philby noch seinen

335 Ebenda, 146.
336 Ebenda, 116.
337 Ebenda, 116.
338 Volodarsky, Agent, 486.
339 Peter Wright, Paul Greengrass, Spycatcher. Enthüllungen aus dem Secret Service, Frankfurt am Main 1988, 330.

Vorgesetzten im MI6, Vivian, auf und »beichtete« ihm, dass er 1933 in Wien eine junge Kommunistin getroffen hatte. Um sie vor Verfolgung zu bewahren, hatte er sie geheiratet und nach Großbritannien gebracht. Nun – wo die Frau bereits nach Ost-Berlin verzogen sei – lasse er sich scheiden. Diese Offenheit erregte bei Vivian keinen Verdacht und er gab Philby die Erlaubnis, so zu verfahren.[340] Allerdings ließ er Litzi von MI5 routinemäßig überprüfen. Das Ergebnis soll gewesen sein, dass es sich bei ihr um eine »sowjetische Agentin« handelte.[341] Vivian mag darüber gegrübelt haben, aber er unternahm nichts. Er war Philbys Patron bei der Aufnahme in den Dienst gewesen und sah offenbar wenig Anlass darin, eine solche kurze Indiskretion zum Thema zu machen und dadurch die Karriere eines vielversprechenden und sehr beliebten Offiziers zu beschädigen.[342]

Litzi sollte es auch in späteren Jahren peinlichst unterlassen, Philby in die Nähe des Kommunismus oder der Sowjetunion zu rücken. Als etwa die *Sunday Times* 1968 über Philby schrieb und in diesem Zusammenhang bei Litzi nachfragte, antwortete sie ausweichend: »Natürlich war Kim mit einigen Kommunisten durch mich bekannt und seine Ansichten waren durchaus progressiv. Aber ich bin fest überzeugt, dass er nie auf der Linie der Partei arbeitete. Und wenn, so habe ich nichts darüber gewusst.« Ihre Heirat sei zum Teil aus Zweck und zum Teil aus Liebe erfolgt: »Ich war Mitglied der damals verbotenen kommunistischen Partei. Die Polizei jagte nach den Aktivisten und ich bemerkte, dass sie auch mich suchten. Ein Weg der Gefangenschaft zu entgehen, war, Kim zu heiraten. Gemeinsam verließen wir Österreich und siedelten uns in England an. Zusammen lebten wir ungefähr drei Jahre.« Für diese Diskretion zollte ihr Philby selbst Respekt. In einem Interview 1988 sagte er: »Ja, wir haben das vorausgesehen, dass man sie früher oder später fragt, was ich in Wien gemacht habe. Sie sagte alles genau so, wie wir es verabredetet hatten und ich bin ihr sehr dankbar dafür, dass sie Wort gehalten hat.«[343]

340 Borovik, Files, 250f.

341 Seale, McColville, Philby, 222.

342 Knightley, Masterspy, 141.

343 Kim Philby – ein Leben als Kundschafter, in: Bundesarchiv (künftig: BArch), MfS, BV Halle AGG Sach Nr. 219, Bl. 1–38, hier Bl. 11.

1947 heirateten Honigmann und Litzi. Ob sie insgeheim weiter Spionin blieb, konnte selbst ihre Tochter Barbara Honigmann nicht herausfinden: »Über ihre eigene Rolle und Funktion im sowjetischen Geheimdienst sagte sie weniger. Eigentlich sagte sie darüber gar nichts. Wie lange sie noch für den KGB […] gearbeitet hat, wie diese Arbeit eigentlich aussah, darüber hat sie sich auch während unseres Gesprächs in meinem Atelier nur sehr vage ausgelassen, und erst viel später ist mir klargeworden, dass sie, als sie mir so groß angekündigte ›Details‹ erzählen wollte, im Grund wenig preisgegeben hat.« Von der Mutter gebe es keine Stasi-Akte – der ostdeutsche Dienst sei für Litzi nämlich nicht zuständig gewesen, weil sie direkt vom KGB »geführt wurde«.[344]

Im Stasi-Unterlagen-Archiv gibt es tatsächlich nur einige wenige Dokumente mit Bezug zu Litzi. Aus ihnen geht nichts zu ihrer Spionage-Vergangenheit oder der Verbindung zu Philby hervor. Allerdings interessierte sich das *Ministerium für Staatssicherheit* (MfS) für Litzi als Person. In einem Ermittlungsbericht von 1952 heißt es wenig schmeichelhaft: »Frau H. [Honigmann] ist Mitglied der SED und leistet gesellschaftlich einige aktive Arbeit. Es muss festgestellt werden, dass sie diese Tätigkeit häufig mit ihren persönlichen Interessen verbindet und dazu neigt, zu intrigieren.«[345] Laut einer »Charakteristik« von 1951 würde das Ehepaar Honigmann »bei den Nachbarn nicht sehr beliebt« sein und »keinen guten Eindruck« hinterlassen, »da sie sehr arrogant und spießbürgerlich veranlagt sind«. Beide würden »auffällig westliche Kleidung« tragen und dadurch ein »äußert renommiertes Aussehen« haben.[346]

1951 wurde über Honigmann berichtet, er habe sich einem Wohnungsnachbarn gegenüber kritisch geäußert: »Westberlin wäre eine große Gefahr für einen neuen Krieg und die Russen haben es nicht verstanden, diese Gefahr zu beseitigen. In Westberlin wären auch die Preise bei vielen Dingen billiger wie z. B. bei Stoff und Lebensmitteln. Er erklärte, dass er mit seiner Frau stets in den Westsektor einkaufen ginge.«[347] Wie tief das Misstrauen

344 Honigmann, Kapitel, 63.
345 Ermittlungsbericht, 22. 4. 1952, in: BArch, MfS, AIM Nr. 9228/64 (Teil I), Bl. 62. (Teil I)
346 Charakteristik, 17. 9. 1951, in: Ebenda.
347 Leiter der Abteilung IV. an das MfS, Verwaltung von Groß-Berlin, 16. 8. 1951, in: BArch, MfS, AIM Nr. 9228/64 (Teil I), Bl. 21.

war, wird daran deutlich, dass am 14. Oktober 1955 MfS-intern gebeten wurde, für das Ehepaar Honigmann »Postüberwachungen einzuleiten«. Die Korrespondenz sollte »abschriftlich bzw. fotokopiert« der Hauptabteilung V/7 übersendet werden. Im Visier dieser Abteilung waren zentrale Organe und Einrichtungen des Staatsapparates und der Führungsgremien der Parteien und Massenorganisationen. Litzi wurde also im Verlauf ihres Lebens nicht nur von westlichen Geheimdiensten, sondern auch von dem Pendant in Osteuropa nachgespürt.[348]

Aus einem Ermittlungsbericht der Abteilung VIII. vom 29. Dezember 1955 spricht Unkenntnis über den genauen Hintergrund des Ehepaars Honigmann. Dafür werden Ressentiments deutlich: »Georg H. ist Jude, er befand sich während der Hitlerzeit in Emigration in England. Er spricht perfekt Englisch. Georg H. ist anerkannt als VdN [Verfolgter des Naziregimes], er ist Mitglied der SED. Im Wohngebiet tritt er politisch nicht in Erscheinung, er hat dort keine gesellschaftlichen Funktionen. Er hat einmal bei einer Versammlung im Wohngebiet ein Referat über das Pressewesen gehalten. Das Referat war sehr mangelhaft und ließ erkennen, dass Georg H. wenig Kenntnisse vom Pressewesen hat. Auch seine Zeitungsartikel stellten ihm das gleiche Zeugnis aus. Georg H. ist mächtig von sich eingenommen, er ist ein Blender. Eine andere Auskunftsperson sagte: Georg H. und seine Ehefrau haben an Versammlungen der Nationalen Front[349] im Wohngebiet teilgenommen, sie besuchten auch einmal die Parteigruppe der SED im Wohngebiet. Bei politischen Anlässen haben sie geflaggt.« Zu Litzi heißt es im selben Dokument: »Alice, geb. Kohlmann-Friedmann, geb. 2.5.1910 in Wien, Regieassistentin. Alice, H. ist bei der DEFA [Deutsche Film AG] in Berlin-Johannistal tätig. Sie ist Mitglied der SED und anerkannt als VdN. Im Wohngebiet trat sie politisch in keiner Weise in Erscheinung, sie betätigt sich dort nicht gesellschaftlich. Über ihren Leumund ist in moralischer Hinsicht nichts Nachteiliges bekannt. Alice H. befand sich in Emigration in England. Es konnte nichts Weiteres über ihre Person in Erfahrung gebracht werden. Über Westverbindung ist nichts bekannt.«[350]

348 Hauptabteilung V/7 Referat II-Blsbg- an die Abteilung »M« im Hause, 14.10.1955, in: BArch, MfS, AIM Nr. 9228/64 (Teil I), Bl. 82.

349 Zusammenschluss der Parteien und Massenorganisationen in der DDR.

350 Ermittlungsbericht, 29.12.1955, in: BArch, MfS, AIM Nr. 9228/64 (Teil I), Bl. 89f.

Das Interesse des MfS blieb auch in den weiteren Jahren bestehen. So erfolgte am 8. Jänner 1963 ein Ermittlungsauftrag seitens der Abteilung 7/III an die Operativgruppe betreffend die Eheleute Honigmann (obwohl die beiden zu diesem Zeitpunkt seit sieben Jahren geschieden waren). Unter anderem interessierte man sich für ihre »politische Einstellung, Entwicklung und Betätigung«. Es wurde auch konkret gefragt: »Wie ist ihr Charakter und wie werden sie auf moralischem Gebiet eingeschätzt?«. Außerdem fragte man nach Verbindungen innerhalb der DDR, nach Westberlin, Westdeutschland und »dem akpitl. [antikapitalistischen] Ausland«.[351] Der diesbezügliche Ermittlungsbericht zeichnete in erster Linie den Lebenslauf von Honigmann nach: 1946–1947 Chefredakteur im Sowjetischen Nachrichtenbüro in Berlin-Weissensee, 1947–1948 Chefredakteur bei der Zeitung *Berlin am Mittag*, 1948–1949 stellvertretender Chefredakteur der *Berliner Zeitung*, 1949–1953 Chefredakteur der *Berliner Zeitung am Abend*. Ab 1. Jänner 1955 war er in der Produktionsgruppe *Stacheltier* als Leiter und Chefdramaturg tätig. Aus einer Beurteilung seiner Kaderunterlagen gehe hervor, »dass H. ein begabter Journalist sei, er aber seine große Begabung nicht voll und ganz in den Dienst unserer Sache stellen würde. Er wurde mehrmals hingewiesen, seine Thematik des ›Stacheltiers‹ zu ändern, was von ihm jedoch unbeachtet blieb.« Zu Litzi finden sich nur spärliche Angaben, teilweise sind diese geschwärzt.[352]

Litzi arbeitete seit dem 1. Oktober 1949 bei der DEFA, dem Filmunternehmen der DDR mit Sitz in Potsdam-Babelsberg als Leiterin der Presseabteilung. Auch hier hatte sie keine gute Nachrede. Der bereits zitierte Ermittlungsbericht führt aus, dass der DEFA-Vorstand »schon seit längerer Zeit« überzeugt sei, die Presseabteilung »andererseits« zu besetzen, »da die Leitung dieser Abteilung nicht den großen Anforderungen, die in ideologischer und künstlerischer Hinsicht […] gestellt werden müssen, gerecht wird.«[353] Aus solchen Beschreibungen wird deutlich, dass die mondäne und unangepasste Litzi in der DDR wohl mehr aneckte, als sie dazugehörte. So verweigerte sie 1977 die Unterschrift unter eine Resolution für die Ausbürgerung des Liedermachers Wolf Biermann.[354]

351 Ermittlungsauftrag, 8. 1. 1963, in: BArch, MfS, AIM Nr. 9228/64 (Teil I), Bl. 92.

352 Emittlungsbericht, 20. 2. 1963, in: BArch, MfS, AIM Nr. 9228/64 (Teil I), Bl. 9498.

353 Ermittlungsbericht, 22. 4. 1952.

354 HA XX/6, Ifo. v. 1. 2. 1977, in: BArch, MfS, Karteikarte Honigmann, Alice.

In Großbritannien versuchte man noch, der rätselhaften Litzi auf den Grund zu gehen, als sich das Netz um die Cambridge Five zusammenzog. So befragten 1951 zwei MI5-Agenten eine Quelle, die Litzi zwischen 1944 und 1946 in London getroffen hatte. Dabei handelte es sich offenbar um einen Mann, der in den frühen 1930er-Jahren selbst in Wien gelebt und kommunistische Überzeugungen hatte. Dieser Informant beschrieb Litzi als eine Kommunistin »durch und durch«. Gleichzeitig habe sie das gute Leben genossen und würde sich für die Sache nicht aufopfern. Sie sei attraktiv, weshalb auch er immer neugierig in Bezug auf sie gewesen sei – auch weil sie sich »so eindeutig« von der großen Masse typischer kommunistischer Parteigänger abhob. Persönlich lernte die Quelle Litzi erst 1944 kennen, als diese mit Honigmann in Wellesley Court in London lebte und zu diesem Zeitpunkt in einem Rüstungsbetrieb arbeitete. Als das Paar sich in Ost-Berlin niederließ und innerhalb kurzer Zeit angeblich über ein Haus, ein Auto und einen Chauffeur verfügte, habe sich seine Ansicht über Litzis hohes Ansehen in der kommunistischen Partei bestätigt.[355]

Als anlässlich des 70. Geburtstags von Litzi im Jahr 1980 dreißig Gäste zusammenkamen, war das MfS über das Geschehen im Bilde. Es wurde berichtet, dass unter Anwesenden sich auch der »österreichische Kreis« einfand, »d. h. ehemalige Emigranten aus Österreich, die sich während der Nazizeit in England aufhielten und einige davon geheimdienstlich gegen das faschistische Deutschland arbeiteten«. Ein internationaler Teilnehmer der Feier sei »kurze Zeit« später vom französischen Geheimdienst verhört worden. Unter anderem fragte man ihn nach den anderen Gästen. Auch dieses unbestätigte Detail zeigt, wie brisant die Lebensumstände von Litzi zu diesem Zeitpunkt immer noch waren.[356]

Schon 1979 hatte sie sich an die österreichische Botschaft in Ost-Berlin gewandt. Sie bat um Erteilung eines Visums, um eine Tante in Wien-Döbling besuchen zu können. Das wiederholte sich in den darauffolgenden Jahren: Die Botschaft erteilte die Sichtvermerke bald ohne vorherige Rücksprache mit Wiener Stellen, setzte aber das österreichische Bundesministerium für

355 Interview with source, 3. 10. 1951, in: TNA, KV2/1014, 14.

356 Bericht, 3. 12. 1981, in: BArch, MfS, BV Erfurt IX 245/76 Bd. 1, Bl. 331f.

Inneres jedes Mal nachträglich »in Kenntnis«.[357] 1984 – mit 74 Jahren – ging Litzi einen Schritt weiter. Sie reiste am 4. Juli nach Österreich. Bei Verwandten in der Dommayergasse Nr. 8 gemeldet, bat sie um Erteilung eines unbefristeten Visums: »Die Antragstellerin möchte ihren Lebensabend bei Freunden in Österreich (Wien) verbringen. Diese geben Unterkunft und haften auch zur ungeteilten Hand«, heißt es im Bericht des Fremdenpolizeilichen Büros.[358] Seitens der Staatspolizei wurde bescheinigt, dass »Honigmann Alice, geb. Kohlmann, gesch. Friedmann, gesch. Philby, 02. 05. 1910 geb., nicht nachteilig beleumundet wird«. Und: »In staats- und fremdenpolizeilicher Hinsicht konnte über sie bisher nichts Nachteiliges in Erfahrung gebracht werden.«[359]

Aus einer Sofortmeldung der DDR-*Volkspolizei* von Anfang August 1984 geht hervor, wie sich diese Absetzbewegung aus Sicht der dortigen Behörden abgespielt hatte: »Die o. g. Bürgerin hielt sich zu einer Rentnerreise besuchsweise bei einer namentlich unbekannten Freundin (Ärztin) in Wien auf. Weiterhin wollte sie sich in Wien mit ihrer Tochter […] und den Enkelkindern treffen, die etwa im Mai 1984 legal nach der BRD übergesiedelt ist und nun in Frankreich leben soll. Am 11. 07. 1984 ging bei der VP-Meldestelle 6 ein ärztliches Attest ein, wonach die Bürgerin akut an Hepatitis erkrankt sei und zurzeit nicht reisefähig sei. Die Bürgerin selbst teilte in diesem Brief mit, dass sie nach Genesung in die DDR zurückkehre. Am 01. 08. 84 ging bei der Wohnungsnachbarin ein Brief der Bürgerin ein, in dem sie mitteilte, dass ihr Entschluss nun endgültig feststehe, nicht mehr in die DDR zurückzukehren [und] in Österreich zu bleiben.«[360]

Tatsächlich hatte Litzi mit dem Leben in der DDR abgeschlossen. Dokumente für die Wiederverleihung der österreichischen Staatsbürgerschaft waren vorher nach Wien geschmuggelt worden, wo Litzi einen Rechtsanwalt beauftragt hatte, ihre Sache zu betreiben. Als es dann so weit war, wollte sie keine Missverständnisse aufkommen lassen und schickte die Wohnungsschlüssel ihren ehemaligen Nachbarn in der Karl-Marx-Allee – mit

357 Fernschrift Bundesministerium für Inneres [BMI] an Bundesministerium für Auswärtige Angelegenheiten [BMfAA], 25. 8. 1980, in: ÖStA/AdR, BMI II/C 139.019/85.

358 Bericht, 6. 8. 1984. Ebenda.

359 Staatspolizeiliches Büro an den Magistrat der Stadt Wien, 4. 6. 1985, in: ÖStA/AdR, BMI II/C 139.019.

360 Sofortmeldung gem. 3. 1., 5. 8. 1984, in: BArch, MfS – ZKGNr. 12956, Bl. 196.

der Mitteilung, dass niemand mit ihrer Rückkehr rechnen solle. Sie schickte auch ein Schreiben an die ostdeutsche Botschaft: »Ich bitte, aus der Staatsbürgerschaft der DDR entlassen zu werden, um die österreichische Staatsbürgerschaft annehmen zu können.« Eine entsprechende Bestätigung blieb aus. Trotzdem erhielt Litzi ohne bürokratische Hürden die gewünschten Dokumente und einen Opferausweis, der »den Inhaber zu einer weitgehend bevorzugten Behandlung empfiehlt«. Sie fühlte sich, als hätte sie »Wien seit dem Tage ihrer Geburt nicht verlassen«. Schließlich liebte Litzi die Stadt »trotz der Österreicher«. Sie richtete sich in der Theresianumgasse im 4. Bezirk ein und verbrachte einen geschäftigen Lebensabend. Einmal pro Woche half sie einen Vormittag im *Dokumentationsarchiv des österreichischen Widerstands* aus. 1991 verstarb Litzi, drei Jahre nach Philby.[361]

Ihr Ex-Mann war spätestens Ende der 1940er-Jahre zur Topquelle der Cambridge Five aufgestiegen. Philby stand kurz davor, der neue »C« zu werden – wie der Chef des Auslandsgeheimdienstes MI6 intern genannt wird. Das wäre ein Triumph für die sowjetische Seite gewesen. Schon bevor Philby 1949 als Verbindungsbeamter nach Washington ging, favorisierten ihn der langjährige Leiter Stewart Menzies und sein Stellvertreter John Sinclair als neuen Mann an der Spitze. Ein Report des Außenministeriums, unter dessen Kontrolle der MI6 bis heute steht, befand jedoch, dass Philby unter anderem wegen seines gesteigerten Alkoholkonsums für die Aufgabe nicht geeignet war. Man signalisierte, gegen eine mögliche Nominierung von Philby Widerstand zu leisten. Letztlich war das nicht notwendig, weil Philby zwischenzeitlich enttarnt wurde.[362] Er selbst versuchte später, zu relativieren: »Es war geplant, dass Stewart Menzies (der damalige Chef des SIS) in den Ruhestand geht und sein Stellvertreter Jack Easton die freigewordene Stelle für eine kurze Periode übernimmt, sodass ich bald an der Reihe gewesen wäre, diese Dienststellung zu übernehmen. Der Washingtoner Einsatz war ein Zeichen dafür, dass es nicht mehr lange dauern konnte. Im Übrigen bin ich aber der Meinung, dass ich diese Dienststellung nicht übernommen hätte, aus einem einfachen Grund, ich war ein zu ›unwichtiger‹ Angestellter. Aber ich hatte eine gute

361 Honigmann, Kapitel, 129–136.
362 Knightley, Profession, 276.

Chance, Stellvertreter des Leiters des SIS oder dessen Beauftragter (Helfer) zu werden.«[363]

1951 gelang es US-amerikanischen Codeknackern, 3000 abgefangene sowjetische Telegramme, die zwischen 1940 und 1946 verschickt worden waren, zu entschlüsseln. Dieses *Venona*-Projekt sollte zur größten Quelle an Informationen über sowjetische Spionage werden, die dem Westen im Kalten Krieg zur Verfügung stand. Mehr als 200 US-Amerikaner, die als Quellen für Moskau gearbeitet hatten, konnten so enttarnt werden – darunter auch die Atomspione Klaus Fuchs und Ted Hall. Als Folge der Enthüllungen wurden auch die Cambridge Five enttarnt.[364] Eines der alten Telegramme aus dem Zweiten Weltkrieg erwähnte eine Quelle namens »Homer«, die relativ bald als Maclean identifiziert wurde. Philby warnte diesen noch, indem er Burgess mit der Aufforderung losschickte, sofort in die Sowjetunion zu flüchten. Das tat Maclean auch, aber Burgess schloss sich ihm an und lief ebenfalls über. Das wiederum lenkte die Aufmerksamkeit auf Philby, bei dem Burgess zuletzt in Washington als Untermieter gewohnt hatte. Philby gelang es aber noch einmal, seinen Kopf aus der Schlinge zu ziehen. Ohne Geständnis gab es nicht genügend Beweise, um ihm den Prozess zu machen.[365]

Dafür schickte man ihn mit einem Golden Handshake von 5000 Pfund in den Ruhestand. 1955 wurde die Presse auf Philby als möglichen »dritten Mann« aufmerksam, aber dieser entschärfte die Situation, indem er zu einer Pressekonferenz in die Wohnung seiner Mutter einlud. Unter anderem log er in die Kameras: »Das letzte Mal, dass ich mit einem Kommunisten gesprochen habe und gewusst habe, dass er einer ist, war 1934.«[366] Philby nutzte seine Freundschaft mit dem MI6-Offizier Nicholas Eliott, der ihm im Sommer 1956 eine Korrespondentenstelle für den *Observer* und den *Economist* in Beirut verschaffte. Außerdem arrangierte Eliott, der von Philbys Unschuld überzeugt war, dass sein Freund für den MI6 Informationen aus dem Libanon liefern würde.[367]

363 Kim Philby – Ein Leben als Kundschafter. Übersetzung aus der sowjetischen Wochenendzeitschrift *Sarubjeschow* vom 3.–9. Juni 1988, in: BArch, MfS, BV Halle AGG Sach Nr. 219, hier Bl. 22.

364 Walton, Spies, 150f.

365 Ebenda, 176ff.

366 Ebenda, 179.

367 Macintyre, Friends, 14f.

Der restliche Agentenring war längst aufgerollt: Ein Tipp eines Freundes von Burgess hatte zu Blunt geführt, der sich ebenfalls weigerte, zu gestehen. Er wurde aber kaltgestellt. Seine Rolle als Spion kam erst 1979 an die Öffentlichkeit. In seinen Memoiren meinte Blunt, dass es der größte Fehler seines Lebens gewesen sei, für die Sowjets zu arbeiten.[368] Für den MI5-Offizier Peter Wright war Blunt »einer der elegantesten, charmantesten und kultiviertesten Männer, die ich je getroffen habe«. Das Verblüffendste an Blunt sei der »Widerspruch zwischen seiner eindeutigen Charakterstärke und seiner eigenartigen Verletzlichkeit« gewesen. Blunt habe eine schwere Last getragen. Aber Schuld verspürte dieser nicht. Vielmehr habe Blunt bedauert, dass er enge Freunde täuschen musste: »Aber es war ein Schmerz über das, was getan werden musste, statt eines Schmerzes über das, was hätte vermieden werden können.«[369]

Der »fünfte Mann« – Cairncross – geriet in Verdacht, weil in Burgess' Wohnung Notizen von einer Regierungsbesprechung aus der Zwischenkriegszeit gefunden worden waren, an der Cairncross teilgenommen hatte.[370] Aber es dauerte bis 1964, ehe der nunmehr in den USA lebende Cairncross gegenüber einem MI5-Beamten seinen Verrat zugab.[371] Und schließlich wurde auch Philby von seiner Vergangenheit endgültig eingeholt.

Den ersten Stein ins Rollen brachte ein Überläufer. Im Jahr 1961 hatte der KGB-Offizier Anatoli Golizin der CIA sein Wissen angeboten. Unter den von ihm übermittelten Informationen waren auch Aufschlüsse über die Cambridge Five. Eine Mitteilung des britischen Innenministeriums fasste ein paar Jahre später zusammen: »Im Jahr 1962 erklärte ein Überläufer [Golizin] vom russischen Nachrichtendienst, dass es in den dreißiger Jahren ein sehr wichtiges Spionagenetz im Vereinigten Königreich gegeben habe, das als ›Fünferring‹ bezeichnet wurde, weil es ursprünglich fünf Mitglieder hatte, die sich untereinander kannten und gemeinsam die Universität besucht hatten. Er wusste, dass Burgess und Maclean Mitglieder

368 Walton, Spies, 180 und 184f.

369 Wright, Spycatcher, 232.

370 Walton, Spies, 179.

371 Ebenda, 184.

dieses Spionagerings gewesen waren. Seiner Meinung nach war das Netz mittlerweile größer geworden.«[372]

Zum wirklichen Verhängnis aber wurde Philby eine alte Bekanntschaft: Flora Solomon kannte Philby seit den 1920er-Jahren, als dieser noch ein kleiner Junge gewesen war. Sie hatte ihn mit seiner zweiten Ehefrau Aileen bekannt gemacht und fungierte bei der Hochzeit am 25. September 1946 als Trauzeugin. Solomon, 1898 geborene Benenson, war im vorrevolutionären Russland aufgewachsen, in einer wohlhabenden jüdischen Familie. Mit 17 kam sie nach Westeuropa und verbrachte ihre Jugendzeit in den Emigrantenzirkeln in London und Paris. 1919 heiratete sie den Armeeoffizier Harold Josiah Solomon, der schon sechs Jahre später verstarb. 1939 wurde Flora Solomon *Welfare Superintendent* bei *Marks & Spencer*.[373]

Tatsächlich hatte der MI5 Solomon schon früher auf dem Schirm gehabt. 1951/52 schlug ihr Name auf, weil sie eine Freundin von Aileen Philby war, weshalb man eine Akte über sie eröffnete. Zu diesem Zeitpunkt stufte man die Informationsspuren noch als »ziemlich belanglos« ein. Aber 1953 legten Hinweise nahe, dass Solomon Philby bereits »seit den 1930er-Jahren« gekannt und Aileen mit Philby zusammengebracht hatte. Hätte der MI5 diese Spur weiterverfolgt, dann wäre der Spionagefall womöglich schon zehn Jahre früher gelöst worden. 1971 verfasste die MI5-Beamtin Stella Rimington eine zusammenfassende Betrachtung des Falls Solomon (Rimington sollte zwischen 1991 und 1996 erste weibliche *Director General* des MI5 werden). In ihrem Bericht meinte Rimington über Solomon, diese sei in den 1930er-Jahren »wahrscheinlich eine durchaus anregende Person« gewesen. Sie lebte in einem komfortablen Haus, das junge Leute anzog und sie mit einer lebhaften Atmosphäre umgab. Solomon habe eine leidenschaftliche Affäre mit Alexander Kerenski gehabt, dem im Exil lebenden ehemaligen Ministerpräsident der Provisorischen Regierung, die 1917 von den Bolschewiki gestürzt worden war. Solomon habe mit ihm politisch nicht übereingestimmt, aber trotzdem bei seiner Arbeit geholfen, etwa mit einer Veröffentlichung in Paris. Ob Philby und sie mehr als nur Freundschaft verband, ist unklar. Jedenfalls soll die emotionale Verbindung zu dem jüngeren Mann

372 Andrew, MI5, 422.
373 Flora Solomon, 17.10.1962, in: TNA, KV 2/4634, 80a.

dazu geführt haben, dass Solomon ihre Affäre mit Kerenski abbrach.[374] Zuvor sollen sich Philby und Kerenski öfter über den Weg gelaufen sein, weil letzterer bei seinen London-Aufenthalten bei Solomon in der Londoner Addison Road Nr. 23 wohnte. Kerenski soll Solomon gesagt haben, dass er Philby weder möge noch ihm vertraue.[375]

Solomon lernte auch Litzi kennen, fand sie aber nicht sonderlich sympathisch. Ihr erschien sie geheimnisvoll und alles andere als lebhaft. Sie habe immer gedacht, »dass die Beziehung Lizzy/Kim eine Geschäftspartnerschaft war«. Philby habe sie als »seine Verbindung mit den Russen« beschützen müssen. Als Philby dann als Journalist in den Spanischen Bürgerkrieg aufbrach, unternahm er einen Rekrutierungsversuch bei Solomon. Es war im Jahr 1938, kurz nach dem Münchner Abkommen. Sie aßen zusammen zu Mittag in einem Restaurant. Später meinte der sichtlich aufgewühlte Philby kryptisch, dass er »für die Russen arbeite und dass er in Gefahr und dementsprechend nervös sei«. Sie solle ihm helfen und Informationen über die weißrussische Exilantenszene in Großbritannien beschaffen. Doch Solomon ließ ihn abblitzen. Sie sei nicht der Typ für diese Art Untergrundarbeit. Zwar sympathisierte sie politisch mit Philby und hielt dessen Ansichten normal für junge Leute jener Zeit – aber die Restriktionen für Juden bei der Einwanderung nach Palästina und der Hitler-Stalin-Pakt hätten sie damals mehr beschäftigt. Ihre Sympathien für Russland seien damit erledigt gewesen. Allerdings merkte Rimington kritisch an, dass Solomon sehr wohl hilfreich für Philby gewesen sei – weil sie ihn und seine Freunde in ihre sozialen Kreise einführte und als so etwas wie ein »persönlicher Berater« für Philby fungierte.[376]

Philbys unvorsichtiger Rekrutierungsversuch sollte sich später gegen ihn wenden. Aber erst, nachdem er von Beirut aus mit antizionistischen Artikeln den Argwohn von Solomon auf sich zog. Das führte dazu, dass sie sich im Juli 1962 bei einem Empfang im *Weizmann Institute of Science* im israelischen Rehovot an den früheren MI5-Offizier Victor Rothschild wandte. Sie erzählte ihm Folgendes: »1) dass sie seit dem Spanischen Bürgerkrieg wusste,

374 Caroline Davies, MI5 missed early chance to expose Soviet agent Kim Philby, files reveal, in: *The Guardian*, 11.10.2022.

375 Note on Mr. Martin's Interview with Flora Solomon, 8.8.1962, in: TNA, KV 2/4633.

376 Summary and Assessment of the Case of Flora Solomon, 4.11.1971, in: TNA, KV2/4635, 143a.

dass Philby für die Russen arbeitet und dass er versucht hatte, sie zu rekrutieren, damit sie ihm helfe und 2), dass Philby nun heftige, antiisraelische Artikel schreibe und das, wie sie glaubte, auf russische Anweisungen.« Am 19. Juli 1962 besprach Rothschild die Sache mit Solomon in London und bereitete damit ein ausführliches Verhör durch den MI5-Offizier Arthur Martin am 1. August 1962 vor.[377] In dessen Verlauf kam Solomon auf Litzi zu sprechen: »Sie mochte sie nicht besonders und sie kam zum Schluss, dass diese Ehe eine Zweckgemeinschaft war. Sie beschrieb die beiden als ›professionelle Partner‹. Sie sagte, dass obwohl dies nie ausgesprochen wurde, sie keinen Zweifel daran hegte, dass Lizzy von Kims Arbeit für die Russen wusste und auch von dem Angebot an sie, dass sie ihm helfen sollte.« Über Solomons Beweggründe, das lange Schweigen zu brechen, mutmaßte der MI5-Beamte, wenn man ihr Glauben schenke, würde sich ihr Motiv zum Teil aus einer pessimistischen Sicht der Weltlage speisen. Das hielt er aber für »nicht sehr überzeugend«.[378]

Eine weitere Vernehmung fand am 7. Dezember 1966 statt. Dieses Mal kam der MI5-Offizier Peter Wright in Solomons nunmehrige Wohnung Carrington House Nr. 103. Philby war nicht das Hauptthema, aber sie erklärte Wright, wie dieser zu ihr aufgesehen und sie in gewisser Weise wie eine Art »Beichtmutter« (»*mother confessor*«) behandelt habe. Er habe ihre Meinung über bestimmte Personen geschätzt – dabei sei es offenbar um »Überprüfungen« gegangen, um festzustellen, ob diese oder jene Person sich für eine Rekrutierung eignen würde. Zu diesem Zweck brachte Philby während des Zweiten Weltkrieges seine Freunde in ihre Wohnung mit. Im Anschluss an diese Partys habe er sie dann um ihre Meinung gefragt. Als Wright konkrete Namen von den Personen wissen wollte, die da vorbeigekommen waren, sagte Solomon, sie könne sich daran nicht erinnern. Die seien jetzt ohnehin alle entweder tot oder im Ruhestand. Als sie das sagte, schleuderte sie ihre Arme in einer theatralischen Geste in Luft. Wright war nicht beeindruckt und merkte an, dass diese Darstellung »ziemlich sicher unwahr« sei.[379]

1967 war Solomon noch ein weiteres Mal mit dem MI5 in Kontakt. Der Journalist und spätere Philby-Biograf Patrick Seale heftete sich an ihre Spur,

377 Ebenda. Rothschild war mit Blunt, Burgess und Philby bekannt.

378 Note on Mr. Martin's Interview with Flora Solomon, 8. 8. 1962, in: TNA, KV 2/4633.

379 Note of Interview by P. M. Wright, 21. 7. 1967, in: TNA, KV 274634, 111a.

weil er ihren Namen am Trauschein von Kim und Aileen Philby gefunden hatte. Der Rat vom Geheimdienst lautete, Solomon solle diese Kontaktaufnahme bereits im Ansatz »killen«. Man kam überein, dass Solomon Seale mitteilen würde, dass die ganze Angelegenheit zu weit zurückliege und sie sich an nichts erinnern könne, was von Nutzen für seine Recherchen wäre.[380] Auf diese Weise blieb die Geschichte der 1984 verstorbenen Solomon im Wesentlichen geheim. Ihre MI5-Akte wurde erst 2022 freigegeben.

Solomons Aussagen waren das fehlende Beweisstück gegen Philby. Eliott bat darum, seinen Freund, von dem er sich persönlich verraten fühlte, in Beirut zu konfrontieren. Zum Ärger von MI5 wurde es den Konkurrenten vom Auslandsgeheimdienst erlaubt, diesen Fall weitestgehend intern abzuwickeln. Am 12. Jänner 1963 stand Eliott um vier Uhr nachmittags vor Philbys Tür. Dieser hatte sofort eine Ahnung, warum Eliott gekommen war: »Ich dachte mir schon, dass du es sein würdest.«[381] Eliott soll Philby ein Geschäft vorgeschlagen haben, dass ihn von jeglicher strafrechtlichen Konsequenz befreit hätte, wenn er »alles«, was er über den KGB wusste, preisgebe, insbesondere die Namen von aktiven Quellen in Großbritannien. Außerdem habe Eliott ihm nahegelegt, anzugeben, »nur« bis 1949 spioniert zu haben – damit man gegenüber den US-amerikanischen Partnern angeben konnte, Philby sei kein aktiver Spion mehr gewesen, als er als Verbindungsbeamter in Washington anfing: »Du hast 1949 aufgehört, für sie [die Russen] zu arbeiten, dessen bin ich mir vollkommen sicher. [...] Ich kann verstehen, dass jemand vor dem oder im Krieg für die Sowjetunion arbeitete. Aber im Jahr 1949 musste ein Mann von deinem Verstand und deiner Moral erkennen, dass all diese Gerüchte über Stalins monströse Taten keine Gerüchte, sondern die Wahrheit waren. [...] Du hast beschlossen, mit der UdSSR zu brechen. [...] Daher kann ich dir mein Wort und das von Dick White geben, dass du volle Straffreiheit erhalten wirst; man wird dich begnadigen – aber nur, wenn du es selbst erzählst. Wir brauchen deine Mitarbeit, deine Hilfe.«[382] Der MI5-Agent Peter Wright hörte später das Tonband ab, das Eliott von der wichtigsten Unterredung mit Philby aufgenommen hatte: »Ich erinnerte mich an Philby, an den jungenhaften

380 Flora Solomon, in: TNA, KV 274634, 112a.
381 Macintyre, Friends, 246–249.
382 Andrew, MI5, 423.

Charme, das Stottern, wie sympathisch ich ihn gefunden hatte. Und das zweite Mal, als ich diese Stimme hörte, als er 1955 seinen Befragern vom MI6 schmeichelte, sie umgarnte und aus einem schlechten Blatt Gewinn machte. Und jetzt war Eliott da, der sein Bestes versuchte, einen Mann zu stellen, für den Täuschung und Betrug dreißig Jahre lang die zweite Haut gewesen war. Es war kein Streit. Am Ende klangen sie wie zwei angetrunkene Rundfunkansager, die mit dem klassischen Tonfall britischer Privatschulen den größten Verrat des 20. Jahrhunderts diskutierten.«[383]

Philby behauptete gegenüber dem KGB, er habe Eliott nichts verraten. Tatsächlich war er auf dessen Ansinnen eingegangen. Philby stellte ein mehrseitiges Geständnis zusammen, in dem er – wie von Eliott angeregt – zugab, von 1936 bis 1949 für die Sowjetunion spioniert zu haben. Außerdem listete er ein Dutzend ihm bekannter sowjetischer Spione auf. Darunter waren Burgess und Maclean, aber auch sein Freund und Geheimdienstkollege Tim Milne, der unschuldig war und Philby über Jahre gegen alle Verdächtigungen in Schutz genommen hatte.[384] Damit hatte Eliott offenbar erreicht, was er wollte. Er sagte Philby, dass er am nächsten Tag in den Kongo fliegen und sein Kollege Peter Lunn den Debriefing-Prozess übernehmen würde. Dann ließ er Philby unbewacht zurück – angeblich, weil er nicht daran gedacht hatte, dass Philby versuchen könnte, überzulaufen. Genau das aber geschah. Am 23. Jänner 1963 verschwand Philby aus Beirut und setzte sich an Bord eines Frachters in die Sowjetunion ab.[385] Letztlich wählte er den Ausweg, den ihm Eliott offenbar bewusst offengelassen hatte: »Die Organisierung des Treffens in Beirut und nicht in London sowie der Vorschlag eines für mich unannehmbaren Geschäfts waren meiner Ansicht nach so ausgelegt, mich zur Flucht zu bewegen. Denn das Letzte, was zur damaligen Zeit die britische Regierung gebrauchen konnte, war mein Aufenthalt in London und ein Skandal um den Geheimdienst mit einem sensationellen Gerichtsprozess.«[386] Tatsächlich hatte es in den Jahren davor eine Häufung von Verratsfällen gegeben: 1961 war der *Portland Spy*

383 Wright, Spycatcher, 201.

384 Andrew, MI5, 424.

385 Ebenda, 402–423.

386 Kim Philby – Ein Leben als Kundschafter. Übersetzung aus der sowjetischen Wochenendzeitschrift *Sarubjeschow* vom 3.–9. Juni 1988, in: BArch, MfS, BV Halle AGG Sach Nr. 219, hier Bl. 5.

Ring rund um Gordon Lonsdale, einem russischstämmigen kanadisch-sowjetischen Agent, aufgeflogen. Im selben Jahr wurde der MI6-Agent George Blake wegen Spionage verurteilt (1966 entkam dieser aus dem Gefängnis und setzte sich in die Sowjetunion ab). Im Jahr 1962 wurde John Vassall festgenommen und verurteilt. Er war vom KGB erpresst worden, Geheimnisse der Admiralität auszuhändigen. Insofern hatte niemand in Politik und Geheimdienst Interesse an einem weiteren spektakulären Fall.[387]

Die vielen Jahre, die Philby danach in Moskau verbrachte, waren von Alkoholismus und Isolation überschattet. Er bekleidete keinen KGB-Offiziersrang und man gestattete ihm auch nicht, ein offizieller sowjetischer Geheimdienstoffizier zu werden.[388] Erst vierzehn Jahre nach seinem Überlaufen durfte er das KGB-Hauptquartier besuchen. Er wurde auch nie mit der Auszeichnung eines Helden der Sowjetunion bedacht.[389] Sein Führungsoffizier Modin sagte später einmal über Philby: »Er wirkte psychologisch ein kompletter Offizier des britischen Geheimdiensts. Er sah wie einer aus. Wir dachten, er könnte nie etwas anderes sein.«[390]

Wie abgeschirmt Philby war, geht auch aus Dokumenten des MfS hervor, das sich über viele Jahre bemühte, mit Philby propagandistische Projekte voranzutreiben. Ende September 1969 erhielt der DDR-Minister für Staatssicherheit Erich Mielke ein Schreiben vom Leiter der *Abteilung Agitation*, einer für Öffentlichkeits- und Traditionsarbeit zuständigen zentralen Diensteinheit, die aber vor allem Desinformation verbreitete und propagandistische Angriffe auf die Bundesrepublik Deutschland unternahm. In besagtem Brief an Mielke beschwerte sich die *Abteilung Agitation* darüber, dass man Schwierigkeiten habe, Projekte mit Philby zu verwirklichen, um dessen Geschichte »publizistisch für die DDR auszuwerten«. Es ging um ein Filminterview und die Freigabe eines von sowjetischer Seite betriebenen Buchs, das in Westdeutschland erschienen war. Über den KGB-Verbindungsoffizier kam Anfang 1969 eine Absage: Die »Genossen vom KGB« hätten mit Philby gesprochen und dieser habe erklärt, »dass er an den von uns gewünschten Objekten nicht interessiert wäre.« Auch auf Nachfrage

387 Carter, Blunt, 445.
388 Andrew, Mitrochin, Schwarzbuch, 93.
389 Walton, Spies, 186.
390 Aldrich, Hand, 442.

blieb es beim Nein. Philby sei nicht interessiert daran, »vor die Kamera gestellt zu werden oder mit jemandem zu sprechen. Das sei u. a. dadurch bedingt, dass er persönlich Hemmungen habe (Stottern).«

Die Frustration der *Abteilung Agitation* stieg noch weiter, als klar wurde, dass andere DDR-Stellen sehr wohl Zugang zu Philby hatten. So erfuhr der Abteilungsleiter Ende Juli 1969, dass der Verlag »Das neue Berlin« mit seinem Autor Karl-Heinz Schädlich eine Philby-Biografie herausbringen wolle und sich Schädlich diesbezüglich im Schriftverkehr mit Philby befände. In einem Antwortschreiben Philbys hieß es sogar zuvorkommend: »Natürlich habe ich durchaus keine Einwände zu Ihrem Vorhaben, ein Buch über das Problem meiner Tätigkeit zu schreiben. [...] Ich würde mich freuen, Ihnen zu helfen, wenn Sie vorhaben, mit dem Projekt zu beginnen. Aber ich bin mir nicht sicher, wie wirksam meine Hilfe sein würde. Vielleicht haben Sie einige Fragen, die Sie mir stellen möchten.« Von diesem Entgegenkommen an andere erst recht angestachelt, konfrontierte die *Abteilung Agitation* den KGB-Verbindungsoffizier mit diesem Schriftverkehr und bat diesen, »das für uns unverständliche Verhalten von Philby zu klären« – wieso dieser »solchen ausgesprochen persönlichen Schriftverkehr mit ihm unbekannten Autoren führt, während von uns offiziell herangetragene Ersuchen der gleichen Art abgelehnt werden«.[391]

Am 10. September 1978 bekam das MfS Post aus den USA: Die in Washington erscheinende »Anti-CIA-Zeitschrift« *CounterSpy* erfragte die »Anschrift von Kim Philby in Moskau«. Eine »Sonderausgabe über die Tätigkeit imperialistischer Geheimdienste (USA, Großbritannien) im Libanon«, die noch 1978 erscheinen sollte, benötigte Philbys Expertise. Beim MfS war man jedenfalls bereit, der Redaktion von *CounterSpy* zu helfen: Erster Ansprechpartner war freilich der Verbindungsoffizier des sowjetischen KGB: »Sollte der VO [Verbindungsoffizier] an der Weiterentwicklung dieses Falles interessiert sein, wird um schnellmöglichste Adressenauskunft gebeten.«[392]

Im August 1981 kam Philby dann doch persönlich in die DDR. Im Haus 22 der MfS-Zentrale hielt er ein Seminar über sein Leben, von der Rekrutierung bis zur Flucht und ließ sich dabei filmen. »Genosse Kim

391 Abteilung Agitation an Mielke, 23. 9. 1969, in: BArch, MfS – ZIAG Nr. 36885, Bl. 221–224, hier: 221ff.
392 Betr.: Kim Philby, Moskau, 3. 10. 1978, in: BArch, MfS – ZIAG Nr. 36885, Bl. 234.

Philby«, der »Kundschafter an vorderster Front« im »Kampf gegen Faschismus und Reaktion«, so lautete die Ankündigung durch Auslandsspionagechef Markus Wolf. »Verehrte Genossen«, begrüßte Philby anschließend seine Zuhörer und sprach eine Stunde lang.[393] Unter anderem gab er an: »Weil ich in die britische Führungsschicht hineingeboren wurde und viele einflussreiche Leute kannte, wusste ich, dass sie nie zu streng mit mir sein würden.«[394] Philby bemühte sich, dem legendären MI6 seinen Nimbus abzusprechen: »Jeden Abend bin ich nach Hause gegangen mit einer großen Aktentasche voll von Berichten. Ich übergab sie meinem sowjetischen Kontakt, und am nächsten Morgen bekam ich sie zurück, nachdem der Inhalt fotografiert worden war. Ich habe sie dann frühmorgens zurück an ihren Platz gebracht. Das habe ich jahrein, jahraus so gemacht.«[395] Aus einer Abrechnung geht hervor, dass Philby vom MfS anlässlich des Besuchs mit Geschenken bedacht wurde: »1 Kupfer-Fondue komplett« und »1 Kassette Schallpl. Wagner«. Zum 70. Geburtstag 1982 gab es dann noch »1 Kassette Schallplatten«.[396]

Die Zeit in der DDR nutzte Philby offenbar nicht für ein Treffen mit Litzi. Der Journalist Philip Knightley fragte Philby Ende der 1980er-Jahre explizit danach und erhielt eine ausweichende Antwort. Er (Philby) habe das nicht gemacht, weil er wusste, dass sie geschieden war und er sie nicht in Verlegenheit bringen wollte: »Und überhaupt, diese Periode meines Lebens war vor so langer Zeit, fast wie aus einer anderen Welt mit anderen Menschen.« Knightley vermutete, Philby sei in Wirklichkeit betreten gewesen, weil er vielleicht erfahren hatte, dass Litzi 1984 in den Westen gegangen war.[397] Gegenüber Borovik erzählte Philby, dass er 1961 mit Litzi »über einen ihrer Freunde, der nach Moskau gekommen war«, Grüße austauschte: »Ich weiß nicht, ob sie noch am Leben ist, aber es ist wahrscheinlich, dass sie es ist. Es ist kein so ungewöhnliches Alter für eine Frau. Sie hat eine Tochter, die mehrmals in Moskau gewesen ist, aber ich habe sie

393 Rebecca Barth, So unterrichtete ein britischer Doppelagent die Stasi, in: *Süddeutsche Zeitung*, 5. 4. 2016,

394 Damien Gayle, Kim Philby: I got away with treachery 'because I was upper class', in: *The Guardian*, 4. 4. 2016.

395 Doppelagent Philby hielt Seminar für Stasi, https://www.g-geschichte.de/zeitgeschichte/doppelagent-philby-hilt-seminar-fuer-stasi/.

396 Auflistung, in: BArch, MfS – Abt. X Nr. 2733, Bl. 97.

397 Knightley, Masterspy, 244.

nicht gesehen.«[398] Der KGB-Agent Modin wiederum will gewusst haben, dass Litzi und Philby bis zum Tod des letzteren eine Korrespondenz unterhielten. Modin selbst bekundete, dass Litzi eine Frau von enormer Überzeugung war, für die er »größte Bewunderung« hege.[399]

Es ist fraglich, ob es diesen Austausch so gegeben hat. Barbara Honigmann ist sich sicher, dass Philby in den 25 Jahren, in denen er in der Sowjetunion lebte, tatsächlich »nie« den Versuch unternommen habe, »irgendeinen Kontakt« mit Litzi aufzunehmen, was diese »sehr gekränkt« habe. Den Grund dafür erklärte sie so: »Meine Mutter sagte nie Philby, wenn sie von ihm sprach, sie nannte ihn auf eine vertraute Weise Kim, aus der ich nach so vielen Jahren noch Zuneigung, aber auch Gekränktsein spürte.« Auch wenn Litzi »ziemlich libertär« in ihrem Leben mit Ehen, Geliebten und Verehrern umgegangen sei, so hätten diese Beziehungen und Trennungen auch Schmerz und Resignation bei ihr hinterlassen: »Die zärtliche Verachtung, mit der sie den Namen Kim aussprach, drückte diesen Zwiespalt nur allzu deutlich aus.« Dass ihre Mutter 1984 in den Westen ging, hätte Philby »als eine Art Desertion verstanden«. Bis zu einem gewissen Grad habe er Litzi zumindest aus der Ferne im Auge behalten.[400]

In seinen letzten Interviews adressierte Philby ganz grundsätzliche Fragen, die sich aus seinem Verrat ergaben: »Ich habe immer auf zwei Ebenen gehandelt – der persönlichen und der politischen. Wenn ich dabei in Widerspruch geraten bin, so gab ich der politischen den Vorzug. Dieser Konflikt kann manchmal sehr schmerzlich sein. Ich liebe es nicht, Menschen zu betrügen – besonders Freunde – und im Gegensatz zur Meinung einiger, habe ich sehr schwer daran getragen, wenn ich es tun musste. Aber auch Soldaten tragen schwer daran, wenn sie ordentliche Menschen sind und im Krieg Menschen töten müssen.«[401] Besonders schmerzte Philby der Vorwurf eines früheren Genossen aus Wien, den er nach seinem inszenierten Seitenwechsel nach rechts in Großbritannien wiedertraf. Der Mann habe ihn wütend gefragt: »Sagen Sie mal, haben Sie etwa auch schon damals

398 Borovik, Files, 116.
399 Modin, Friends, 150.
400 Honigmann, Kapitel, 64f.
401 Kim Philby – Ein Leben als Kundschafter. Übersetzung aus der sowjetischen Wochenendzeitschrift *Sarubjeschow* vom 3.–9. Juni 1988, in: BArch, MfS, BV Halle AGG Sach Nr. 219, hier Bl. 6f.

in Österreich als Polizeispitzel gegen uns gearbeitet?« Laut Philby habe er solche Erlebnisse philosophisch betrachtet. Diese hätten ihn auf noch weit schwierigere Situationen im Leben als Doppelagent emotional vorbereitet und für das Leben im Untergrund gestählt.[402] Bedauern äußerte er über den »Verlust des guten Verhältnisses zu meinen Freunden«: »Diese mussten ja sehr enttäuscht über mich sein und das mit Recht. Von der fachlichen Seite her hätte ich besser arbeiten können.«[403]

Es gab aber auch viele, die Philby nicht persönlich kannte und die wegen seiner verräterischen Handlungen Folter und Tod erlitten. Diese Opferliste ist lang: Nachdem er 1947 Stationschef in Istanbul geworden war, endete eine Operation, die der Einschleusung von zwei in London ausgebildeten georgischen Exilanten diente, in einem Desaster. Einer wurde Minuten, nachdem er die Grenze überschritten hatte, erschossen. Der andere verschwand, ohne dass je wieder von ihm ein Lebenszeichen sichtbar wurde. Philby erfuhr später vom Schicksal eines der beiden jungen Männer. »Es war eine unangenehme Geschichte, natürlich. [...] Ich wusste sehr wohl, dass sie gefasst werden würden und dass sie ein tragisches Schicksal erwartete.«[404]

1951 versuchten 43 vom MI6 und der CIA unterstützte albanische Guerillakämpfer per Boot und per Fallschirm in ihre Heimat einzusickern, um das dortige kommunistische Regime zu stürzen. Doch *Operation Valuable* endete in einem Desaster. Innerhalb von Tagen wurden 29 der Kämpfer getötet, 14 gefangen genommen.[405] Philby brüstete sich später damit, dass die Albaner aufgrund seiner Informationen abgefangen worden waren. Sein Gewissen sah er dadurch nicht belastet: »Die Agenten, welche man nach Albanien schickte, waren bewaffnet und bereit, jegliche Diversionsakte und Morde durchzuführen. Dass ich es ermöglichte, diese zu vernichten, darüber mache ich mir keine Gedanken: Sie wussten, auf was sie sich einlassen.«[406] Tatsächlich waren die Hauptfaktoren hinter dem Scheitern

402 Zarew, Costello, Superagent, 245.

403 Kim Philby – Ein Leben als Kundschafter. Übersetzung aus der sowjetischen Wochenendzeitschrift *Sarubjeschow* vom 3.–9. Juni 1988, in: BArch, MfS, BV Halle AGG Sach Nr. 219, hier Bl. 29.

404 Dorrill, MI6, 211 f.

405 Ebenda, 395.

406 Kim Philby – Ein Leben als Kundschafter. Übersetzung aus der sowjetischen Wochenendzeitschrift *Sarubjeschow* vom 3.–9. Juni 1988, in: BArch, MfS, BV Halle AGG Sach Nr. 219, hier Bl. 29.

der Operation die Zerwürfnisse im Lager der albanischen Exilanten und die sich dadurch ergebenden Informations-Leaks. Philby hingegen wusste von den Plänen, hatte aber keinen Zugang zu den operationellen Details.[407] Außerdem ließ Philby seinen Führungsoffizieren eine Liste von katholischen Widerstandskämpfern in Deutschland zukommen, die beim sowjetischen Vormarsch 1945 als antikommunistische Oppositionelle eingestuft und liquidiert wurden. Philby selbst räumte ein, für den Tod einer »erheblichen Zahl von Deutschen« verantwortlich zu sein.[408]

1945 wäre seine Tarnung fast aufgeflogen, weil der sowjetische Agent Konstantin Wolkow in der britischen Botschaft in Istanbul Informationen angeboten hatte. Philby bekam aber das Kabel zu lesen, in dem über den Überläufer nach London berichtet wurde. Er flog persönlich nach Istanbul und übernahm die Aufsicht über den Fall. Seine Warnung an Moskau hatte die Gefahr aber ohnedies gebannt. Ein Team des NKWD entführte Wolkow und dessen Frau kurzerhand und brachte sie außer Landes.[409] In Moskau wurde Wolkow brutal misshandelt und exekutiert. Als sich Philby viele Jahre später um ein letztes Treffen mit Eliott bemühte, schrieb ihm der nur knapp und unmissverständlich zurück: »Leg für mich ein paar Blumen auf das Grab des armen Wolkow.«[410]

Erst in seinen letzten Lebensjahren durfte Philby KGB-Rekruten unterweisen und mithelfen, das sowjetische Eishockeyteam zu motivieren. Öffentlich geehrt wurde er aber erst nach seinem Tod am 11. Mai 1988. So wurde 2018 ein Moskauer Platz in der Nähe des Hauptquartiers des russischen Auslandsgeheimdienstes SWR nach ihm benannt.[411] Der frühere Agent und spätere Schriftsteller David Cornwell, alias John le Carré, nahm Philby das politische Motiv für dessen Verrat nie ab. Für ihn war Philby in Wirklichkeit jemand, der einfach den Betrug genoss. Was vielleicht als ideologische Verpflichtung begonnen hatte, sei zu einer psychologischen Abhängigkeit geworden. Einfach eine Seite zu wählen, sei nicht genug für Philby gewesen. Er selbst wisse aus eigener Erfahrung, welche inneren Konflikte ein

407 Grey, Spymasters, 47.
408 Macintyre, Friends, 87.
409 Walton, Spies, 119f.
410 Macintyre, Friends, 276.
411 Moscow names square after British double agent Kim Philby, in: *The Guardian*, 8.11.2018.

einzelgängerischer Vater in seinem Sohn auslöse, meinte Cornwell, aber es gebe bessere Wege, als die Gesellschaft dafür zu bestrafen.[412]

412 John le Carré, The Pigeon Tunnel, London 2016, 175f. Philby, der erfuhr, dass le Carré eine abschätzige Meinung von ihm hatte, schlug auf seine Weise zurück. Er verlautbarte, die Handlung von le Carrés Romanen sei komplizierter als die Realität des Spionagegeschäfts, Dorril, MI6, 484

Der beste Agentenführer aller Zeiten: Arnold Deutsch

Im Hauptquartier des russischen Auslandsgeheimdiensts SWR gibt es ein spezielles »Gedenkzimmer«. Dort wird an die »großen Illegalen«, die Helden des Dienstes in der Zwischenkriegszeit erinnert – von denen die Mehrzahl ausgerechnet den stalinistischen Säuberungen zum Opfer fiel. Eines der Porträts, die dort an der Wand hängen, zeigt einen jungen, sympathischen Mann mit blondlockigem Haar: Arnold Deutsch. Seine Rolle wurde erst 1990 vom damaligen KGB öffentlich anerkannt, wenngleich wesentliche Teile seiner Biografie nach wie vor unter Verschluss sind.[413] Zwischen April 1934 und November 1937 agierte Deutsch als Schlüsselagent des sowjetischen Geheimdienstes in Großbritannien. Wie bereits erwähnt, gelang ihm die Anwerbung von 20 Quellen (darunter neben den Cambridge Five angeblich auch James Klugmann und der CPGB-Funktionär Percy Glading)[414] und der Kontakt zu insgesamt 29 weiteren, was Deutsch zu einem der erfolgreichsten Agentenführer aller Zeiten macht.[415] Der mit 162 cm klein gewachsene Deutsch machte aufgrund seines stämmigen Körperbaus samt breiter Schultern einen selbstbewussten Eindruck. Er wies einen hellrötlichen Teint auf, ein jugendliches, rundes Gesicht mit breiter Nase und trug Brille, wenn er etwas lesen musste.[416]

Deutsch wurde am 21. Mai 1904 in Wien als Sohn jüdisch-slowakischer Eltern geboren.[417] Sein Vater Genrikh Abramovich Deutsch hatte ab 1916 im Ersten Weltkrieg gedient und verkaufte später Bekleidungswaren und Unterwäsche in einem Verkaufsstand, weil er keinen eigenen Laden besaß. Schon unter dem Austrofaschismus musste er sein Geschäft aufgeben und lebte danach vom Einkommen eines Zinshauses, das er 1931 gekauft hatte. Deutsch Senior war langjähriges Mitglied in der Sozialdemokratischen Partei, der er bis zum Verbot 1934 angehörte. Er war aber auch ein

413 Andrew, Mitrochin, Schwarzbuch, 84.
414 Carter, Blunt, 156f.
415 Andrew, Mitrochin, Schwarzbuch, 86.
416 Duff, Spies, 84.
417 Nach anderen Darstellungen war Deutsch bereits vier Jahre alt, als seine Eltern nach Wien zogen. Jungk, Dunkelkammern, 40.

orthodox-gläubiger Jude, der versuchte, seinen Sohn ähnlich zu prägen. Dieser aber widersetzte sich und ließ sich auch durch Schläge nicht von seinem Atheismus abbringen. Das Zerwürfnis wurde größer, als sich Arnold Deutsch für den Kommunismus begeisterte. 1929 verließ er das Elternhaus, hielt aber die Verbindung der Mutter zuliebe aufrecht.[418]

Von seinem Vater hatte Deutsch auch seine Bildung entfremdet: Er besuchte von 1915 bis 1923 das Realgymnasium in der Kleinen Sperlgasse in Wien-Leopoldstadt. Danach konnte er dank eines Stipendiums von 1923 bis 1928 Physik, Chemie und Philosophie studieren.[419] Bereits zwei Monate nach seinem 25. Geburtstag schloss er mit Auszeichnung ab. Seine Dissertation (1928) trug den Titel: Über Silber- und Quecksilbersalze des Amidobenzothiazols, sowie eine neue Methode zur quantitativen Silberbestimmung. Interessanterweise war jener Prüfer, der für Deutschs Auszeichnung hauptverantwortlich war, Moritz Schlick, der Gründer des »Wiener Kreises«. Der Physiker und Philosoph sollte 1936 im Hauptgebäude der Wiener Universität von einem seiner Studenten ermordet werden.[420]

Als Anhänger der Ideen von Wilhelm Reich schloss sich Deutsch Ende der 1920er-Jahre der *Sexpol* (Sexualität und Politik)-Bewegung an, die den Marxismus mit sexueller Befreiung und dem Aufbrechen repressiver gesellschaftlicher Normen verband. Außerdem ging es darum, Geburtenkontrolle und sexuelle Aufklärung in der Arbeiterschaft zu verbreiten.[421] Im eigenen Münster-Verlag mit Sitz in der Oberen Donaustraße Nr. 29 gab Deutsch Werke von Reich und *Sexpol*-Literatur heraus.[422]

1926 lernte er Edith Suschitzky (später Tudor-Hart) kennen und lieben. Er entschied sich aber für seine Verlobte Josefine (»Fini«) Ruhel (oder Rubel) und heiratete sie am 12. März 1929.[423] Zu diesem Zeitpunkt war Deutsch bereits führendes Mitglied der kommunistischen Jugendorganisation und ab 1924 reguläres KPÖ-Parteimitglied, das bei der Propagandaarbeit mithalf.[424]

418 Nigel West, Oleg Tsarev, The Crownjewels. The British Spies exposed by the KGB Archives, London 1999, 104.
419 Volodarsky, Agent, 478.
420 Andrew, Gordievsky, KGB, 214.
421 Andrew, MI5, 300.
422 Volodarsky, Agent, 478f.
423 Ebenda, 479.
424 Jungk, Dunkelkammer, 40.

Die Bedrohung durch den Faschismus, aber auch der grassierende Antisemitismus hatten Deutsch früh motiviert, aktiv zu werden: Er tauchte in den Untergrund ab und arbeitete ab Ende der 1920er-Jahre für die österreichische *Abteilung für Internationale Verbindungen* (OMS) der Komintern und übernahm Spionage- und Kuriermissionen.[425]

Die klandestine Tätigkeit führte Deutsch bis 1931 aus, ehe er von den Behörden als Komintern-Agent identifiziert wurde. Tatsächlich war der gesamte OMS-Apparat enttarnt worden. Wie bereits erwähnt, hatte die Polizei im November 1931 zugeschlagen und eine illegale Passfälscherwerkstatt, die erst vor Kurzem von Berlin nach Wien transferiert worden war, entdeckt. Der glücklose Wiener OMS-Resident Willi Klose und seine Hauptkomplizen wurden verhaftet und abgeschoben. Deutsch musste sich für zwei Monate verstecken, ehe er 1932 nach Moskau zitiert wurde.[426] Dort traf er seine Frau Josefine wieder. Sie war bereits seit 1931 in Moskau, wo sie an der Komintern-Schule als Funkerin ausgebildet wurde. Von 1934 bis 1936 studierte sie dann an der *Kommunistischen Universität der nationalen Minderheiten des Westens* (KUNMZ), ehe sie sich im Februar 1936 wieder ihrem Mann anschloss, der sich zu diesem Zeitpunkt in London aufhielt.[427]

In Deutschs Personalakte, die sich in einem russischen Geheimdienstarchiv befindet, aber 1987 teilweise deklassifiziert wurde, findet sich ein 1938 verfasster Lebenslauf.[428] Darin heißt es: »Nach meinem Studium an der Universität im Jahr 1928 wurde ich von der KPÖ als Teilnehmer einer österreichischen Arbeiter-Delegation nach Moskau zur Spartakiade geschickt. Nach meiner Rückkehr nach Wien arbeitete ich für ungefähr drei Monate als Chemieingenieur in einer Textilfabrik. Im Dezember 1928 haben mich die Genossen Koplenig und Konrad,[429] zu diesem Zeitpunkt Sekretär der österreichischen kommunistischen Jugendorganisation, für die Arbeit in der Untergrundorganisation der Abteilung für Internationale

425 Ebenda, 58.

426 Duncan Forbes, Edith Tudor-Hart und sowjetische Spionage, Vortrag im Wien-Museum, Oktober 2013, https://www.mcloughlin.at/wp-content/uploads/2018/05/Wien-Museum-Edith-Suschitzky-Vortrag-Oktober-2013.pdf

427 Nigel West, Spies Who Changed History: The Greatest Spies & Agents of the 20th Century, Barnsley 2022, 52.

428 Ebenda, 37.

429 Deckname für Richard Schüller, Sekretär des Kommunistischen Jugendverbandes KJVÖ und ab 1928 Chefredakteur des KPÖ-Zentralorgans *Die Rote Fahne*.

Verbindungen [OMS] der Komintern in Wien empfohlen. Es ging um Untergrund-Verbindungs- und Kurierarbeit. Im Oktober 1931 sind wir wegen schlechter Arbeit einiger Mitglieder unseres Apparats aufgeflogen. Im Jänner 1932 wurde ich nach Moskau berufen. Bis Mai bin ich ohne Arbeit geblieben. Dann wurde ich auf einen vorübergehenden Einsatz nach Griechenland, Palästina und Syrien geschickt. Im August dieses Jahres kehrte ich nach Moskau zurück und mir wurde gesagt, dass ich entlassen worden sei und nun in einer Fabrik arbeiten würde.«[430]

Deutschs Karriereweg im sowjetischen Geheimdienst verlief also holprig. Er war mit dem OMS-Leiter, Alexander Abramow, zusammengestoßen, weil er Klose stark kritisiert und diesem »einen antiparteilichen und bürokratischen Geist« vorgeworfen hatte. Das gefiel Abramow nicht. Er zwang Deutsch im Mai 1932 zu folgendem Schuldeingeständnis: »Ich, Unterzeichneter, gestehe, dass ich meiner Frau gegenüber in Briefen über die Tätigkeit des OMS-Apparats in Wien, über die Genossen, die dort gearbeitet haben und über mich persönlich mitgeteilt habe. Ich anerkenne, dass ich, als ich dies tat, die mir bekannten Prinzipien der Konspiration verletzt habe. Trotzdem die Briefe in verschleierter Form geschrieben waren, bestand die Möglichkeit, dass sie, wenn sie in die Hände der Polizei fielen, gewisses Material liefern können. Ich verpflichte mich, dass ich mich in Zukunft weder schriftlich noch mündlich über den Charakter meiner Arbeit und die mir gestellten Aufgaben äußern werde. Ich weiß, dass ich Gespräche über dieses Thema nur mit den Genossen führen darf, die mich mit dieser Arbeit beauftragt haben. Falls ich irgendeine Anweisung meines unmittelbaren Leiters nicht für richtig halte, kann ich dagegen nur bei den höherstehenden Genossen Einspruch erheben. Keinesfalls darf ich darüber mit den mit mir arbeitenden Genossen sprechen.« Deutsch unternahm noch eine Mission für die OMS nach Syrien und kehrte von dort im August 1932 typhuskrank zurück. Damit nicht genug, wurde er von Abramow entlassen.[431]

In dieser verfahrenen Situation kam Deutsch ein anderer österreichischer Emigrant zu Hilfe, der bei beim sowjetischen Geheimdienst OGPU

430 West Spies, 49f.

431 McLoughlin, Geheimapparate, 384.

tätig war: Der ebenfalls bereits erwähnte Leiter der Passfälschungswerkstätte, Georg Killich.[432] Auf Basis der Empfehlungen Killichs und eines weiteren sowjetischen Funktionärs erhielt Deutsch die Möglichkeit, zur INO, der Auslandsabteilung der OGPU zu wechseln. Er wurde ziviler Angestellter des Geheimdiensts[433] und gehörte dort zur »speziellen Reserve«, weil er nie angesucht hatte, die sowjetische Staatsbürgerschaft zu erhalten.[434]

Im Jänner 1933 schickte man Deutsch auf seine erste Mission nach Paris, um dort dem illegalen Residenten Fjodor Karin zu assistieren.[435] Deutsch führte verschiedene Aufgaben durch, die ihn nach Frankreich, Holland und Belgien führten. Unter anderem ging es darum, Funkgeräte für den Kriegsfall in Fischerbooten zu installieren.[436] Während dieser Zeit rekrutierte er auch zwei junge Frauen für die OGPU. Am 31. Jänner 1934 informierte Deutsch die österreichischen Behörden, dass er ins Ausland gehen werde.[437]

Im April 1934 wurden in seinem Münster-Verlag 135 Exemplare des Buchs *Geschlechtsreife, Enthaltsamkeit, Ehemoral* von Wilhelm Reich beschlagnahmt.[438] Anschließend entzogen die Behörden Deutsch die Gewerbeberechtigung, weil er »kommunistische Propagandaliteratur« verbreitet habe.[439] Deutsch, der zuletzt in der Freyung Nr. 1, III. Stiege I/19 wohnte, war für die österreichischen Behörden »unbekannten Aufenthaltes« verzogen. Auch der Geschäftsführer des Münster-Verlages war »flüchtig«.[440]

Deutsch befand sich zu diesem Zeitpunkt längst in Großbritannien. Sein Aufenthalt gliederte sich in mehrere Phasen: Von 4. April 1934 bis 19. Juli 1935, danach von 23. November 1935 bis zu einem unbekannten Datum im Jahre 1936 und schließlich von 30. Juni 1936 bis zum 12. September 1937 (zuzüglich eines Kurzaufenthalts von 3. bis 10. November 1937). Nach seiner Ankunft wohnte er zunächst in der Nr. 5 Kensington Gardens Square.

432 Duncan Forbes, Edith Tudor-Hart und sowjetische Spionage, Vortrag im Wien-Museum, Oktober 2013, https://www.mcloughlin.at/wp-content/uploads/2018/05/Wien-Museum-Edith-Suschitzky-Vortrag-Oktober-2013.pdf

433 Voldarsky, Agent, 477.

434 Duff, Spies, 83.

435 Voldarsky, Agent, 477.

436 West, Spies, 51.

437 Volodarsky, Agent, 82.

438 Bundes-Polizeidirektion in Wien, 27.4.1934, in: DÖW, 5485.

439 Bescheid, 16.6.1934, in: ÖStA/AdR, BKA-Inneres 22/Wien, 192.829/1934.

440 Bundes-Polizeidirektion in Wien, 27.4.1934, in: DÖW, 5485.

Dann zog er am 1. Jänner 1936 in die Nr. 7 in den Lawn Road Flats. Wenige Wochen später, am 13. Februar 1936, kam seine Frau aus Moskau nach Großbritannien. Am 21. Mai 1936 wurde die gemeinsame Tochter Ninette Elisabeth geboren.[441]

Die modernistischen *Lawn Road Flats*, besser bekannt als Isokon-Gebäude, waren zwischen 1929 und 1932 errichtet und am 9. Juli 1934 eröffnet worden. Nicht nur wegen Deutsch wird der Wohnkomplex seither mit Spionage in Zusammenhang gebracht. Laut Recherchen von David Burke lebten zwischen 1934 und 1946 sieben sowjetische Agenten in den Wohnungen, während weitere 25 Unteragenten mit dem Isokon-Gebäude und der Lawn Road in Verbindung standen. Aber nicht nur die Spionage-Dichte war hoch: Unter den Mietern waren Schriftstellerinnen und Schriftsteller wie Agatha Christie (zwischen 1941 und 1947), Nicholas Monsarrat und Adrian Stokes, der Künstler Henry Moore sowie der Architekt und Gründer des Bauhauses, Walter Gropius.[442]

1936 zog Deutsch in die Lawn Road Flats, besser bekannt als Isokon-Building, in Belsize Park

441 Note for File, Arnold Deutsch, 7. 7. 1965, in: TNA, KV2/4428, 44.

442 David Burke, The Lawn Road Flats: Spies, Writers and Artists, Woodbridge 2019, 2ff.

Die Wohnhausanlage war damals die erste in England mit außen liegenden, balkonartigen Hausfluren. Während die Wohnungstüren in der Regel von der Straße aus eingesehen werden konnten, war die Tür von Deutsch von einem Treppenschacht verdeckt, wodurch er und seine Besucher unbeobachtet aus- und eingehen konnten.[443] Die Wohnung selbst stellte ein möbliertes Einraum-Appartement im Erdgeschoß dar, für eine monatliche Miete von 4 Pfund und 4 Schilling. Nur zwei Türen weiter lebte eine andere sowjetische Agentin: Brigitte Kuczynski, eine deutsche Jüdin, die 1934 eingezogen war. Sie arbeitete für den militärischen Geheimdienst. Daher ist es möglich, dass sie und Deutsch nichts voneinander wussten.[444]

Dafür kannte Deutsch einen jungen irischen Kommunisten, der mit seiner aus Deutschland geflüchteten Freundin seit November 1935 gegenüber vom Isokon-Gebäude in der Lawn Road Nr. 9 wohnte: Brian Goold-Verschoyle hatte sich wenige Monate vorher einen Traum erfüllt und war mit einem Touristen-Visum nach Moskau gereist. Man setzte ihn als Kurier ein. Einmal soll Goold-Verschoyle bestürzt darüber gewesen sein, dass eines der Pakete, das er transportierte, geheime Dokumente des britischen Außenministeriums enthielt. 1937 wurde Goold-Verschoyle als Funker nach Spanien geschickt. Den Idealisten stießen die Methoden der sowjetischen Geheimdienste aber rasch ab. Als Trotzkist verdächtigt, soll Goold-Verschoyle auf ein Schiff gelockt und in die Sowjetunion verschleppt worden sein, wo er in einen Moskauer Kerker geworfen wurde. Angeblich wurde er am 12. April 1937 per Genickschuss hingerichtet.[445] Zwei Jahre später bat das britische Außenministerium die britische Botschaft in Moskau, sich nach Goold-Verscholye zu erkundigen. Diese winkte gleich ab. Das Ansinnen wäre nicht nur sinnlos, sondern würde die damals gerade angelaufenen Verhandlungen zwischen der UdSSR und Großbritannien belasten.[446]

Als eine der ersten Handlungen warb Deutsch seine frühere Geliebte und nunmehrige Edith Tudor-Hart für die Sowjets an. Er hatte sie bereits kurz nach ihrer Ankunft in Großbritannien 1933 wiedergetroffen und gab

443 Andrew, Mitrochin, Schwarzbuch, 86.

444 Burke, Flats, 83.

445 David Burke, The Spy Who Came in from the Co-op, Woodbridge 2008, 82.

446 Brian Goold-Verschoyle, in: TNA, KV2/817, 32a.

ihr nun den wenig ausgefallenen Codenamen EDITH[447] (dem sowjetischen Geheimdienstoffizier Igor Damaskin zufolge lautete Ediths Deckname STRELA.[448] Anderen Darstellungen zufolge bezog sich dieser Codename sowohl auf Edith als auch auf ihren Ehemann Alexander Tudor-Hart[449]). Der Moskauer Zentrale gegenüber rechtfertigte Deutsch diesen Schritt so: »Ich kenne sie aus Wien seit 1926. Sie ist ungefähr 30. Sie ist mit einem englischen Doktor verheiratet. Ich habe sie kurz nach meiner Ankunft in Großbritannien getroffen. Sie hat sofort eingewilligt, für uns zu arbeiten.«[450] Schon vorher in Wien hatte Deutsch Edith seinem damaligen Führungsoffizier vorgestellt. Es war der legale OGPU-Resident Igor Lebedinsky,[451] der angeblich zu Philby 1934 Kontakt hielt.[452]

Der Spionagealltag gestaltete sich dank der rigiden Sicherheitsvorschriften mühsam. Bevor sich Deutsch zu einem Treffen begab, das meistens in London stattfand, fuhr er mit dem Auto aus der Stadt hinaus und achtete darauf, nicht beschattet zu werden: »Hatte er sich überzeugt, dass ihm niemand folgte, fuhr er, mehrmals umsteigend, mit öffentlichen Verkehrsmitteln nach London zurück. Auf Reisen versteckte er Filme mit fotografierten Geheimdokumenten in Haarbürsten, Reiseutensilien und Haushaltsgeräten, und Berichte an die Zentrale wurden mit Geheimtinte geschrieben und an eine Adresse in Kopenhagen geschickt, um von dort aus nach Moskau weitergeleitet zu werden.«[453]

Was Deutsch generell so erfolgreich beim Aufspüren von Quellen machte, war eine spezielle Methode, die seinen psychologischen Kenntnissen zu verdanken war. Er setzte konsequent auf den menschlichen Faktor, was auch seinem Naturell entsprach. Das bedeutete einen Verzicht auf Druck und Erpressung. Stattdessen arbeitete Deutsch mit viel Einfühlungsvermögen und ließ seine Persönlichkeit und ideologische Überzeugung auf die Zielpersonen wirken.[454] Dabei handelte es sich in erster Linie um Ab-

447 Costello, Tsarev, Illusions, 134.
448 Damaskin, Eliott, Spy, 150.
449 Andrew, Mitrochin, Schwarzbuch, 87.
450 Costello, Tsarev, Illusions, 134.
451 Voldoarsky, Agent, 82.
452 Cookridge, Man, 34.
453 Andrew, Mitrochin, Schwarzbuch, 93f.
454 Damaskin, Eliott, Spy, 145f.

solventen von Eliteschmieden, die für kommunistische Ideale brannten. Diese sollten sich dann keineswegs der kommunistischen Partei anschließen, sondern das britische Establishment langfristig unterwandern. Der Moskauer Zentrale gegenüber fasste Deutsch diese Strategie so zusammen: »Aus der Tatsache, dass die kommunistische Bewegung an diesen Universitäten eine Massenerscheinung darstellt und sich ihr ständig Studenten zuwenden, folgt, dass einzelne Kommunisten, die wir aus der Partei herausgreifen, sowohl in der Partei als auch in der Außenwelt unbemerkt bleiben werden. Die Menschen vergessen sie. Und wenn sie sich eines Tages daran erinnern, dass sie einst Kommunisten gewesen sind, wird man es als vorübergehende Jugendsünde abtun, zumal die Betreffenden Sprösslinge der Bourgeoise sind. Es ist an uns, dem einzelnen [Angeworbenen] eine neue [nichtkommunistische] politische Persönlichkeit zu geben.«[455]

In einer eigenen Studie analysierte Deutsch die Punkte, die gerade junge Menschen aus der Upper Class Großbritanniens für eine Rekrutierung so empfänglich machten – von den tradierten Rollenbildern bis hin zur Ausbildung in Internaten und der damit gestörten Bindung an die Eltern. Das führte dazu, dass die Sprösslinge zum Teil Abneigung gegen ihre eigene Klasse empfanden, eine Vorliebe fürs Geheime zeigten, sich nach Zugehörigkeit sehnten und ein großes Bedürfnis nach Lob und Bestätigung hegten. Das waren perfekte Ansatzpunkte für einen gewieften Agenten, um eine Beziehung zu einer möglichen Quelle herzustellen.[456]

Philby fiel genau in das Beuteschema von Deutsch. Wie viele Angehörige seiner Generation litt er unter autoritärer Erziehung und einem überkritischen Vater. Der dadurch unsicher gewordene Philby benötigte laut einem von Deutschs ersten Berichten an die Moskauer Zentrale »ständige Ermunterungen«: »SÖHNCHEN stammt aus einer sonderbaren Familie. Sein Vater, ein Berater von König Ibn Saud, gilt gegenwärtig als der angesehenste Experte für die arabische Welt. […] Er ist ein ehrgeiziger Tyrann und wollte aus seinem Sohn einen bedeutenden Mann machen. Er hat all seine Bedürfnisse unterdrückt. Deshalb ist SÖHNCHEN eine sehr schüchterne und unentschlossene Persönlichkeit. Er stottert ein

455 Andrew, Mitrochin, Schwarzbuch, 86.
456 Duff, Spies, 84.

wenig, und das vergrößert seine Unsicherheit. [...] Jedenfalls geht er mit unserem Geld sehr vorsichtig um. Er genießt große Sympathien und Respekt wegen seiner Seriosität und Ehrlichkeit. Er war vorbehaltlos bereit, alles für uns zu tun, und hat in der Arbeit für uns alle Ernsthaftigkeit und allen Fleiß gezeigt.«[457] Außerdem wirke Philby ernst – so ernst, dass man vergesse, dass er erst 25 Jahre alt sei. Dafür sei er von Natur aus sanft und liebenswürdig, trotz mancher Stimmungsschwankungen. Er habe die marxistischen Lehren fleißig studiert, auch wenn er immer behaupte, dass er wenig wisse.[458]

Deutsch begegnete Philby ganz natürlich auf Augenhöhe, lobte und bestärkte ihn – freilich stets mit dem Hintergedanken, den jungen Mann auf diese Weise im Sinne des sowjetischen Geheimdiensts zu manipulieren. Das gelang. Philby schwärmte noch viele Jahrzehnte später von diesem »erstaunlichen« Agenten, den er nur unter dem Decknamen »Otto« kannte: »Er war ein fabelhafter Mann. Einfach fabelhaft. Das habe ich gleich gespürt. Und [dieses Gefühl] hat mich nie verlassen. [...] Das Erste, was mir an ihm auffiel, waren seine Augen. Er sah dich an, als gäbe es im Moment nichts Wichtigeres im Leben als dich und das Gespräch mit dir. [...] Und er hatte einen wundervollen Sinn für Humor.«[459] Diese sehr positive Sichtweise teilten auch die anderen Cambridge Five. Von Blunt ist überliefert, dass er Deutsch und die anderen europäischen Führungsoffiziere wie Maly als »Künstler« schätzte. Aber vor allem Deutsch habe vorgeführt, dass man gleichzeitig ein »Intellektueller und ein Straßenkämpfer« sein konnte, so Blunts Biografin Miranda Carter.[460]

Einen Kontrast bildete Deutschs zeitweiser Vorgesetzter, der illegale Resident Alexander Orlow. Dieser Mann, den Philby als »Big Bill« kannte und zehn- oder zwölfmal traf, wirkte wie der Prototyp eines sowjetischen Geheimdienstmanns: »Was mich anbetrifft, so hatte ich das sichere Gefühl, dass er der wahre Chef dieser ganzen Sache aus Moskau war, und ich verehrte ihn wie einen Helden. Nicht, dass ich vor Otto [Deutsch] oder Theo [Maly] weniger Respekt gehabt hätte, aber das war endlich mal

457 Andrew, MI5, 202.
458 Borovik, Files, 55.
459 Andrew, Mitrochin, Schwarzbuch, 88.
460 Carter, Blunt, 180.

ein echter Russe aus der Sowjetunion. Anders ausgedrückt hielt ich Theo und Otto zwar für gute Kommunisten, aber Orlow war eben ein richtiger Bolschewik.«[461]

Der Zugang zu den prokommunistischen Studentenkreisen wurde Deutsch dadurch erleichtert, dass er in Großbritannien unter seinem richtigen Namen samt akademischen Meriten lebte. Bei seiner Einreise im Juni 1936 hatte Deutsch angegeben, an der *University of London* Psychologie zu studieren. Das tat er zwischen Oktober 1934 und Januar 1936, freilich ohne den Abschluss je zu machen. Der Name seines akademischen Betreuers nach der Graduierung ist nicht mehr feststellbar. Aber spätere Nachforschungen des MI5 deuteten darauf hin, dass Deutsch Professor Cyril Burt als Referenz benutzt haben könnte. Das war der wegen mutmaßlicher Fälschungen in seinen Arbeiten umstrittene Leiter der psychologischen Fakultät.[462]

In Moskau hatte Deutsch unter dem Decknamen »Stefan Lang« (oder »Stefan Lange«) gelebt. In London dagegen wohnte er unter seinem richtigen Namen und er benutzte seinen echten österreichischen Pass. So konnte er auf die Hilfe eines schwerreichen Verwandten zurückgreifen.[463] Im Oktober 1936 stellte sein Cousin Oscar Deutsch, ein in Birmingham ansässiger Millionär und Besitzer der *Odeon*-Kinokette beim Innenministerium das Ansuchen, Deutsch als »industriellen Psychologen« anzustellen.[464] Zehn Monate lang arbeitete Deutsch für seinen Cousin in der Werbeabteilung und verdiente ein Monatsgehalt von 20.000 Pfund Sterling, die er laut eigener Aussage pflichtbewusst an die OGPU weiterleitete. Aber nachdem er nach Großbritannien auf Basis eines Studentenvisums gekommen war, stellte sich die Frage einer Arbeitserlaubnis.[465] Oscar Deutsch soll angeblich von den Forschungen seines Cousins so beeindruckt gewesen sein, dass er ihn eine psychologische Abteilung in dem Kino-Unternehmen aufbauen lassen wollte. Das wurde vom Innenministerium aber verweigert – in erster Linie, weil nicht versucht worden war, einen ebenso geeigneten britischen Staatsbürger für diesen Posten zu finden.[466] Hinter den Kulissen wurde

461 Zarew, Costello, Superagent, 232.
462 Andrew, MI5, 200.
463 Voldoarsky, Agent, 481.
464 Secret, 12.5.1947, in: TNA, KV 2/4428, 22a.
465 West, Spys, 51f.
466 Extract, in: TNA, KV 2/4428, 3a.

hinterfragt, was genau ein »industrieller Psychologe« in einer Kinokette tun sollte und ob es hier in Wirklichkeit nicht darum ging, eine Tarnung für Spionage aufzubauen. Oscar Deutsch stand bis zu seinem Tod 1941 unter Verdacht, weil er einer Reihe von verdächtigten Spionen als Referenz gedient hatte.[467]

Ungeachtet seines sprichwörtlichen Wiener Charmes eckte Deutsch im strikt hierarchischen sowjetischen Geheimdienst oft an. Viele seiner KollegInnen betrachteten den studierten Chemiker nicht mehr als eine technische Hilfskraft, die sich aufdringlich in den Vordergrund drängte. Deutsch wiederum sah sich unter seinem Wert verkauft und litt offenbar darunter, dass man ihn nicht mit dem Respekt behandelte, der ihm seiner Meinung nach zustand. Von Walter Krivitski, der selbst eine stolze Persönlichkeit war, ist überliefert, dass er Deutsch »anmaßend« fand. Deutschs zeitweiser direkter Vorgesetzter Theodore Maly wiederum beurteilte ihn als »schwierig«.[468] Aber letztlich gaben Deutsch seine Erfolge recht. Malys Vorgänger Ignaz Reif (nicht zu verwechseln mit Ignaz Reiss) war es, der Deutschs Rekrutierung von Philby absegnete, nachdem die ursprüngliche Meldung in unsichtbarer Tinte an die Zentrale sich als unleserlich herausgestellt hatte. Als er keine Antwort erhielt, entschied Reif auf eigenes Risiko, Philby fix anzuwerben.[469]

Im Monatsbericht vom Juni 1934 meldete Reif Moskau Vollzug: »Philby wird in Zukunft SYNOK [Söhnchen] heißen. Über EDITH [Edith Tudor-Hart], die Ihnen bekannt ist und eine Zeitlang für SIGMUND in Wien gearbeitet hat, haben wir herausgefunden, dass das frühere österreichische Parteimitglied, das EDITH durch unsere ehemaligen Wiener Genossen empfohlen worden war [Litzi Friedmann], zusammen mit seinem Ehemann, einem Engländer, von Wien kommend in Großbritannien eingetroffen ist. Auch der Ehemann ist Arnold bekannt. Edith hat sie überprüft und von ihren Wiener Freunden nur das Beste über sie erfahren. Daraufhin habe ich beschlossen, den Mann unverzüglich anzuwerben – wenn auch nicht sofort für ›die Organisation‹ [INO-OGPU], denn dafür wäre es noch zu früh,

467 Claire Ellicot, MI5 thought the Odeon cinema chain was a front for Russian spies, reveals newly classified National Archives file from 1940, in: *The Daily Mail*, 24.9.2019.

468 Haslam, Neighbours, 71.

469 Damaskin, Eliott, Spy, 146.

sondern zunächst für die antifaschistische Arbeit. Gemeinsam mit Arnold und Edith habe ich einen Plan ausgearbeitet, demzufolge Arnold SÖHNCHEN treffen sollte, bevor SÖHNCHEN in die Wohnung seines Vaters zog. Arnolds Treffen mit SÖHNCHEN fand unter Einhaltung strengster Sicherheitsvorkehrungen statt. Das Ergebnis: Er ist uneingeschränkt bereit, mit uns zusammenzuarbeiten.«[470]

Im Jänner 1935 wurde Reif ins britische Innenministerium vorgeladen, wo man ihm eine Frist von drei Monaten gab, um das Land zu verlassen.[471] Schon davor hatte Orlow zwischenzeitlich die illegale Residentur geführt. Nun wurde er Reifs Nachfolger und blieb selbst bis Oktober 1935 auf dem Posten.[472] Im Unterschied zu anderen schätzte Orlow Deutsch. Am 8. September 1935 schrieb er nach Moskau: »Stefan ist ein sehr ernsthafter Arbeiter und ein ergebener Kommunist. Er ist sehr wertvoll für unsere Arbeit. Er hat bereits viel erreicht und wenn man ihn richtig führt, kann er von großem Nutzen sein. Er verdient, dass unsere Organisation für seine Arbeit Anerkennung zollt, und zwar in solcher Weise, dass es seinen Eifer verzehnfacht und ihm klarmacht, dass er für das Zentrum nicht einfach ein unbekannter technischer Assistent ist. Ich bin daher der Ansicht, dass ihm unsere Abteilung ein Diplom, einen Revolver, eine Uhr oder so etwas verleihen sollte, es wäre nur gerecht und sehr hilfreich für unsere Arbeit. Stefan lässt einen nie im Stich und das Vertrauen in ihn ist voll gerechtfertigt.«[473]

Im Juli 1936 wurde Orlow als NKWD-Verbindungsmann nach Madrid entsandt. In London übernahm Maly die Funktion des illegalen Residenten. Er hieß eigentlich Tivadar Mály und war 1894 im damals ungarischen Temesvár in eine Beamtenfamilie geboren worden.[474] Der knapp über 193 cm große Maly, den man auch »Der Lange« nannte, war eine imposante Erscheinung. Unter seinem großen Schnurrbart schienen zwei Goldzähne durch.[475] Im Ersten Weltkrieg hatte er als Kaplan in der k. u. k-Armee gedient und geriet 1916 in russische Kriegsgefangenschaft. Das Trauma des Krieges hinterließ tiefe Spuren in Maly und motivierte ihn

470 Zarew, Costello, Superagent, 213.
471 West, Illegals, 112.
472 Andrew, Mitrochin, Schwarzbuch, 90.
473 West, Tsarev, Crownjewels, 108.
474 Ebenda, 113f.
475 Walton, Spies, 48.

zum Seitenwechsel: »Ich habe alle Grausamkeiten gesehen, junge Männer mit erfrorenen Gliedmaßen, die in den Schützengräben starben. [...] Ich verlor den Glauben an Gott, und als die Revolution ausbrach, schloss ich mich den Bolschewiken an. Ich brach jede Verbindung zu meiner Vergangenheit ab.«[476] Doch auch als Freiwilliger in der Roten Armee im russischen Bürgerkrieg und ab 1921 bei der damaligen *Tscheka* wurde er Zeuge von Gräueltaten und war selbst in Verbrechen verstrickt.[477]

Deswegen plagten Maly zeitlebens Gewissensbisse und der Wunsch nach Reue, den er nach Alkoholkonsum auch gegenüber Kollegen offen äußerte. Also verdonnerte ihn die Moskauer Zentrale zur Ehe mit einem russischen Mädchen, die sich um Maly umsah, ihn aber auch gleichzeitig überwachte.[478] Malys Charisma und seine Ergebenheit gegenüber den kommunistischen Idealen überstrahlten die grüblerischen Anwandlungen und Depressionen. Seine Verletzlichkeit verstärkte die Bindung seiner Untergebenen an ihn sogar noch. Selbst sein Vorgänger als Resident, Orlow, sprach später bewundernd von dem »starken, männlichen Gesicht und den großen, fast kindlichen, blauen Augen« Malys.[479]

Maly hatte zunächst 1933 in Paris residiert, ehe er sich 1935 unter dem Namen »Paul Hardt« in Großbritannien einrichtete. Für die Einreise benutzte er einen österreichischen Pass, der in Neusiedl am See am 25. Jänner 1935 ausgestellt worden war. Dem Dokument zufolge war er als Paul Hardt am 21. Jänner 1894 im damaligen Ödenburg (Sopron) auf die Welt gekommen. Maly sollte bis Juni 1937 in London bleiben, getarnt als Repräsentant einer Amsterdamer Textilfirma namens »Gada«,[480] die Lumpen nach Polen exportierte.[481]

Unter seiner Ägide wurden zahlreiche Spionageaktivitäten abgewickelt. Ein erster aufsehenerregender Fall betraf John Herbert King, einen für Verschlüsselung zuständigen Beamten, der zwischen 1935 und 1937 die Kommunikation des Außenministeriums weitergab. Schon 1934 war Percy

476 Andrew, Mitrochin, Schwarzbuch, 95.

477 West, Tsarev, Crown Jewels, 114.

478 Andrew, Gordievsky, KGB, 229f.

479 Ebenda, 211.

480 Theodore Maley, in: TNA, KV 2/1009, 73a.

481 History of Bank of England notes paid into the account of John Herbert King at Lyod's Bank Ltd., Borad Street Place, W.C., in: TNA, KV 2/1009.

Glading als Spion angeworben worden. Er war nicht nur einer der Mitbegründer der Kommunistschen Partei Großbritanniens (CPGB), sondern auch Ingenieur im *Royal Arsenal* in Woolwich, einer Entwicklungs- und Produktionsstätte für Waffen und Sprengstoff. In einem *safe house* am Holland Park fotografierte Glading Pläne, Blaupausen und anderes vertrauliches Material ab, bis er 1938 festgenommen wurde. Zuvor hatte der MI5 eine Agentin namens Olga Gray in Gladings Zirkel eingeschleust.

Im Juni 1937 herrschte kurzfristig Alarmstimmung. Nach Darstellung seines Kollegen Krivitski erschien Deutsch aufgelöst und meldete, dass eine ebenfalls für OGPU arbeitende Bekannte von ihm ihr Tagebuch verloren hatte. Es wurde befürchtet, dass die gesamte Organisation dadurch kompromittiert worden sei.[482] Krivitski wollte sich nicht mehr daran erinnern, wer diese Frau war – außer, dass ihr Haar immer ungepflegt war und sie schnell aufgeregt und nervös wurde. Der MI5 vermutete zu Recht, dass diese Beschreibung auf Tudor-Hart passte.[483] Zu dem vermissten Tagebuch gehörte eine Mappe mit einer Liste von Deutschs Ausgaben – darunter die Zahlungen an seine Quellen. Er hatte sie Tudor-Hart zur sicheren Aufbewahrung anvertraut.[484] Nach drei Wochen tauchte beides wieder auf. Die Dokumente waren zwischen die Couchpolster in Tudor-Harts Wohnung gerutscht, an eine Stelle, wo sie bereits mehrmals gesucht hatte. Gleichwohl verbreitete sich Panik, die zur Folge hatte, dass Deutsch von der Moskauer Zentrale vorübergehend nach Paris beordert wurde.[485]

Der Vorfall war offenbar Anlass für eine Einschätzung von Tudor-Hart, die Deutsch für die Zentrale vornahm: »Sie ist bescheiden, fleißig und mutig, Sie ist bereit, alles für uns zu tun, nur leider ist sie manchmal nicht vorsichtig genug. Das mag damit zusammenhängen, dass sie zunächst ganz legale Parteiarbeit geleistet hat. Sie mutet sich sehr viele Aufgaben gleichzeitig zu. In Geldangelegenheiten ist sie extrem ehrlich (und enorm sparsam). Man muss sehr vorsichtig sein, wenn man ein Treffen mit ihr vereinbart, denn sie ist eine der bekanntesten Kinderfotografinnen Englands. Wir müssen darauf achten, dass sie noch gewissenhafter und noch vorsichtiger

482 Note for Files: Arnold Deutsch, 7. 7. 1965, in: TNA, KV 2/2228, 44.

483 Extract from list of Soviet secret agents, in: TNA, KV 2/2228, 2B.

484 Burke, Flats, 103.

485 Jungk, Dunkelkammern, 123.

wird. […] Ihre gelegentliche Unvorsichtigkeit könnte aber auch mit ihrer enormen Kurzsichtigkeit zusammenhängen.«[486] Vielleicht war aber das alles nur ein Ablenkungsmanöver von eigenen Fehlern. Deutschs Witwe wurde nach 1945 in Wien von einem Offizier des MI5 zu dem Vorkommnis befragt. Der Historiker Christopher Andrew, der dieses Dokument einsehen konnte, schreibt dazu, Josefine Deutsch hätte berichtet, »dass ihr Ehemann einmal ein Notizbuch mit Adressen darin verloren habe. Er war deswegen besorgt und glaubte, er habe es in einem Taxi vergessen.«[487]

Deutschs Zeit in Großbritannien war abgelaufen. Am 2. September 1937 wurde er auf Veranlassung durch das britische Innenministerium von der Polizei einvernommen. Sein Visum wurde nicht weiter verlängert. Deutsch gab an, dass er das Land mit Frau und Kind Mitte September 1937 verlassen werde und nicht beabsichtige, zurückzukehren. Nach der Abreise am 12. September 1937 kehrte er aber noch einmal – zwischen 2. und 10. November 1937 – nach London zurück und wohnte in einem Hotel in der Cromwell Road. Am 10. November 1937 verließ er das Land per Fähre von Folkestone aus.[488] Der risikoreiche Kuraufenthalt hatte dem Zweck gedient, das mühsam aufgebaute Agentennetzwerk »einzumotten«, weil die INO längst in den Strudel der stalinistischen Säuberungen geraten war. Zu Deutschs Frustration fühlte sich nun niemand mehr für die Cambridge Five und die anderen Quellen zuständig. Er appellierte daher an den stellvertretenden INO-Chef Sergei Spiegelglas: »Sie sind alle jung und haben keine wirkliche Erfahrung in unserem Arbeitsgebiet. Für sie ist der Kontakt zu höherrangigen Genossen sehr wichtig, um ihnen Hoffnung und Sicherheit zu geben. Viele zählen darauf, Geld von uns zu erhalten, dass sie zum Leben brauchen. […] Ohne Nachricht von uns müssen sie Desillusionierung erfahren. Sie arbeiten alle aus Überzeugung und Begeisterung; der Gedanke wird aufkeimen, dass man sie nicht mehr länger braucht.« Aber Deutsch kam damit nicht durch, während rund um ihn seine Kollegen verhaftet und exekutiert wurden.[489]

Die Sowjetunion war in den Jahren 1936–1938 vom »Großen Terror« erfasst worden, der sich zunächst gegen die Kader und Eliten richtete und

486 Ebenda, 122.
487 Andrew, MI5, 219.
488 Note for Files: Arnold Deutsch, 7.7.1965, in: TNA, KV 2/2228, 44.
489 Haslam, Neighbors, 80.

danach die Führung der Roten Armee sowie ab 1937 allmählich den NKWD erreichte. Die im Ausland dienenden Geheimdienstoffiziere, viele davon Nicht-Russen, wurden verdächtigt, sich mit dem 1929 aus der Sowjetunion verbannten Leo Trotzki gegen Stalin verschworen zu haben. Diese Paranoia sollte den Apparat zutiefst zerrütten und für Folter wie Tod der meisten Angehörigen des Dienstes sorgen.

Unter jenen, die nach Moskau zurückberufen und dort erschossen wurden, befand sich auch Theodore Maly. Als ehemaliger Geistlicher war der Verdacht auf ihn gefallen, Teil der imaginären »trotzkistischen-westlichen Verschwörung« zu sein. 1937 erhielt Maly die Order, zurückzukehren, und akzeptierte diese in fatalistisch-befehlstreuer Weise. Er soll gesagt haben: »Sie werden mich dort töten und sie werden mich hier töten. Besser dort zu sterben.«[490] Am 20. September 1938 wurde er zum Tode verurteilt und in einem Keller in der NKWD-Zentrale mit zwei Schüssen von hinten hingerichtet.[491] Die britischen Behörden blieben lange im Unklaren, was aus »Paul Hardt« (Maly) geworden war. Im Februar 1936 hatte dieser noch ein Konto bei der *Midland Bank* am Russell Square eröffnet, wo er auch eine Wohnung gemietet hatte. Bei der Gelegenheit hatte Maly dem Vermieter erzählt, er wäre ein reicher Landbesitzer in Österreich. Zwischen Februar 1936 und Juni 1937 wurden 4700 Pfund einbezahlt. Als er Großbritannien verließ, verblieben noch 1931 Pfund. Am 27. Februar 1938 wurde die Summe mittels zweier von Maly mit seinem Decknamen Hardt unterschriebenen und in Paris eingelösten Schecks an die *Moscow Narodny Bank* transferiert.[492]

In seiner Wohnung fand sich viel Korrespondenz, darunter Rechnungen und Rundschreiben. Es stellte sich heraus, dass Maly die Gesamtausgabe der *Encyclopædia Britannica* gekauft hatte. Einen so »schwerfälligen Kauf« würde Maly nicht mitnehmen, wenn er vorhabe, nur einen oder zwei Monate weg zu sein, schloss der MI5. Jeder, der mit Maly zu tun hatte, sei von seinem gentlemanhaften Auftreten und Manieren beeindruckt gewesen: »Er sprach gutes Englisch und war sehr großzügig bei Trinkgeldern.« Im September 1937 erhielten die Makler von Hardts Wohnung einen von ihm

490 Andrew, Gordievsky, KGB, 235.
491 Duff, Spies, 183f.
492 Memorandum by Mrs. Archer, 23.10.1939, in: TNA, KV 2/1008, 58a.

unterschriebenen, maschinengeschriebenen Brief. Darin gab er an, vorgehabt zu haben, im August 1937 nach London zurückzukehren, doch nun müsse er sich einer Operation unterziehen und befinde sich deswegen in einem Pflegeheim in Wien. Weil der Briefschreiber mit »Kindergarten« (nursery) die falsche Vokabel für »Pflegeheim« (nursery home) benutzt hatte, wurde geschlossen, dass hier eine falsche Fährte gelegt werden sollte. Jemand mit so guten Englischkenntnissen wie Maly würde kaum einen solchen Fehler machen.[493]

Nicht alle INO-Residenten waren bereit, wie Maly ins offene Messer zu laufen. Als Orlow zu einem Treffen mit einem ihm unbekannten NKWD-Offizier auf ein sowjetisches Schiff nach Antwerpen gerufen wurde, entschied er sich zum Bruch. Anstatt zum Treffpunkt zu kommen, stahl er noch 22.000 US-Dollar an operativen Geldern aus dem Tresor der NKWD-Residenz und floh Mitte Juli 1938 mit Frau und Tochter nach Kanada.[494] Orlow verbrachte seinen Lebensabend bis 1973 in Ann Arbor (Michigan) unter dem Schutz des FBI. Er lieferte aber nie Informationen, die die Cambridge Five gefährdet hätten. Ohne Philby beim Namen zu nennen, erkundigte man sich bei ihm, ob er von einem Plan wisse, einen englischen Journalisten nach Spanien zu schicken, um dort Franco zu ermorden. Orlow behauptete, er habe im Jahr 1937 den Auftrag gehabt, eine solche Person mit Anführern der spanischen Anarchisten in Kontakt zu bringen. Später habe er erfahren, dass dieser Mann einen solchen Mordauftrag bekommen hatte, den er aber nicht ausführte. Er sei aber kein Engländer gewesen. Ein anderes Mal sei ein Mann namens »Kral« geschickt worden, aber dieser wurde ausgewiesen, bevor er die Tat begehen konnte. Auch dieser Unbekannte sei kein Brite gewesen.[495] Das war eine falsche Fährte, denn Orlow und Philby hatten während des Spanischen Bürgerkriegs regelmäßig Kontakt. Der Geheimdienstexperte Nigel West spekuliert, dass dies auch der Grund war, warum sich Philby in seinen 1968 erschienen Memoiren über die eigene Rekrutierung ausschwieg, weil diese »operative Angelegenheiten« berührte. Solange Diskretion gewahrt

493 Paul Hardt and Lydia Hart, in: TNA, KV 2/1008, 57a.
494 Modin, Friends, 68.
495 Extract, 24.7.1953, in: TNA, KV 2/2878, 1a.

wurde, gab es auch keinen Grund, den jeweils anderen zu exponieren.[496] Das Schweigen Orlows hatte angeblich auch damit zu tun, dass er einen Brief an NKWD-Leiter Jeschow geschrieben und diesem angedroht hatte, so gut wie jeden Sowjetagenten in Westeuropa zu verraten, sollte seinen Verwandten in der UdSSR etwas passieren. Diese wurden in Ruhe gelassen. Gleichzeitig tat aber auch Orlow im Exil nichts, was Schaden angerichtet hätte.[497] Außerdem musste er sich selbst glücklich schätzen, dass seine eigenen Verbrechen als NKWD-Chef im Spanischen Bürgerkrieg zeitlebens nicht zur Sprache kamen.

Ein weiterer Abtrünniger war der illegale INO/OGPU-Resident in Paris, Ignaz Reiss, dessen Karriere einst in Wien begonnen hatte. Er verfasste am 17. Juli 1937 einen an Stalin gerichteten Brief, in dem er die Exzesse der Säuberungen kritisierte. Reiss kündigte in diesem Schreiben an, sich Trotzki und der von ihm geführten *Vierten Internationalen* anzuschließen: »Ich trage eine schwere Verantwortung. [...] Bis zu diesem Moment bin ich an deiner Seite marschiert. Nun werde ich keinen weiteren Schritt machen. [...] Der Tag, an dem der internationale Sozialismus die Verbrechen, die in den letzten zehn Jahren begangen wurden, verurteilen wird, ist nicht mehr fern.«[498]

In Moskau war man aber bereits alarmiert. Leon Sedow, Trotzkis Sohn und nomineller Kopf der *Vierten Internationale*, hatte von einem neuen »antistalinistischen« Rekruten berichtet. Weil seine Korrespondenz von einem NKWD-Agenten überwacht wurde und dieser täglich seinem Führungsoffizier in der sowjetischen Botschaft in Paris Bericht erstattete, war man über einen Verräter im Bilde, ohne zunächst zu wissen, um wen es sich genau handelte. Ende Juni 1937 kam der stellvertretende INO-Chef Spiegelglas nach Paris, um die Jagd persönlich zu überwachen.[499] Von der Zielperson wusste er nur, dass es »jemand wichtiger« war. Spiegelglas verdächtigte einerseits Krivitski und andererseits Reiss. Aber dann spielte ihm Lydia Grozovsky, die als Bindeglied zwischen dem legalen und dem illegalen Geheimdienstapparat in Paris fungierte, Reiss' Brief an das Zentralkomitee

496 West, Illegals, 110.
497 Borovik, Files, 244f.
498 Carter, Blunt, 199.
499 Duff, Spies, 157.

in die Hand. »Ich bin froh, dass Sie nicht der Verräter sind«, sagte Spiegelglas zu Krivitski.[500]

Reiss wurde in der Schweiz aufgespürt und man stellte ihm eine Falle. Eine ihm nahestehende deutsche Emigrantin, Gertrude Schildbach, wurde gezwungen, einen Brief an Reiss zu schreiben, in dem sie ihn um ein Treffen bat. Dieses fand am 4. September 1937 in einem Café in einem Außenbezirk von Lausanne statt. Allerdings händigte Schildbach Reiss die vorgesehene Schachtel mit vergifteten Pralinen nicht aus. Sie führte ihn aber in eine Seitenstraße, wo Reiss aus einem fahrenden Auto heraus mit einem Maschinengewehr beschossen wurde. Die Killer waren Vladimir Pravdin (alias »Pilot«) und Boris Afanasyev, Agenten der NKWD-Direktion für Sonderaufgaben. Reiss versuchte noch, sich an Schildbach zu klammern, wurde aber mehrmals tödlich getroffen.[501] Der Mord blieb kein Einzelfall. Der NKWD verfolgte die führenden Trotzkisten erbarmungslos: Sedow wurde am 16. Februar 1938 nach einer Blinddarmoperation in einem Pariser Krankenhaus ermordet. Rudolf Klement, der Sekretär der *Vierten Internationale*, am 12. Juli 1938 entführt. Seine Leiche fand man erst einen Monat später, als sie in einem Sack eingeschlossen in der Seine trieb. Am 20. August 1940 fiel schließlich Trotzki selbst einem Attentat in Mexiko City zum Opfer.

Der Mord an Reiss war der letzte Anstoß, den sein Kollege Krivitski gebraucht hatte, um ebenfalls abzuspringen. Krivitski arbeitete zuletzt als illegaler Resident für die *vierte Abteilung* in den Niederlanden. Er lebte in der Celebesstraat Nr. 32 in Den Haag, und zwar wie bereits erwähnt als »Dr. Martin Lesser« – ein Österreicher, der mit Kunst und alten Büchern handelte.[502] Am 6. Oktober 1937 sagte sich Krivitski los und blieb zunächst in Frankreich. Dann emigrierte er 1938 mit Frau und Kind in die USA.[503]

Nach dem Überlaufen von Krivitski und Orlow war an ein weiteres Agieren von Deutsch in Großbritannien nicht mehr zu denken. Wie er am 23. Oktober 1937 an die Zentrale berichtete, war er Krivitski bekannt: »Groll [Krivitski] hat meine Frau getroffen, bevor ich ihm begegnet bin.

500 Poretzky, People, 268.
501 Andrew, Mitrochin, Schwarzbuch, 118.
502 Duff, Spies, 58f.
503 Information obtained from General Krivitski during his visit to this country, January-February 1940, in: TNA, KV 2/805, 55x, hier Bl. 10f.

Er wusste den Namen der Mutter meiner Frau aus den Wiener Tagen. Als ich im Juni 1936 in Paris war, hat Mann [Maly] mich ihm erstmals vorgestellt. Er fragte mich um eine Deckadresse in Paris und wie er ein kommunistisches österreichisches Mädchen finden könne, das ihm bei seiner Arbeit helfen würde. Ich machte ihn mit Lusky [nicht identifiziert] und ihrem Ehemann bekannt. Als ich den Kontakt zu ihm verlor, rief er mich in meinem Hotel an, nachdem er meine Adresse wahrscheinlich von Mann erhalten hatte. Groll [Krivitski] wusste wenig über die Art unserer Arbeit in London: Er wusste, dass wir mit jungen Leuten zusammenarbeiteten und er wusste über den Mann im Außenministerium.«[504] Der NKWD kam in einer Schadensbewertung zum Schluss, dass Deutsch, der einige Jahre gemeinsam mit Reiss in Paris den Dienst versah, von diesem wahrscheinlich an westliche Geheimdienste verraten worden war. Auch wenn es dafür keinen Beweis gibt, so bewahrte dies Deutsch davor, als Teil der »trotzkistischen Verschwörung« betrachtet zu werden.[505]

Es war auch Krivitski, der Deutsch identifizierte. Wie kam es dazu? Krivitski hatte in Presseartikeln angedeutet, dass sich zwei sowjetische Agenten in London befänden, einer im Außenministerium, der andere im Kabinettsbüro. Im November 1939 kam die wichtigste Expertin für Sowjetspionage beim MI5 zur Ansicht, dass man dieser Sache auf den Grund gehen und Krivitski kontaktieren müsse: Jane Archer (geborene Sissmore) war die einzige weibliche Offizierin, die der MI5 damals hatte. Sie war seit 1929 für die Gegenspionage in Bezug auf die Sowjet-Dienste zuständig. Sissmore hatte sich in ihrer Freizeit zur Anwältin fortgebildet[506] und war laut ihres späteren Vorgesetzten Philby als »hartnäckig und grobzüngig« bekannt, was ihm persönlich gefiel: »Eine Frau ganz nach meinem Herzen«.[507]

Krivitski erklärte sich dazu bereit, nach Großbritannien zu kommen. Am 19. Jänner 1940 traf er an Bord der *Duchess of Richmond* in Liverpool ein. Er hatte die Gefahr durch deutsche U-Boote während der Atlantik-Überquerung freiwillig in Kauf genommen. Es war das erste umfangreiche Debriefing eines sowjetischen Agenten. Archer übernahm die führende Rolle

504 West, Tsarev, Crownjewels, 110.
505 Andrew, Mitrochin, Schwarzbuch, 118.
506 Close, Trinity, 53 und 56.
507 Kim Philby, My Silent War. The Autobiography of a Spy, London 2003, 105.

in den Gesprächen mit Krivitski, die über einen Zeitraum von drei Wochen im Londoner Langham Hotel stattfanden.[508] In einer der Sitzungen legte Archer ein Foto von Deutsch vor und Krivitski war sich nun »absolut sicher«, dass er den abgebildeten Mann kannte: »Er sagt, dass er sich nun erinnert, dass Arnold Deutsch durch die gute Unterstützung eines Verwandten hier herübergekommen sei.« Für Archer fügte sich damit ein Puzzle zusammen: »Nun finden wir heraus, dass ein wichtiger sowjetischer Agent ein Cousin von Oscar Deutsch ist und durch Oscar Deutsch eine Aufenthaltsbewilligung bekam. Thomas [Krivitski] hat mir schon früher mitgeteilt, dass Deutschs Deckname im Dienst Stefan war. [...] [E]s gibt eine Aufzeichnung eines Telefongesprächs zwischen Arnold Schuster, dem zweiten Sekretär der sowjetischen Botschaft und einem Stefan, der nie identifiziert wurde. Ich habe Thomas gefragt, ob Arnold Schuster der OGPU-Mann in der Botschaft in den Jahren 1936 und 1937 war und er sagte mir, dass er [...] der OGPU-Resident sei, auf den er sich zuvor bezogen hatte.«[509] Ein anderes Mal gab Krivitski an, Deutsch habe »erstklassige Marine- und Militärinformationen« beschafft: »Im Jahr 1937, als Thomas [Krivitski] in Moskau war, besuchte er die vierte Abteilung und wartete dort mit [Wladimir] Orlow,[510] der der Befehlshaber der russischen Marine war, um einiges Material zu sichten, das von Deutsch beschafft worden war und sich in den Büros der OGPU befand. Sie warteten eine lange Zeit, aber das Material wurde nicht herüber gesandt. Thomas sagte, dies war eine unerhörte Sache, Orlow warten zu lassen und noch überraschender war, dass das OGPU-Büro entschied, das Material nicht herüberzuschicken, sondern darauf zu bestehen, dass Orlow zum OGPU-Büro gehen musste, um es zu sichten, was Orlow tat.«[511]

Krivitski schilderte Deutsch so: »Österreicher, Doktor der Wissenschaften. Kam in Großbritannien unter einem echten Pass lautend auf seinen Namen in den Jahren 1933–34 an. Er sandte noch wichtige Informationen über Marine-Angelegenheiten im April 1937 nach Moskau. Er war ein sehr erfolgreicher Agent für Marine- und R. A. F. [Royal Airforce]-Material. Er

508 Verkaik, Traitor, 120f.
509 Niederschrift, 30. 1. 1940, in: TNA, KV 2/804, 13A.
510 Wladimir Orlow war 1931–1937 der Oberbefehlshaber der sowjetischen Seestreitkräfte.
511 Information from Thomas, 25. 1. 1940, in: TNA, KV 2/804, 6a.

kam nach Großbritannien mit seinem ersten Chef, Reif. Seine Frau folgte ihm 1934 und arbeitete ebenfalls für die OGPU. Sie bekamen ein Kind während ihres Aufenthalts. Frau Deutsch war eine Funkerin, die in Abramovs Schule ausgebildet worden war. In weiterer Folge brachte Deutsch seine Schwiegermutter nach London. Er bekam die Erlaubnis, nach Großbritannien einzureisen durch einen einflussreichen Bekannten. Er hatte einen großen Bekanntenkreis hier, vor allem in universitären Kreisen und er besuchte verschiedene Landesteile. Er arbeitete unter Anton Schuster,[512] dem legalen OGPU-Residenten in der sowjetischen Botschaft in London und danach unter Maly alias Hardt, der, obwohl er erkannte, dass er ein erstklassiger Agent war, sich darüber beschwerte, dass er sich schwierig und anmaßend benahm.«[513]

Während Krivitski Deutsch persönlich kannte, wusste er von Philby nur vom Hörensagen. Er verfügte nur über Informationsbrocken, die er im Jahr 1937 mitaufgeschnappt hatte, während er auf andere Angelegenheiten fokussiert war.[514] Obgleich vieles inkorrekt und missverständlich vorlag, wäre es doch möglich gewesen, Philby anhand dieser Spur früher zu enttarnen. So erzählte Krivitski von einer ausgezeichneten Quelle, die ab 1936 Dokumente von großer Bedeutung lieferte. Diese stammten vom »Imperialen Rat«, womit wohl das *Commitee of Imperial Defence* gemeint war, ein wichtiges verteidigungspolitisches Gremium in den Jahren 1904 bis 1939. Krivitski war sich sicher, »dass die Quelle ein junger Mann war, wahrscheinlich unter 30. Ein Agent von Theodore Maly alias Paul Hardt, der als sowjetischer Agent ausschließlich aus ideologischen Gründen rekrutiert worden war«. Dieser junge Mann soll seine Informationen über das Außenministerium bezogen haben.[515] Laut Krivitski stapelten sich die Berichte von dieser »Imperial Council«-Quelle. Alles wurde ins Russische übersetzt. Die wichtigsten Passagen wurden als Buch gebunden, Maschine-geschrieben auf hellgrünem Papier. Nur fünf Kopien seien angefertigt worden, allen

512 Anton Schuster, eigentlich Aaron Vaclavovich, war der 2. Sekretär der russischen Botschaft in London. Damit war er diplomatisch abgedeckt und somit legaler Resident. Duff, Spies, 81.

513 Information obtained from General Krivitski during his visit to this country, January-February 1940, in: TNA, KV 2/805, 55x, hier Bl. 78.

514 Kern, Death, 262.

515 Extract from Memorandum of Information supplied by General Krivitski, January-February. 1940, in: TNA, KV 2/1009, 61A.

voran für Stalin. Dieser bekam auch die gedruckten Fotos des Originalreports und die vollständige russische Übersetzung. Krivitski war sich sicher, dass es sich bei der Quelle um einen jungen Mann handelte, wahrscheinlich unter Dreißig, einen Agenten von Maly, der kein Geld für die beschafften Informationen annahm. Er sei wahrscheinlich in Eton oder Oxford ausgebildet wurden und ein »junger Aristokrat«, der sich aus rein ideologischen Gründen angeschlossen hatte.[516]

Die Beamtin legte Krivitski auch echte Dokumente des *Commitee of Imperial Defence* vor, die sich mit der Sowjetunion beschäftigten. Er bestätigte, dass er solche Dokumente mehrmals in Moskau gesehen habe. Sie seien als Kopien im Büro eines zuständigen Mitarbeiters gelandet und dieser habe sie in Stößen auf seinem Schreibtisch gestapelt. Dann kam Krivitski wieder auf die mutmaßliche Quelle zu sprechen. Archer fasste zusammen: »Thomas [Krivitski] ritt wieder auf dem jungen Aristokraten herum […]. Es war überdeutlich, dass es sich um einen Akademiker handelte und er wiederholte den Hinweis, dass sein Name mit P. [sic!, Anm. Autor] begann. Er ist sich nicht sicher, ob dieser Mann der Sohn einer einflussreichen Persönlichkeit im Außenministerium ist; er dachte, er könnte genauso gut auch ein Privatsekretär gewesen sein, falls ein Privatsekretär dieser Beschreibung entsprochen habe.«[517]

Krivitski erinnerte sich auch, dass der junge Engländer auf eine Mission nach Spanien gesandt worden war: »Im Frühjahr 1937, als die OGPU von Stalin den Befehl erhielt, die Ermordung von General Franco vorzubereiten, wurde Hardt vom OGPU-Chef Jeschow instruiert, einen Engländer für diesen Zweck zu rekrutieren. Er kontaktierte und sandte tatsächlich einen jungen Engländer nach Spanien, der Journalist war und aus gutem Hause stammte, einen Idealisten und fanatischen Anti-Nazi. Bevor aus dem Plan Ernst wurde, wurde Hardt selbst nach Moskau zurückbeordert und verschwand.«[518] Die Beamtin meinte zu Krivitski, dass es wichtig sei, die Identität dieses Mannes herauszufinden. »Er hat mir erzählt, dass er darüber nachgedacht und was man ihm erzählt hat und dass er sich nun

516 Information obtained from General Krivitski during his visit to this country, January-February 1940, in: TNA, KV 2/805, 55x, hier Bl. 49f.

517 TNA, KV 2/804, 29a.

518 Extract from list of Soviet agents (mentioned by General Krivitski), in: TNA, KV 2/1009, 61a.

definitiv daran erinnere, dass dieser Mann, von dem die Information beschafft worden war, ein Mann war, der seine Informationen nicht für Geld verkaufte […]; dass er auf der Basis von Anti-Hitler-Arbeit rekrutiert worden sei und dass er von Hardt überzeugt worden sei, oder einem anderen Agenten als Hardt, dass der einzige, der Hitler bekämpfe, Stalin sei; dass man seine Gefühle so manipuliert hatte, dass er glaubte, indem er Russland helfe, würde er in der Lage sein, dem Land zu helfen und dem Anliegen der Demokratie generell.«[519]

Archer gelang es nicht mehr, die Spur weiterzuverfolgen. Noch im November 1940 musste sie den MI5 wegen »Insubordination« verlassen. Sie hatte dem langjährigen stellvertretenden Direktor, Brigadier Oswald Harker, Untätigkeit vorgeworfen. Archer blieb eine Größe in der britischen Intelligence Community, weil sie kurze Zeit später beim MI6 anheuerte.[520] In einer aberwitzigen Wendung der Ereignisse wurde Archer 1944 der Section IX zugeteilt, direkt unter Philby. Dieser respektierte sie als »die vielleicht fähigste professionelle Nachrichtendienstbeamtin in der Geschichte des MI5«. Philby wusste, wie nahe Archer seinem dunklen Geheimnis gekommen war: »Jane wäre eine sehr gefährliche Feindin gewesen.« Deshalb lenkte er ihren Spürsinn auf andere Bereiche und ließ sie den umfangreichen abgefangenen Funkverkehr zu kommunistischen Aktivitäten in Osteuropa analysieren.[521]

Krivitski wiederum war längst tot. Man fand seine Leiche am 10. Februar 1941 im Kimpton George Hotel, nur wenige Blocks vom US-Kapitol entfernt. So wie es aussah, hatte er sich mit einer Pistole in die Schläfe geschossen, Stunden, bevor er vor einem Kongressausschuss erscheinen sollte. Krivitski hinterließ eine Selbstmord-Notiz. Die Tür war von innen abgeschlossen. Schon damals waren seine Freunde überzeugt, dass Krivitski der Abschiedsbrief diktiert worden war und es sich entweder um einen Mord oder einen erzwungenen Selbstmord handelte.[522] Ein NKWD-Agent namens Hans Brusse war in New York gesehen worden, wo Krivitski lebte. Allerdings war Brusse kein Auftragsmörder, sondern ein Techniker. Andererseits

519 TNA, KV 2/804, 17a.
520 Close, Trinity, 58.
521 Andrew, MI5, 335, Philby, War, 105f.
522 Poretzky, People, 270.

sprach gegen Krivitskis Selbstmord, dass er sich gerade eine Farm in Virginia gekauft hatte, wo er den Lebensabend verbringen wollte. Allerdings besaß der NKWD nicht nur Expertise in Bezug auf Fälschung, sondern auch Proben von Krivitskis Handschrift in verschiedenen Sprachen.[523]

1951 – als man Philby als Verräter verdächtigte und intensiv verhörte – wurden auch Krivitskis Angaben zu dem jungen Engländer, der Franco ermorden sollte, wieder hervorgeholt. Philby hatte vorausgeahnt, dass man ihn dazu befragen würde und sich deshalb eine entsprechende Antwort vorbereitet. Er sei Franco mehrmals begegnet und hatte nicht versucht, ihn zu ermorden, obwohl die Gelegenheit vorhanden war. Und überhaupt: Sehe er wie ein Mann aus, dem man einen solchen Auftrag gebe?[524]

Um zum weiteren Schicksal von Deutsch zurückzukehren: Er war wie viele seiner Kollegen nach Moskau beordert worden – aber nicht, um ihn zu liquidieren. Stattdessen wurde in der Zentrale überlegt, ihn in die USA als illegalen Residenten zu schicken, aber dieser Plan löste sich in Luft auf. Ein Auslandseinsatz war mitten in Zeiten, in denen erfahrenes Personal dezimiert wurde und sich das Führungspersonal ständig änderte, nicht realisierbar. Am 17. Februar 1938 wurde der Leiter der INO Abram Slutsky in seinem Büro tot aufgefunden. Angeblich war er einem Herzanfall erlegen, insgeheim wurde eine Zyanidvergiftung vermutet. Bis zum Ende des Jahres wurden auch Slutskys zwei Nachfolger Sleman Pasow und Sergei Spiegelglas als »Volksfeinde« hingerichtet. Im gesamten NKWD blieb kein Stein auf dem anderen. Im Dezember 1938 wurde der oberste Chef Jeschow durch Lawrenti Beria ersetzt und später hingerichtet. »Wenn die NKWD-Offiziere abends nach Hause gingen, muss sich jeder gefragt haben, ob in dieser Nacht das Schicksal an seine Tür klopfen würde.«[525] Laut internen Untersuchungszahlen, die 1999 öffentlich wurden, hatte der NKWD im Jahr 1936 noch 24.500 Beschäftigte gehabt. Im Januar 1938 waren es bereits 5898 weniger: 1373 waren festgenommen, 3048 entlassen oder in die Reserve versetzt worden. 1324 waren in andere Abteilungen versetzt und 153 exekutiert worden. Zum weiteren Schicksal der Festgenommen gab es

523 Kern, Death, 342 und 352.
524 Borovik, Files, 83f.
525 Andrew, Mitrochin, Schwarzbuch, 121.

keine Information.[526] Die Auslandsspionageabteilung INO war besonders betroffen: 275 der 450 Mitarbeiter wurden erschossen oder ins Arbeitslager geschickt. Das waren über 60 Prozent. Ähnlich hart traf es die *vierte Abteilung*: Anfang August 1937 wurde ihr Leiter Jan Berzin verhaftet und hingerichtet. Was von der Organisation übrig blieb, wurde 1939 in die *fünfte Abteilung* umbenannt.[527]

Im Falle von Deutsch entschied Beria am 11. Oktober 1938, für ihn eine »vorübergehende Beschäftigung« außerhalb des NKWD zu arrangieren.[528] Das bedeutete aber nicht, dass er nicht in Gefahr schwebte, denn man misstraute ihm. Als Deutschs direkter Vorgesetzter um Mittel bat, diesem Sprachkurse zu bezahlen, schrieb der Abteilungsleiter am 29. Dezember 1938 zurück: »Verschwenden sie nicht ihre Zeit. Stefan [Deutsch] muss eingehend überprüft und nicht zum Sprachen-Lernen geschickt werden.«[529] Doch dadurch, dass er als Agent inaktiv war, glitt Deutsch in die vergleichsweise sichere Obskurität ab. Er nutzte die Zeit, um seine Fähigkeiten als Psychologe aufzubessern, und stellte umfangreiche Profile von Philby, Maclean, Burgess und anderer Mitverschwörer zusammen. 21 Monate waren vergangen, als sich Deutsch an Pavel Fitin, den neuen Leiter der Auslandsaufklärung, wandte und auf sich aufmerksam machte. Fitin empfahl seinem Vorgesetzten Beria am 31. Dezember 1940, Deutsch in die USA zu schicken. Als jüdisch-baltische Emigranten getarnt, stachen Deutsch und sein Kollege Boris Krotenschild an Bord der SS Kajak 1941 in See, kamen aber nur bis Bombay, wo sie dann festsaßen. Nach der Rückkehr in die Sowjetunion über den Iran wurde ein zweiter Versuch unternommen, der am 7. November 1942 tragisch endete. Der Tanker *SS Donbass* wurde von einem deutschen U-Boot im Atlantik torpediert. Deutsch soll, obgleich schwer verletzt, noch einmal in die Gefahrenzone vorgedrungen sein, um andere Schiffbrüchige zu retten. Er soll aber mit untergegangen sein, als der Bug vom Schiffsrumpf abbrach.[530] Doch diese Version wird stark angezweifelt. So wurde die *SS Donbass* laut Marine-Aufzeichnungen von einem

526 Damaskin, Eliott, Spy, 153.
527 Haslam, Neighbors, 87.
528 West, Tsarev, Crownjewels, 111f.
529 Ebenda, 112.
530 Damaskin, Eliott, Spy, 236.

deutschen Zerstörer versenkt, als sie von Archangelsk nach Reykjavik unterwegs war.[531] 49 Crewangehörige kamen ums Leben, während der Kapitän und 15 Mann gefangen genommen wurden. Es wird bezweifelt, dass Deutsch unter der Besatzung des Tankers war.[532]

In der vom Landesgericht Wien 1948 ausgestellten Todesanzeige heißt es dagegen, Deutsch sei 1942 beim Versuch, den kommunistischen Widerstand in Österreich zu organisieren, ums Leben gekommen. Auf Antrag seiner Frau Josefine, die nach dem Zweiten Weltkrieg mit ihrer Tochter nach Wien zurückkehrte, wurde es am 24. November 1948 als bewiesen erkannt, dass Deutsch im Herbst 1942 nach Österreich geflogen sei, »um hier die illegale Arbeit der kommunistischen Partei zu leiten«. Etwa zwei Monate danach erhielt die Leitung der KPÖ in Moskau eine funktelegrafische Mitteilung, »dass Dr. Arnold Deutsch unmittelbar nach seiner Fallschirmlandung in der Nähe von Möllersdorf, N. Ö. [Niederösterreich], von der Gestapo festgenommen und erschossen wurde«. Der Absender dieser Nachricht war der damalige Leiter der KPÖ in Österreich, Hermann Köhler, der kurze Zeit später selbst verhaftet wurde und im Konzentrationslager Mauthausen verstarb. Das Gericht sah die »Beweise für den Tod des Dr. Arnold Deutsch« als »völlig eindeutig« an.[533] Doch davon kann keine Rede sein. Vielmehr dürfte es sich um eine weitere Legende handeln. Der Journalist Ben Macintyre hält es deswegen für möglich, dass Deutsch in Wahrheit einer Säuberung zum Opfer fiel.[534]

Josefine Deutsch starb 1984. Im Jahr 1953 wurde an der Fassade von Deutschs Wohnadresse in der Schiffamtsgasse 18–20 auf Betreiben der KPÖ eine Gedenktafel enthüllt. Diese ehrt ihn als Kämpfer für ein »freies und demokratisches Österreich«. Dabei war er vor allem eines gewesen: ein überzeugter Kommunist im Dienst der Weltrevolution.

531 West, Spies, 56f.

532 Volodarsky, Agent, 488.

533 Erkenntnis über den Beweis des Todes, 24.11.1948, in: DÖW, LG Wien Todeserklärung, 20000/d58.

534 Macintyre, Spy, 47f.

In der Schiffamtsgasse 18-20 in Wien-Leopoldstadt findet sich eine Gedenktafel für Arnold Deutsch

Die Talentsucherin: Edith Tudor-Hart

In der Liechtensteinstraße 16 in Wien-Alsergrund befand sich die Goethebuchhandlung

Die beiden Kriminalbeamten waren sich sicher: Das ist die verdächtige Frau. An diesem Nachmittag des 16. Mai 1933 hatten sie in der Goethebuchhandlung in der Wiener Liechtensteinstraße Nr. 16 auf sie gewartet. Um 16:15 Uhr schaute eine »Frauensperson«, auf die die Personenbeschreibung passte, kurz durch die offenstehende Eingangstür des Geschäfts. Als sie die beiden Männer bemerkte, zögerte sie, einzutreten, und machte sich dann »schnellen Schrittes« davon: »Beim Autostandplatz Berggasse drehte sie sich um und stieg entschlossen in ein Lohnauto [Taxi, Anm. Autor] ein und fuhr weg. Die Gefertigten konnte das Lohnauto noch aufhalten und die Frauensperson zum Aussteigen veranlassen. Sie legitimierte sich als Edith Suschitzky, Pressephotographin [...]«, heißt es in dem Bericht zur Amtshandlung.[535]

Diese Edith Suschitzky (später Tudor-Hart) war am 28. August 1908 in Wien zur Welt gekommen, als Tochter von Adele Bauer und Wilhelm Suschitzky, der mit seinem Bruder Philipp ein Buchgeschäft in der Wiener Favoritenstraße Nr. 57 betrieb. Diese Verlagsbuchhandlung und Leihbibliothek *Brüder Suschitzky* war die erste Arbeiterbuchhandlung von Wien.[536] Zwischen 1904 und der Liquidierung durch die Nationalsozialisten 1938 sollte der Anzengruber Verlag der Suschitzkys über 300 Texte veröffentlichen. Für Edith bedeutete das, von früh an Zugang zu einer breiten Palette von Literatur zu haben: Von Arbeiterlyrik und -literatur

535 Meldung, 16.5.1933, in: WStLA, Landesgericht für Strafsachen, A 11 – Vr-Strafakten: I. 3542/1933 – I Vr 3542/1933.

536 Jungk, Dunkelkammern, 31.

über Bücher der Frauenbewegung, über sexuelle Emanzipation bis hin zur Reformpädagogik.[537]

Die Familie wohnt in der Petzvalgasse Nr. 4 im Bezirk Wieden als säkularisierte Juden. Edith selbst ignorierte ihre jüdische Identität.[538] Politisch respektierte sie die sozialdemokratische Überzeugung ihres Vaters, war aber der Meinung, dass ein radikalerer Ansatz notwendig sei, um den Faschismus einzudämmen und die soziale Ungleichheit zu beseitigen.[539] Bereits in jungen Jahren schloss sie sich der kommunistischen Jugendbewegung an und mit 16 verließ sie ihr Elternhaus, um bei Maria Montessori in London einen Kurs als Kindergärtnerin zu besuchen. Eine junge Erzieherin, Beatrix Tudor-Hart, stellte ihr ihren Bruder Alexander Tudor-Hart vor.[540] Der war um sieben Jahre älter, verheiratet und hatte ab 1927 einen Sohn[541] aus dieser Ehe. Edith schrieb ihm schwärmerische Briefe: »Verzeih mir, Alexander, ich kann dir nichts mehr schreiben – wir schreiben nur so vorbei aneinander. Ich kann dir nichts mehr erklären, denn du weißt, es klingt immer ekelhaft, und du wirst meine Situation bald, früher oder später auch ohne mehr Briefe verstehen. Ich hätte dir vieles zu erzählen, vieles über die Parteiarbeit, über einige Genossen und Freunde, über Wien – aber dir kann ich solche kameradschaftlichen Berichte jetzt nicht schreiben, wo du es ablehnst, mein Lover zu sein. Ich kann nur zu Gott hoffen, dass ich ein bisschen developed bin seit letzter Zeit, sodass ich dir verständlich machen kann, dass es für mich jetzt ums Ganze geht. Ich habe kein freundschaftliches (oder irgendwelches) Verständnis mehr für einige Dinge in deinem Leben. Ich verstehe nur das eine, dass du deine Kinder nicht verlassen kannst und sollst und willst. Alles andere ist mir mystisch. […] Vielleicht glaubst du's nicht, ich will aber wieder versuchen, ob's nicht allein geht, zwar schlecht, aber doch. Glaub's; und schreib mir keine Liebesbriefe und nix von der Zukunft, man soll einen kranken Hund nicht reizen.«[542]

537 Duncan Forbes, Edith Tudor Hart. Im Schatten der Diktaturen, in: National Galleries of Scotland, Wien Museum (Hg.), Im Schatten der Diktaturen, Ostfildern 2013,13.

538 Ebenda, 11.

539 Jungk, Dunkelkammern, 44.

540 Ebenda, 39.

541 Julian Tudor-Hart war ein hochanerkannter Arzt und Pionier im Bereich der Präventionsmedizin.

542 Anna Klim, Porträt eines sichtbaren Feindes, in: *Die Presse*, 30.10.2014.

Alexander Tudor-Hart war – wie Philby – ab 1921 Mitglied in der Cambridge University Socialist Society gewesen. Und wie kurze Zeit später Philby wurde auch Tudor-Hart von dem marxistischen Wirtschaftswissenschaftler Maurice Dobb beeinflusst. Nach seinem Abschluss studierte er Medizin am *St. Thomas Hospital* in London. Dort lebte er mit seiner Frau, der Ärztin Alison Macbeth, zusammen. Diese hatte eine starke Persönlichkeit und teilte Harts Bewunderung für die Sowjetunion. 1929 kam Hart zum ersten Mal mit dem Gesetz in Konflikt, als er außerhalb der *Chelsea Barracks* Flugblätter an Soldaten verteilte. Im selben Jahr schloss er sich der CPGB an. Die *Special Branch* stellte fest, dass er gleich um die Ecke von seinem Wohnort eine Adresse am Mecklenburgh Square frequentierte. Es handelte sich eine Anlaufstelle für »wichtige Kommunisten«, wenn sie sich in der Hauptstadt für Kurzbesuche aufhielten. Tudor-Hart machte aus seiner Abneigung gegen die britische Monarchie keinen Hehl. Er warf nach dem Radio, wenn die Nationalhymne gespielt wurde und sang darüber, dass der Buckingham Palace in eine gigantische Latrine für das Proletariat umgewandelt werden sollte. Der junge, rebellische Medizinstudent aus gutem Haus sollte später mit einiger Unterbrechung wieder ins Leben von Edith treten.[543]

Aber zwischenzeitlich führte sie ab 1926 eine Beziehung, die ihren Lebensweg mitprägte. An einem Augustnachmittag hatte sie in der Buchhandlung ihres Vaters einen Fremden angesprochen, der gerade für ein Buch bezahlt hatte und den Laden verlassen wollte. Es war Arnold Deutsch.[544] Ein paar Jahre später sollte er Edith für den sowjetischen Geheimdienst rekrutieren. Zuerst aber verstärkte sich unter seinem Einfluss Ediths Politisierung und er begann, sie in der Untergrundarbeit auszubilden. Zudem trat Edith in die kommunistische Jugendorganisation ein. Halbtags arbeitete sie als Kindergärtnerin, am späten Nachmittag ging sie ins Parteilokal, um beim Konzipieren von Resolutionen und Flugblättern mitzuhelfen. Die Beziehung zu Deutsch währte allerdings nur kurz – er machte Schluss mit ihr, nachdem seine Verlobte Josefine (»Fini«) von dem Verhältnis erfahren hatte. »Fini«, die Deutsch seit 1922 kannte, hatte ihn vor die Wahl

543 Harrison, Philby, 21ff.

544 Jungk, Dunkelkammern, 39.

gestellt und er entschied sich für sie.[545] »Dass du so bürgerlich bist, ausgerechnet du, der Wilhelm Reich liest, sogar verehrst! Das enttäuscht mich komplett«, soll Edith zu Deutsch gesagt haben.[546]

Dafür kam ihr künstlerisches Talent immer stärker zum Vorschein. Um sich zur professionellen Fotografin ausbilden zu lassen, begann Edith 1928 ein Fotografiestudium am Bauhaus (Dessau) im Vorkurs bei Walter Peterhans. Sie war dort bis 1930 eingeschrieben. Ihr Studium dürfte Edith nie abgeschlossen haben, sondern sie führte bereits 1929 die ersten geheimen Aufträge für sowjetische Einrichtungen durch, vermutlich als Kurierin von Wien nach London und Paris.[547]

Im Oktober 1930 begann ein erster längerer Aufenthalt in Großbritannien. Sie war nun mit Alexander Tudor-Hart zusammen, der sich von seiner Frau getrennt hatte. Kurz nach ihrer Ankunft nahm Edith an einer Demonstration der CPGB am Trafalgar Square teil und geriet prompt ins Visier der Behörden. Diese vermuteten, sie wäre mit vielen prominenten Kommunisten befreundet. Ihre damalige Wohnung Westbourne Gardens 5c wurde mit »extremistischer Propaganda« in Zusammenhang gebracht. Der Bericht schloss mit einer Personenbeschreibung: »Größe 167 cm, schlank gebaut, blasser Teint, blaugraue Augen, blonde Bobfrisur.«[548] Edith bewarb sich um Aufnahme in die CPGB und wurde als Mitglied registriert – unter dem Pseudonym »Betty Grey«.[549] Aufgrund dieser eindeutigen politischen Verbindungen wurde Edith bald mehrfach aufgefordert, das Land zu verlassen und tat dies am 15. Jänner 1931. Sie kehrte nach Wien zurück.[550] Dort wurde sie auf Empfehlung eines gewissen »Ingulov« von der sowjetischen Nachrichtenagentur TASS in England in der Wiener Dependance am Bauernmarkt Nr. 24 angestellt. Im Juli 1931 sah man sie angeblich öfter in Begleitung von »Herrn Ebel«, dem Direktor der TASS in Wien.[551] Im Frühjahr 1932 kam Alexander Tudor-Hart zu Edith nach Wien und

545 Ebenda.

546 Ebenda, 47.

547 Duncan Forbes, Edith Tudor-Hart und sowjetische Spionage, Vortrag im Wien-Museum, Oktober 2013, https://www.mcloughlin.at/wp-content/uploads/2018/05/Wien-Museum-Edith-Suschitzky-Vortrag-Oktober-2013.pdf

548 Special Branch to MI5, 23.2.1934, in: TNA, KV 2/1012, 16a.

549 Jungk, Dunkelkammern, 49.

550 Special Branch to MI5, 23.2.1934, in: TNA, KV 2/1012, 16a.

551 Tudor-Hart, Edith, 3.4.1942, in: TNA, KV 2/1013, 51a.

belegte einen Kurs bei Lorenz Böhler, dem Wegbereiter der modernen Unfallchirurgie.[552]

Insgeheim leistete Edith für einen in Wien operierenden Spionagering unter Leitung des ungarischen Emigranten Arpad Haasz Kurierdienste. Der Jurist Haasz agierte von 1925 bis 1929 als zentraler Funktionär des Auslandsapparats der ungarischen KP und später als Mitglied der Wiener Stadtleitung der KPÖ sowie letzter Herausgeber der Wiener *Roten Fahne*. Beruflich arbeitete Haasz als Vertreter einer internationalen Hotelkette.[553] Er musste wegen seiner »Aktivitäten« aus Österreich fliehen und wurde später von sowjetischer Seite für tot erklärt. Nach 1945 sollte er im sowjetischen Sektor des besetzten Nachkriegs-Wiens wieder auftauchen. In einem Brief an Edith dürfte er damals bestätigt haben, für die Sowjets zu arbeiten, ohne Details zu nennen.[554]

Am 16. Mai 1933 kam es zu der eingangs geschilderten Verhaftung von Edith. Zwei Tage später wurde über sie Untersuchungshaft verhängt.[555] Sie hatte davor in der Goethebuchhandlung als »Fräulein Braun« angeblich für einen politischen Flüchtling bestimmte Postsendungen abgeholt. Der Geschäftsinhaber Paul Sonnenfeld willigte laut eigener Angabe aus »bloßer Hilfsbereitschaft« ein. In weiterer Folge langten an seiner Adresse Briefsendungen in doppelten Umschlägen ein, die dann in ein mit »Fräulein Braun« bezeichnetes Kuvert hinterlegt und von dieser »nahezu täglich« abgeholt wurden.[556] Eine Bedienstete der Buchhandlung erinnerte sich an die junge Frau – »ca. 172 cm groß, schlank, hübsches Gesicht, blond gelocktes Haar«. Sie habe vermutlich immer einen dunklen Sportmantel und eine dunkle Pullmanmütze getragen, das heißt eine aus Wolle gewalkte Baskenmütze.[557] Bemerkenswerterweise sollten sich die beiden Frauen zwölf Jahre später in London wiederbegegnen. Klara Modern, die Angestellte aus der Goethebuchhandlung, lebte seit 1936 in Großbritannien. 1945 fiel ihr beim Durchblättern des *New Statesman* eine Werbung der Fotografin Edith Tudor-Hart

552 Jungk, Dunkelkammer, 71.

553 McLoughlin, Geheimapparate, 402.

554 Extract, 20. 8. 1947, in: TNA, KV 2/1014, 118a.

555 Vernehmung des Beschuldigten, 18. 5. 1933, in: WStLA, Landesgericht für Strafsachen, A 11 – Vr-Strafakten: I. 3542/1933 – I Vr 3542/1933.

556 Bundes-Polizeidirektion in Wien an die Staatsanwaltschaft Wien, 18. 5. 1933, in: Ebenda.

557 Meldung, 15. 5. 1933, in: Ebenda.

auf. Modern besuchte darauf das Studio in Dulwich, um ein Porträt von sich und ihrem Kind machen zu lassen. Sie und Edith tauschten wissende Blicke aus, sagten aber nichts.[558]

Die Goethebuchhandlung war so etwas wie ein »toter Briefkasten« für die Wiener KPÖ gewesen. Die Briefe, die Edith abholte, enthielten mit einem Mimeografen vervielfältigte Anfragen an die Parteizellen in der Provinz. Ein Rundschreiben, das man bei Edith fand, forderte eine »Einheitsfront« zur Unterstützung politischer Gefangener in Österreich. Außerdem wurde die Errichtung von Oppositionsgruppen unter sozialdemokratischen Arbeitern verlangt, Protestkundgebungen und eine verstärkte Verbreitung der Parteipropaganda gefordert.[559] Doch Ediths Kuriertätigkeit war ins Visier der Behörden geraten. Der Staatsanwaltschaft Wien wurden die Hintergründe später so geschildert: »Das Gendarmeriepostenkommando Voitsberg, Bezirk Graz, Steiermark, ist am 10. Mai 1933 auf vertraulichem Wege in den Besitz des in Abschrift angeschlossenen Schreibens, beginnend mit den Worten ›Werte Genossen. Sendet uns sofort …‹, gelangt, welches, wie festgestellt wurde, am 8. Mai 1933, von einer kommunistischen Stelle in Wien an eine Mittelperson in der Steiermark abgesendet worden und für einen kommunistischen Vertrauensmann bestimmt war. Dieses Kuvert trägt handschriftlich die Adresse der Mittelperson, das innere, welches das in Rede stehende Schreiben enthält, war bloß mit dem Vermerke ›abgegeben‹ versehen. Dieses Schreiben, das der Bundespolizeidirektion im Originale zur Einsicht zur Verfügung stand, ist mit Schreibmaschine hergestellt, vervielfältigt und, wie festgestellt wurde, auch an andere Vertrauenspersonen in der Provinz versendet worden. Darin werden von den Ortsgruppenleitern Berichte über die gegenwärtige Lage der Organisation verlangt und Anweisungen zur Durchführung einer ›Hilfs- und Solidaritätskampagne für die politischen Gefangenen und Verfolgten‹ gegeben. Außerdem wird in dem Schreiben zur Organisierung von ›Demonstrationen vor den Gefängnissen für die Befreiung der Gefangenen‹, somit zu einer durch die Gesetze verbotenen Handlung aufgefordert. Dem erwähnten Schreiben lag auch ein Zettel bei,

558 Fry, Spymaster, 61f.
559 Forbes, Im Schatten der Diktaturen, 12.

der die Anweisung enthielt, die ›besondere Post‹ an die Adresse ›Goethebuchhandlung, Liechtensteinstraße No. 16‹ zu senden.«

Am 16. Mai 1933 kam Edith einmal mehr zur Buchhandlung. Dort lag für sie ein in St. Pölten aufgegebener Briefumschlag mit der Bezeichnung »Für Dora« zur Abholung bereit.[560] Doch dieses Mal schritten die beiden Kriminalbeamten ein. Bei Ediths anschließender Personendurchsuchung wurden unter anderem »vier verschlossene, zur Absendung an verschiedene Personen in der Provinz vorbereitete Briefe sowie ein blauer Briefumschlag mit der Aufschrift ›Otto‹, ferner 3 ›Kontrollstreifen‹ [...] gefunden. Bei der in ihrer Wohnung durchgeführten Hausdurchsuchung wurden ein Vervielfältigungsapparat und verschiedenes Schriftenmaterial als bedenklich saisiert [beschlagnahmt].«[561] Die Kontrollstreifen dienten zur Empfangsbestätigung: Zu diesem Zweck versah der Empfänger den Streifen nach Erhalt mit dem Anfangsbuchstaben seines Ortes und schickte diesen zurück.[562]

Edith gab an, »auf Ersuchen eines ihr nicht näher bekannten Mannes seit etwa zwei Monaten aus Gefälligkeit in der Goethebuchhandlung eingelangte Briefsendungen unter dem Namen Braun abzuholen und ihm zu übergeben. Über den Inhalt dieser Sendungen sei ihr Genaueres nicht bekannt.« Das seien »mit größter Hinterhältigkeit gemachte Angaben« gewesen, beschwerten sich die frustrierten Vernehmer im Schreiben an die Staatsanwaltschaft.[563] In einer weiteren Vernehmung gab Edith zu ihrem Auftraggeber folgendes an: Sie habe ihn vor ca. einem Dreivierteljahr in einem ihr »nicht mehr erinnerlichen Kaffeehaus Wiens« als Teil einer Gesellschaft kennengelernt. »Seinen Namen weiß ich nicht, sein ungefähres Alter sowie seine Personenbeschreibung gebe ich nicht an. Im Laufe des Gespräches fragte er mich, ob ich bereit wäre, einen Gefälligkeitsdienst für die ›rote Hilfe‹, eine, wie er betonte, überparteiliche Organisation, zu leisten, welcher darin bestünde, dass ich von irgendwo Post abholen und ihm übergeben würde. [...] Mein Bekannter hat mir über den Inhalt und Zweck dieser Post nichts gesagt, auch habe ich ihn darüber nicht befragt.«[564]

560 Bundes-Polizeidirektion in Wien an die Staatsanwaltschaft Wien, 18. 5. 1933, in: WStLA, Landesgericht für Strafsachen, A 11 – Vr-Strafakten: I. 3542/1933 – I Vr 3542/1933.

561 Ebenda.

562 Abschrift, in: Ebenda.

563 Bundes-Polizeidirektion in Wien an die Staatsanwaltschaft Wien, 18. 5. 1933, in: Ebenda.

564 Niederschrift, 18. 5. 1933, in: Ebenda.

Edith führte aus: »Meinen Bekannten, der mich um die Übernahme und Überbringung der Korrespondenz in der Goethebuchhandlung ersuchte, kenne ich dem Namen nach nicht. Die Übergabe erfolgte an verschiedenen Orten, welche ich aber nicht nenne. Sonstige Auftraggeber habe ich nicht gehabt.« Bei Edith wurden unter anderem Briefe von Alexander Tudor-Hart, eine maschinengeschriebene Übersetzung eines Kapitels aus dem Buch »Lenin« sowie »Informationsnachrichten der Informationsabteilung des Z. K. der K. P. Ö.« gefunden. Laut ihr handelte es sich dabei um »statistisch-ökonomische Daten«. Außerdem hielt man ihr eine von ihr hergestellte Übersetzung aus »Das Leben unter den Sowjets« vor.[565] Die sichergestellten Briefe enthielten Rundschreiben der KPÖ »mit aufreizendem Inhalt« an verschiedene Personen innerhalb des Bundesgebiets.[566]

Obgleich ein Schriftgutachten zu einem anderen Schluss kam, blieb Edith bei der Version, dass sie die eingelegten Bestätigungszettel »nicht selbst gemacht« und die Briefe »in Unkenntnis ihres Inhaltes weiterbefördert habe«.[567] Das bei ihr vorgefundene Propagandamaterial sei »allgemein erhältlich«. Sie selbst »unterhalte zur kommunistischen Partei keinerlei Beziehungen«. Deshalb gab sie auch in einer Vernehmung gegenüber dem Richter Otto Mensi gleich eingangs an: »Ich fühle mich nicht schuldig«.[568] Die vier Empfängerinnen und Empfänger der bei Edith gefundenen Briefe wurden als Zeugen vernommen, was aber nichts ergab. Diese Personen erklärten, dass ihnen Edith und Sonnenfeld unbekannt seien, zudem hatten sie noch »nie Briefe der K. P.« bekommen.[569] Somit blieb nichts anderes übrig, als Edith am 14. Juni 1933 »gegen Gelöbnis« zu enthaften.[570] Nachträglich wurde erhoben, dass sie seit August 1933 »mit dem englischen Staatsbürger Alexander Hart verehelicht« sei und sich seither in Großbritannien befinde, »wo sie ständig verbleiben wird.«[571]

Alexander war während Ediths Haft sehr besorgt gewesen. »Wir heiraten, sobald du hier herauskommst. Die englische Botschaft ist bereits

565 Niederschrift. 17. 5. 1933, in: Ebenda.
566 Beschluss, 20. 5. 1933, in: Ebenda.
567 Vernehmung, 20. 7. 1933, in: Ebenda.
568 Vernehmung des Beschuldigten, fortgesetzt am 20. 5. 1933, in: Ebenda.
569 Zeugenvernehmung, 26. 5. 1933, in: Ebenda.
570 Vernehmung des Beschuldigten, fortgesetzt am 14. 6. 1933, in: Ebenda.
571 Bericht, 14. 4. 1934, in: Ebenda.

benachrichtigt«, soll er gesagt haben. Nachdem Edith nach einem Monat aus der Untersuchungshaft entlassen worden war, ging sie aber erst in die Wohnung ihrer Freundin Litzi Friedmann. Diese beherbergte dort gerade seit zwei Tagen Kim Philby. Er wirkte auf Edith sehr sympathisch: »Wäre sie nicht mit Alexander liiert gewesen, sie hätte sich, wie sie später oft betonte, auf der Stelle in den jungen Mann verliebt«, weiß Ediths Biograf Peter Stephan-Jungk zu berichten.[572]

Noch im August 1933 heirateten Edith und Alexander in Wien. Ihren britischen Pass bekam sie am 18. August 1933 von MI6-Stationschef Kendrick ausgestellt. Dieser mochte kein Mittel gehabt haben, ihr das Dokument zu verweigern. Aber die Überwachung des Paars lief nach der Übersiedlung nach Großbritannien an.[573] So ließ die *Special Branch* MI5 am 21. Februar 1934 wissen: »Von Dr. Hart hat man keine politischen Meinungen an seiner derzeitigen Arbeitsstätte gehört und er hat auch nicht an extremistischen Aktivitäten seit 1930 teilgenommen. Es gibt allerdings keinen Grund anzunehmen, dass er die Förderung des kommunistischen Ideals komplett aufgegeben hat.«[574] Edith begleitete Alexander zunächst 1934 für einige Monate ins Rhondda Valley in Wales, wo er Bergleute und Zinnarbeiter kostenlos behandelte. Sie nutzte die Zeit und fotografierte die streikenden Kumpel und die von der kommunistischen Partei organisierten Hungermärsche. Diese Fotoreportagen erschienen daraufhin in Zeitschriften wie *The Listener*, *The Social Scene* oder *News Chronicle* und Edith machte sich damit einen Namen als sozialkritische Fotografin.[575]

Am 14. April 1936 kam der gemeinsame Sohn Thomas Martin Tudor-Hart, genannt »Tommy«, zur Welt. Wenige Monate später, im September 1936, stellte Alexander seine Frau vor vollendete Tatsachen. Er werde nach Spanien gehen und dort Verletzte des Bürgerkriegs behandeln. Aber er blieb nicht zwei oder drei Monate, sondern war zwei Jahre fort. In dieser Zeit half er unzähligen Kriegsverwundeten, schickte jedoch keinerlei finanzielle Unterstützung nach Hause.[576] Erst Anfang 1939 kehrte

572 Jungk, Dunkelkammern, 72.
573 Fry, Spymaster, 62.
574 Special Branch to MI5, 21.2.1934, in: TNA, KV 2/1603.
575 Jungk, Dunkelkammern, 101f.
576 Ebenda, 113.

Alexander zurück. Das Trauma des Krieges hatte ihn verändert: Eines Nachts verschwand er und kam nicht wieder. Nachdem er sich über ein Jahr nicht mehr gemeldet hatte, reichte Edith Anfang 1940 die Scheidung ein.[577] Sie musste sich alleine um Tommy kümmern, der ab dem fünften Lebensjahr schweren Autismus entwickelte. Ab seinem elften Lebensjahr wurde der Junge in verschiedene psychiatrische Anstalten eingewiesen und bis zu seinem Tod 1987 nie vollständig entlassen. Das tragische Schicksal ihres Sohnes war zeitlebens eine schwere psychische und finanzielle Bürde für Edith, die nichts unversucht ließ, um Tommy zu helfen. Sie ließ ihn unter anderem bei Anna Freud und dem Kinderarzt Donald Winnicott behandeln. Aber alle Hoffnungen sollten sich als vergeblich herausstellen.[578]

Zumindest ihr Dasein als Fotografin entwickelte sich positiv. Sie betrieb ein Fotostudio, das sich auf Kinderporträts spezialisierte und, wie sogar der MI5 einräumen musste, »gut lief« – zuerst in Haverstock Hill Nr. 158, dann in Acre Lane Nr. 68 und später in der Duke Street Nr. 17.[579] In der wirtschaftlichen Erholungsphase Mitte der 1930er-Jahre konnte sich Edith außerdem einige Werbeaufträge sichern. Ihr Briefkopf bekundete selbstbewusst: »Edith Tudor-Hart – Moderne Fotografie«. Modern war vor allem ihre sozialkritische Dokumentarfotografie, die in der Bildkultur der 1930er-Jahre noch eine untergeordnete Rolle spielte. Edith porträtierte den von Armut geprägten Lebensalltag in britischen Industriegebieten genauso wie zuvor die Wiener Elendsquartiere und die politischen Auseinandersetzungen auf den Straßen der österreichischen Hauptstadt.[580] Dabei nutzte sie nie eine herkömmliche 35mm-Kamera, sondern

Die erste Adresse von Edith Tudor-Harts Fotostudio war Haverstock Hill Nr. 153 in Camden.

577 Ebenda, 135f.

578 Ebenda.

579 Tudor-Hart, Edith, 3.4.1942, in: TNA, KV 2/1013, 51a.

580 Forbes, Edith-Tudor Hart in London, 67f.

eine Mittelformat-Rolleiflex, die in Hüfthöhe gehalten wurde. Dieser ermöglichte ein schnelles Arbeiten und ermutigte den Fotografen zum Dialog mit der abzulichtenden Person.[581] Für Edith stellte die Fotografie ein Medium dar, um eine starke soziale Botschaft zu vermitteln. »Sie betrachtete die Kamera als eine politische Waffe – eine, die dazu beitragen könnte, ein breiteres Bewusstsein für das Leben der Arbeiterklasse zu schaffen, das sie in Wien, London und im Rhondda Valley in Wales sah: schockierende Lebensbedingungen, Arbeitslosigkeit, Krankheit und Hunger«, so ihr Biograf Jungk.[582]

Ein Förderer von Ediths Arbeit war der modernistische Designer und Bauunternehmer Jack Pritchard, der in London eine Art Anlaufstelle für emigrierte Architekten und Designer bildete. Pritchard war 1931 selbst in Dessau am Bauhaus gewesen. Mit seiner Geliebten Beatrice Tudor-Hart, der Schwester von Alexander Tudor-Hart, hatte er die 1929 geborene Tochter Jennifer.[583] Beatrice wurde in einem *Special Branch*-Bericht von 1934 als »bekannte Extremistin« beschrieben, die mit der Organisation *Friends of the Soviet Union* sympathisiere.[584]

In dem von Pritchard in Auftrag gegebenen Isokon-Gebäude in der Lawn Road lebte wie bereits erwähnt 1936 Arnold Deutsch. Edith hatte ihren früheren Geliebten dem Ehepaar Pritchard vorgestellt und half Deutsch und seiner Frau Josefine, im Iskokon-Gebäude einzuziehen. Dass sich Ediths Fotostudio damals in der Havistock-Hill-Straße befand, zwei Minuten Fußweg von den Lawn Road Flats entfernt, war für die Zusammenarbeit mit Deutsch hilfreich. Sie selbst hatte 1934 die offiziellen Fotos von der Eröffnung des Isokon-Gebäudes geschossen.[585] Den Observanten des MI5 fiel auf, dass es sich um einen »Treffpunkt von Personen« handelte, die »in kommunistischen Angelegenheiten interessiert« seien. Ediths Studio wurde auch von dem Agenten Brian Gold-Verschoyle frequentiert, genauso wie von dessen Freundin Charlotte Moos. Diese hatte gehofft, in

581 Forbes, Im Schatten der Diktaturen, 17.

582 Peter Stephan Jungk, Lives of the Artists. Edith Tudor-Hart: My Great-Aunt, the Spy, in: Tate ETC, 27.5.2019, https://www.tate.org.uk/tate-etc/issue-46-summer-2019/lives-artists-edith-tudor-hart-great-aunt-spy-peter-stephan-jungk.

583 Burke, Flats, 22.

584 Burke, Spy, 81.

585 Burke, Flats, 94.

Ediths Fotolabor Arbeit zu finden. Dafür gab es zu wenig zu tun. Aber Edith sei eine großzügige Freundin gewesen. Moos kam häufig in Ediths Wohnung, um die Wäsche zu waschen, ein Bad zu nehmen und manchmal eine gute Mahlzeit einzunehmen. Das alles spielte sich vor den Augen von zwei Polizeibeamten in Zivil ab, die das Kommen und Gehen von der anderen Straßenseite aus beobachteten.[586]

Es dauerte nicht lange und Edith war in eine weitere Spionage-Affäre verwickelt. Als 1938 der kommunistische Agenten-Zirkel rund um Percy Glading enttarnt wurde, verdächtigte man Edith, fotografische Ausrüstung zur Verfügung gestellt zu haben. Glading hatte eine Leica-Kamera genutzt, die laut einer bei ihm gefundenen Rechnung im Januar 1937 von Edith gekauft und an ihr Fotostudio in der Acre Lane geliefert worden war. Der Eindruck, dass Glading Edith als eine etablierte professionelle Fotografin benutzt hatte, um Ausrüstung zu beschaffen, drängte sich geradezu auf, heißt es in einem zusammenfassenden Bericht von 1951. Außerdem habe Edith in den Jahren 1930 und 1931 Verbindung zur späteren Ehefrau von Glading gehabt.[587] Edith versicherte bei einem MI5-Verhör, nie die Eigentümerin der Kamera gewesen zu sein. Tatsächlich soll ihr Glading die Kamera um vier Pfund abgekauft und dann die Rechnung fahrlässigerweise aufbewahrt haben.[588]

Beim MI5 machte man sich keine Illusionen. Major General Sir Vernon Kell, der langjährige erste Direktor, zeichnete 1940 einen längeren Brief an den Polizeichef von Birmingham, in dem es um das Ehepaar Tudor-Hart ging. Zunächst auf Alexander gemünzt, schrieb Kell: »Mein Eindruck ist, dass er keine sehr kompetente Person ist und viel weniger wichtig in der Partei als seine […] Frau, Edith Suschitzky. Ihr Name wird mit Untergrund-Aktivitäten in Zusammenhang gebracht und sie war ziemlich sicher in die Glading-Organisation verstrickt.«[589]

Für den Geheimdienst ebenfalls von Interesse waren Ediths Verbindungen mit Exilorganisationen österreichischer Kommunisten. Denn sie sorgte für deren klandestine Vernetzung mit der britischen CPGB, was

586 Brinson, Dove, Matter, 83.
587 Edith Tudor-Hart, 1.12.1951, in: TNA, KV 2/4091, 166a.
588 Jungk, Dunkelkammern, 127f.
589 Kell an Moriarty, 9.5.1940, in: TNA, KV 2/1013.

auch für Moskau von strategischer Bedeutung war.[590] Zu ihren Bekanntschaften zählten etwa Viktor Bunzl, der Sekretär der *Assocication of Democratic Austrians*, Paul Löw-Beer, ein österreichischer Chemiker und Fabrikbesitzer und der Journalist Leopold Martin Hornik. In einem MI5-Bericht von 1945 ebenfalls erwähnt wird – wenngleich unter einem Decknamen – Litzi Friedmann, die damals als Betriebsrätin und Mitglied in der CPGB gewerkt haben soll. Ein Leser dieser Meldung fügte später handschriftlich die Anmerkung »Philby« samt einer Aktenzahl hinzu.[591] Ein weiterer Bericht erwähnt außerdem die Exilanten Otto und Liesl Wantoch, die angeblich zum Zirkel von Edith zählen würden.[592]

Eine anonyme Quelle lieferte dem MI5 Hinweise auf die angeblich weiterhin aktive Vernetzungsarbeit von Edith kurz nach Ende des Zweiten Weltkrieges: »Von 1945 an, begann [Name gelöscht] regelmäßig Berichte über Tudor-Hart vorzulegen. Es wurde gesagt, sie habe einen interessanten Zirkel von Intellektuellen um sich und habe Diskussionsgruppen organisiert. Dieser Zirkel, zu dem Persönlichkeiten wie Denis Nowell Pritt,[593] Lizzy Feavre [Friedmann], Arthur Wynn[594] und prominente österreichische Kommunisten im Vereinigten Königreich, gehörten, gedieh im Verlauf des Jahres 1945 bis Mitte 1946, als es aussah, dass die Aktivitäten zurückgingen.«[595]

Als der MI5 Anfang der 1950er-Jahre den Spuren von Philbys Rekrutierung nachging, war es nur eine Frage der Zeit, bis Edith ins Visier geriet. Sie war es doch gewesen, die 1934 Philbys Talent »entdeckt« und wie bereits beschrieben seine Anwerbung durch Deutsch in die Wege geleitet hatte. Der MI5 spürte Edith bereits seit Jahren nach, öffnete ihre Post und hörte das Telefon ab. Am 8. Jänner 1952 befragten zwei MI5-Beamte Edith für eine Stunde im Schlafzimmer ihrer Wohnung am Grove End Court Nr. 12. Das gestaltete sich schwierig. Tudor-Hart habe wie jemand geantwortet, der dafür ausgebildet worden war, einem Verhör standzuhalten, heißt es in

590 Forbes, Edith Tudor-Hart in London, 72.

591 Edith Tudor-Hart, 9. 9. 1945, in: TNA, KV 2/1013, 66a.

592 Edith Tudor-Hart, 22. 10. 1945, in: TNA, KV 2/1013, 69a.

593 Denis Nowell Pritt war zwischen 1935 bis 1940 Parlamentsabgeordneter der Labour Party. Er wurde 1940 wegen der Befürwortung des Einmarschs der Roten Armee in Finnland aus der Partei ausgeschlossen und war von 1940 bis 1950 parteiloses Parlamentsmitglied.

594 Arthur Wynn war ein britischer Beamter und Sozialforscher und wurde von Edith Tudor-Hart rekrutiert. Er baute den weniger bekannten Oxford-Spionagering auf.

595 Edith Tudor-Hart, 1. 12. 1951, in: TNA, KV 2/4091, 166a.

dem Bericht dazu. Sie stritt »nach bestem Wissen« jede Bekanntschaft mit Philby ab und wollte ihn auch auf einem vorgelegten Foto nicht erkennen. Litzi habe sie erst in Großbritannien getroffen. Auch die Kontakte zu den österreichischen kommunistischen Emigranten relativierte sie: Sie habe gelegentlich das *Austrian Centre* besucht. Unter den dort versammelten Emigranten seien Antifaschisten gewesen – Sozialisten und andere Kommunisten, aber das Zentrum habe keine Partei alleine repräsentiert.

Als man sie damit konfrontierte, dass sie angeblich die Schatzmeisterin des *Austrian Centre* gewesen sei, stritt Edith dies ab und meinte, dass sie keine zwei Pennys zusammenlegen könne. Auch kenne sie Glading nicht, allenfalls dessen Frau Rosa – weil diese zehn Jahre vor der Hochzeit mit Glading gemeinsam mit ihr in Westbourne Terrace gelebt hätte. »Diese Frau machte Ausflüchte vom Anfang des Interviews bis zu seinem Ende und das dauerte eine volle Stunde. Abgesehen von außergewöhnlichen Momenten hier und da, war sie komplett gefasst und beantwortete die Fragen in der Manier einer Person, die gut darauf trainiert ist, einem Verhör zu widerstehen. Es ist schwierig, zu irgendeiner Einschätzung zu kommen, ob und überhaupt sie von H. A. R. [Harold Adrian Russell] Philby wusste. Ich denke, die Möglichkeit beschränkt sich wohl auf ein oder zwei gelegentliche Treffen mit ihm, als er mit Lizzy als deren Ehemann zusammenlebte«, hieß es in dem zusammenfassenden Bericht über das Verhör. Edith hatte die erste Runde gewonnen. Aber die MI5-Beamten machten klar, dass sie damit rechnen müsse, nochmals vom Geheimdienst zu hören – außer sie selbst ergreife die Initiative und rufe im Raum 055 an, dessen Nummer die Agenten hinterließen.[596]

Man sah es als erwiesen an, dass Tudor-Hart bereits ab 1932 für den sowjetischen Geheimdienst in Österreich gearbeitet hatte.[597] Das war auch das Einzige, was sie schon in einem früheren Verhör zugab.[598] Den ermittelnden MI5-Beamten erschien es auffällig, dass beide – Edith und Litzi – 1933 bzw. 1934 in Wien einen britischen Staatsbürger geheiratet hatten, nämlich Tudor-Hart und Philby. Der MI5 sah darin ein mögliches Manöver des sowjetischen Geheimdiensts und der Komintern, gefährdete Agentinnen in

596 Interview with Edith Tudor-Hart on 8. 1. 1952, in: TNA, KV2/4091, 180b.

597 Summary of Information, 28. 11. 1951, in: TNA, KV2/4091, 163c.

598 Jungk, Dunkelkammern, 174.

Zeiten von politischem Chaos in Österreich in Sicherheit zu bringen. Der Offizier, der den diesbezüglichen Bericht verfasste, charakterisierte Edith darüber hinaus als eine »typisch emotionale, introspektive und etwas intellektuelle Wiener Jüdin«.[599]

1951 gab eine Quelle Auskunft über Edith und beschrieb sie als »hoch neurotische und unter Verfolgungswahn leidende, kranke Frau«. In Gesprächen wären immer die Behörden Thema, die ihr auf den Fersen seien. Die Quelle nahm diese Ausbrüche aber nicht ernst. Bei einer Unterhaltung im Jahr 1951 äußerte Edith die Sorge, dass ihr Haus und Studio bald von der Polizei durchsucht würden. Deswegen sei sie ihre alten Negative durchgegangen, die sie vernichten wolle, da sie ansonsten benützt würden, um sie zu belasten. Sie habe drei bestimmte Fotografien erwähnt – Porträts von Denis Nowell Pritt, Paul Robeson und Kim Philby. Als die Quelle letzteren Namen hörte, habe er sie unterbrochen und gefragt, ob das der Ehemann von Litzi war. Tudor-Hart bejahte das und erzählte einige Aspekte aus Philbys Biografie, sagte aber nichts über die Beziehung zwischen Kim und Litzi. Die Quelle war jedenfalls irritiert, warum denn der Besitz eines Philby-Fotos Edith schaden könnte. Der Mann war sich aber ziemlich sicher, dass die beiden in der Zeit seiner Bekanntschaft mit Edith nichts miteinander zu tun hatten und das Foto daher aus den 1930er-Jahren stammen musste.[600] Das war grundsätzlich richtig, denn das besagte Foto entstand entweder in Wien 1933/34 oder 1934 in London. Jungk ist letzterer Meinung und gibt an, das Bild sei noch am Tag von Philbys Anwerbungsgespräch aufgenommen worden, und zwar im Anschluss an das Abendessen, als sich Philby zur Entspannung eine Pfeife anzündete.[601] Wenn man dieses Bild bei Edith gefunden hätte, wäre ihre Verbindung mit Philby bewiesen gewesen.

Die Vernehmer des MI5 – Dick White und Arthur Skardon – konfrontierten den unter Spionage-Verdacht stehenden Philby mit dem Namen Edith Tudor-Hart. Zu diesem Zeitpunkt wusste der Geheimdienst, dass Edith ein inkriminierendes Negativ vernichten wollte. Philby meinte, dass ihn schon viele fotografiert hätten, aber er könne sich an niemanden mit dem Namen Tudor-Hart erinnern. Skardon ließ nicht locker und versuchte

599 Edith Tudor-Hart, 1.12.1951, in: TNA, KV2/4091, 166a.
600 Interview with source, 2.10.1951, in: TNA, KV 2/1014, 14.
601 Jungk, Dunkelkammern, 85.

Philby aus der Reserve zu locken, indem er nochmals nachfragte, ob Philby eine Frau namens »Elisabeth Tudor-Hart« nie getroffen habe. Indem er den Namen falsch formulierte, hoffte Skardon, Philby würde ihn korrigieren. Aber der blieb ungerührt und wiederholte nur, dass er diese Person nicht kenne.[602]

Später sollte Philby im Salon seiner Moskauer Wohnung eben jenes Foto präsentieren. Er hatte es gerahmt und in der Mitte des Bücherregals platziert.[603] Er ließ das Bild auch in seinen Memoiren *My Silent War* abdrucken. Das war angeblich eine Art bewusste Racheaktion an Skardon. »Das Negativ war vernichtet worden, aber den Abzug habe ich behalten«, sagte Philby. Es habe ihm Genugtuung verschafft, dass »weder Dick White noch sonst jemand beweisen konnte, dass Tudor-Hart das Foto gemacht hat«.[604]

Im Mai 1952 erlitt Edith einen Nervenzusammenbruch. MI5-Agenten hatten sie erneut aufgesucht und ihr noch an der Türschwelle kurz und bündig mitgeteilt: »Wir wünschen nicht, herauszufinden, dass sie ihre Arbeit als Berufsfotografin in irgendeiner Art und Weise fortführen. Haben Sie das verstanden?« Zum Abschied salutierten die Geheimdienstleute wie Soldaten. Dieses Berufsverbot löste einen solchen Schock aus, dass sich Edith drei Monate zur Behandlung ins West Park Hotel begab.[605] Ihre Spionagekarriere war ebenso beendet – ab etwa Ende 1953 gab es keinen Kontakt mehr mit dem sowjetischen Geheimdienst.[606] In weiterer Folge musste sie sich mit Gelegenheitsjobs durchschlagen, auch wegen der finanziellen Belastung durch die Behandlung für Tommy. Sie arbeitete in der Stoffabteilung eines Einrichtungshauses, bei einem Rechtsanwalt, als Sozialarbeiterin und als Hilfskraft bei einem Antiquitätenhändler. 1957 übersiedelte sie nach Hove, westlich von Brighton, wo sie 1962 einen Antiquitätenladen eröffnete.[607]

Wie belastend alles für Edith war, wird aus einem nachträglichen MI5-Bericht aus dem Jahr 1965 deutlich. Darin wird geschildert, dass Edith zum Zeitpunkt des Verhörs 1952 bereits in einem schlechten Gesundheitszustand

602 Zarew, Costello, Superagent, 215.
603 Jungk, Dunkelkammern, 307.
604 Zarew, Costello, Superagent, 215f.
605 Jungk, Dunkelkammern, 243f.
606 Ebenda, 256 und 295.
607 Ebenda, 247–266.

gewesen sei, »wahrscheinlich verursacht durch den Stress, dem sie ausgesetzt war, aufgrund der Notwendigkeit, sich um ihren geistig behinderten Sohn zu kümmern. Aus den vorhandenen Beweisen kann nur geschlossen werden, dass sie emotional, introspektiv und, in den frühen 1950er-Jahren, unausgewogen bis zum Punkt des Wahnsinns war. […] Wie so viele linke Intellektuelle ihrer Generation zeigte sie ungesundes Interesse für Psychologie und Psychiatrie. Sie brachte ihren Sohn ständig in Kliniken und zu Spezialisten für psychiatrische Behandlung und es scheint möglich, dass sie auch selbst diese aufgesucht hat. Verschiedene Berichte haben sie als neurotisch beschrieben, […], als jemanden, der unter Verfolgungswahn leidet. Ihre Telefongespräche haben allerdings keine positiven Symptome dafür gezeigt. Es sieht so aus, als ob sie ihre Gesundheit wiedergewonnen hat. Der letzte Bericht (1965) suggeriert, dass sie sich nun in einem respektablen bürgerlichen Leben niedergelassen hat.«[608]

1965 – nach den diversen Enthüllungen in der Causa rund um die Cambridge Five – wurde auch das Verhältnis zwischen Tudor-Hart und Litzi/Philby neu bewertet. Anthony Blunt hatte schon 1964 eingeräumt, dass Edith eine enge Freundin von Litzi gewesen sei und er immer geglaubt habe, dass sie Philby als ersten des Spionagerings rekrutiert habe. Sie sei die »Großmutter von uns allen« gewesen, obwohl er sie selbst nie traf.[609] Der MI5 kam zum Schluss, dass Tudor-Hart wohl mehr als Kurier bzw. Vermittlerin denn als Spionin gehandelt hatte: »Es ist wahrscheinlich, dass Philby dem russischen Nachrichtendienst durch Edith T[udor-H[art]. bekannt wurde. Von Edith T-H. ist bekannt, dass sie mit Lizzy Philby im Vereinigten Königreich im September 1945 in Kontakt war und sicher waren beide in Wien zwischen 1931 und 1935 bekannt. Als sie verhört wurde, stritt Edith T-H. ab, Lizzy in Wien gekannt zu haben und sagte, dass sie Philby nie getroffen habe. Allerdings sprach sie zu verschiedenen kommunistischen Freunden immer wieder darüber, dass sie Angst davor habe, man könne bei ihr ein fotografisches Negativ von Philby finden.« Obwohl es keinen Beweis dafür gebe, dass Edith T-H. und Philby einander getroffen hätten, lege der Besitz eines fotografischen Negativs und die Tatsache,

608 Note in the Case of Edith Tudor-Hart, 16. 7. 1965, in: TNA, KV 2/4093, 311a.
609 Report, 2. 7. 1964, in: TNA, KV 2/4093, 306a.

dass sie beide zur selben Zeit für einige Monate Ende 1933 in Wien lebten, nahe, dass die beiden miteinander zu tun hatten. »Lizzy Philby und Edith T-H. bewegten sich in denselben kommunistischen Zirkeln in Wien und es ist schwierig, ihr Leugnen zu akzeptieren, dass sie erst bekannt wurden, als die beiden in Großbritannien waren.«[610]

Im MI5 dachte man sogar daran, »Tudor-Hart nochmals in der näheren Zukunft zu besuchen – mit der Aussicht, wenn möglich, ihre Hilfe zu rekrutieren«. Es ging darum, den Kontakt mit bestimmten Deutschen und Österreichern wiederherzustellen, die dafür bekannt waren, in sowjetische Spionage involviert gewesen zu sein. Angeblich waren einige von ihnen wegen ihrer jüdischen Herkunft nun von Säuberungen in Ostblockländern betroffen. Konkret dachte man daran, Edith zu den »Honigmanns« [Georg und »Litzi« Honigmann] zu befragen, »die beide, wie kürzlich berichtet, in Ost-Berlin verhaftet worden sein sollen«.[611] Das war ein falsches Gerücht, aber der MI5 wollte Anzeichen erkennen, dass »Tudor-Hart von der kommunistischen Partei nicht mehr vertraut wird und sie nun in einer besseren Geisteshaltung sei, mit den Behörden zu kooperieren«.[612] Aus Ediths MI5-Akte geht kein Rückschluss hervor, ob dieses Ansinnen tatsächlich in die Tat umgesetzt wurde.

In der Nacht vom 11. auf den 12. Mai 1973 verstarb Edith im Schlaf. Sie litt an Leberkrebs und war zuletzt gezeichnet von Bauchschmerzen und Übelkeitsattacken infolge konstanter Anspannung. Ihr Bruder Wolf würdigte seine Schwester in einer kurzen Ansprache als »bemerkenswerte Frau: fabelhaft intelligent und völlig unabhängig. Vielleicht verstand man nicht immer, was sie umtrieb, vielleicht war sie auch nicht die beste Zuhörerin, aber das lag daran, dass sie schon zwei Schritte weiter war als ihr Gegenüber. Edith hat nicht viel Glück gehabt in ihrem Leben. […] Obwohl es nicht immer leicht war, mit ihr umzugehen und nicht immer leicht, ihr nahezukommen – diejenigen, die sie mochte oder gar liebte, wurden die engsten Freunde, für die sie nicht genug tun konnte. Sie haben ihr das Leben am Ende leichter gemacht.«[613] Man vergaß nach dem Begräbnis,

610 Note on the Case of Edith Tudor-Hart, 16. 7. 1965, in: TNA, KV2/4093, 311a.

611 Hierbei handelte es sich um ein falsches Gerücht.

612 Briefing Sheet, in: TNA, KV 2/4092, 244c.

613 Jungk, Dunkelkammern, 300.

die kremierte Asche abzuholen. Diese wurde von der Friedhofsverwaltung auf einem dafür vorgesehen Wiesengrundstück oberhalb von Brighton verstreut.[614] Sohn Tommy überlebte Edith um 14 Jahre.[615]

Auch wenn Ediths Leben von persönlicher Tragik geprägt war, so wird ihr zumindest posthum viel Anerkennung zuteil. 1987 erwähnte sie der Ex-MI5-Agent Peter Wright in seinem einflussreichen Enthüllungsbuch *Spycatcher* zum ersten Mal in Zusammenhang mit Spionage. Kryptisch, aber auch respektvoll, meinte Wright, Edith habe »1939/40« für die Cambridge Five als Kurierin gearbeitet und habe »zu lange in dem Spiel mitgespielt, um gebrochen werden zu können«.[616] In den 1990er-Jahren folgten dann diverse Publikationen, die auch mit Auszügen aus KGB-Unterlagen aufwarten konnten. Nigel West hat 2022 unter anderem die Porträts von Edith und Arnold Deutsch auf das Cover seines Buchs »Spies who have changed History. The Greatest Spies & Agents of the 20th Century« platziert. Und darüber hinaus wird Edith auch als eine der ersten politischen Fotografinnen des 20. Jahrhunderts gewürdigt.

614 Dokumentarfilm »Auf Ediths Spuren« von Peter Stephan Jungk (2016).
615 Jungk, Dunkelkammern, 304.
616 Wright, Spycatcher, 257.

Der Atomspion: Engelbert Broda

Im Jänner 1943 trafen einander zwei Männer in einer Londoner U-Bahnstation. Der eine war der sowjetische Agent mit dem Decknamen »GLAN«, der in Wirklichkeit Vladimir Barkovsky hieß. Sein Kontaktmann: »ERIC«, laut Nigel West ebenfalls einer der größten Spione des 20. Jahrhunderts. »ERIC« steuerte einen substanziellen Beitrag dazu bei, dass es der Sowjetunion gelang, 1949 eine Atombombe zu zünden. Das westliche Atomwaffenentwicklungsprojekt – in Großbritannien *Tube Alloys* ab 1941 und in den USA *Manhattan-Projekt* ab 1942 – war eines der Hauptziele der sowjetischen Spionage gewesen. Im Rahmen der *Operation Enormous* wurde eine eigene »Linie XY« aufgestellt, die die notwendigen Informationen beschaffen sollte, um seitens der Sowjetunion gleichzuziehen. Dass es tatsächlich innerhalb von nur vier Jahren gelang, ein »Gleichgewicht des Schreckens« herzustellen, war einer der aufwendigsten und letztlich erfolgreichen Spionageoperationen der Geschichte zu verdanken. Einer der wichtigsten Zuträger war die Quelle »ERIC«. Erst 2009 lüftete sich der Schleier, wer »ERIC« wirklich war: der Österreicher Engelbert Broda.[617] Und auch in seinem Fall war es Edith Tudor-Hart, die Ende 1942 eine Schlüsselrolle spielte, Broda mit dem sowjetischen Geheimdienst zusammenzubringen.[618]

Engelbert Broda wurde 1910 als erster Sohn von Viola und Ernst Broda, einem Wiener Rechtsanwalt, geboren. Sein 1916 zur Welt gekommener Bruder Christian sollte später von 1960 bis 1966 und von 1970 bis 1983 für die SPÖ als österreichischer Justizminister fungieren. Die Brüder wuchsen in einem sozialdemokratisch und liberal geprägten Umfeld auf. Großen Einfluss auf Engelbert hatten sein Onkel Georg Wilhelm Pabst, später als G. W. Papst ein bekannter Hollywood-Regisseur, und der Anwalt Egon Schönhof, der aus der sowjetischen Kriegsgefangenschaft als überzeugter Kommunist zurückgekehrt war und 1942 in Auschwitz ermordet wurde. Engelbert Broda meinte später, er habe sich unter dem Eindruck der Begegnung mit solchen Männern selbst als Kommunisten betrachtet. Zunächst

617 West, Spies, 121.
618 Jungk, Dunkelkammern, 145.

war er 1928 der sozialdemokratischen Studentenvereinigung beigetreten und wurde Mitglied in der *Akademischen Legion* bzw. der Partei. Zwei Jahre später wechselte er zur KPÖ.[619] Auch sein Bruder Christian war ab Jänner 1931 Mitglied im kommunistischen Jugendverband.

Im Zuge der Ermittlungen zum bereits erwähnten Mord am deutschen Waffenhändler Semmelmann (1931) tauchten die beiden am Rande auf. Die Involvierung von zwei Söhnen einer angesehenen Wiener Familie machte damals Schlagzeilen. Bei Hausdurchsuchungen in der elterlichen Wohnung in der Prinz-Eugen-Straße und im Sommersitz, dem »Fünfturmschlössl« bei Leibnitz, wurde kommunistisches Propagandamaterial und eine KPÖ-Broschüre zur Agrarfrage gefunden. Bei den Verhören räumte Christian Broda ein, mehrmals Briefe aus dem Ausland an ihm unbekannte Empfänger weitergegeben zu haben. Außer Abonnentenwerbung für kommunistische Zeitschriften konnte man den Broda-Brüdern jedoch nichts nachweisen.[620]

Engelbert Broda hatte sein Studium der Chemie in Wien begonnen, ging aber in den frühen 1930er-Jahren nach Berlin, um es dort fortzusetzen. 1933 wurde er von den Nazis verhaftet – als Anführer der kommunistischen Studentenunion in Berlin, die eine ähnliche Gruppe in Frankfurt am Main organisiert hatte. Er wurde aufgrund einer Intervention durch den österreichischen Botschafter wieder freigelassen.[621] Broda kehrte nach Österreich zurück, promovierte 1934 an der Universität Wien und emigrierte im Jahr darauf aus politischen Gründen in die Tschechoslowakei.[622] Im September 1935 heiratete Broda Hildegard Gerwing, die aus einer jüdischen Familie in Aachen stammte. Gemeinsam reisten sie in die Sowjetunion und blieben dort für neun Monate zwischen 1935 und 1936.[623] Dieser Aufenthalt ist geheimnisumrankt und dürfte sogar den britischen Behörden entgangen sein. Denn Broda hatte eine komplexe Route nach Moskau gewählt: Von Prag aus reiste er im Dezember 1935 über Polen in die sowjetische Hauptstadt. Seine Frau kam im Juni 1936 nach und gemeinsam fuhren sie an die Schwarzmeerküste. Hildegard erkrankte aber und musste

619 Broda, Scientist Spies, 3–8.

620 Fememord in Gersthof, in: *Die Presse*, 22.5.2009.

621 Re: Dr. Engelbert Broda, 3.3.1955, in: TNA, KV 2/2354, 539A.

622 Mugrauer, Mandantinnen von Hugo Ebner, 156f.

623 West, Spies, 125.

Russland vorzeitig verlassen. In einem Brief von 1936, der über ein Postfach in Prag geschickt wurde, schrieb Broda, dass er stolz darauf sei, fließend »Tschechisch« zu sprechen, womit offenbar Russisch gemeint war, und er öfter Unterweisungen erhalte. Letzteres könnte eine Umschreibung für geheimdienstliche Schulungen sein, spekuliert der Historiker Volodarsky.[624] Aus der Sowjetunion zurück waren die Brodas kurz in Österreich, nur um nach dem »Anschluss« 1938 das Land wieder zu verlassen.[625]

Broda kam am 10. April 1938 in Großbritannien an, um an einem Treffen der *Faraday Society* teilzunehmen. Er erhielt in weiterer Folge eine Verlängerung seiner Aufenthaltsbewilligung.[626] Relativ rasch erweckte er das Interesse der Behörden. Am 23. Juli 1938 berichtete die Polizei, dass sich eine Gruppe österreichischer KommunistInnen seit einigen Monaten immer wieder in London treffe. Der Anführer sei Broda. Tudor-Hart wiederum fungiere als Verbindungsperson zur CPGB, wobei es auch darum gehe, die Exilanten unter Kontrolle zu halten.[627] Broda kannte sowohl Tudor-Hart als auch Litzi Friedmann und Philby aus Wien, wo er ihnen mehrmals begegnet war. Edith sah er nun in London wieder und im Frühjahr 1942 begannen die beiden auch eine Liebesbeziehung. Broda hatte zu diesem Zeitpunkt seine Frau Hilde verlassen. Allerdings reagierte Tommy äußerst rabiat auf seine Präsenz, was das Zusammensein überschattete.[628] Die Beziehung hielt bis Anfang März 1947. Da eröffnete Broda seiner Geliebten, dass er beschlossen habe, wieder zu heiraten und nach Wien zurückzukehren.[629]

Zurück ins Jahr 1939, als der MI5 in Sachen Broda bilanzierte: Obgleich man sehr vorsichtig bei der Beobachtung gewesen sei, indem Brodas Post und seine Bewegungen überwacht wurden, war nicht mehr herausgefunden worden, als dass er seine lokale Gruppe in »antinazistischer Weise« organisiere. Seine Verbindung mit Tudor-Hart sei nicht so außergewöhnlich, wenn man bedenke, dass beide aus Österreich stammten. Der Fall Broda werfe die grundsätzliche Frage auf, wie man mit den auswärtigen

624 Volodarsky, Agent, 486.

625 Re: Dr. Engelbert Broda, 3. 3. 1955, in: TNA, KV 2/2354, 539A.

626 Broda, Engelbert, in: TNA, KV 2/2352.

627 Cross-Reference, 20. 7. 1938, in: TNA, KV2/1012, 35a.

628 Jungk, Dunkelkammern, 163.

629 Ebenda, 175.

kommunistischen Gruppen umgehen solle.[630] Diesbezüglich wandte sich der MI5 Ende Oktober 1939 an das Innenministerium. Auch wenn es die Dinge vereinfachen würde, wenn man »Leute wie Broda hinter Schloss und Riegel« hätte, so gebe es keinen Beweis dafür, dass dieser und andere die Gastfreundschaft betrogen hätten, weil sie politische Aktivitäten betreiben würden, die nur ihre eigenen Landsleute betreffen. Einige hätten Kontakt mit der CPGB, unterstützten »aber, soweit wir wissen«, in keiner Weise die Verbreitung des Kommunismus in Großbritannien. Das bedeute aber nicht, dass sie unter bestimmten Umständen nicht aktiv werden könnten. Auch das *Austrian Centre*, wo Broda einer der bestimmenden Geister sei, könne nicht als in erster Linie als kommunistisch betrachtet werden: »Wir denken, dass, solange nicht die Einstellung der Kommunisten signalisiert, sie wären auf der Seite von Hitler im Krieg und gegen uns, sollten wir uns darauf beschränken, nur jene fremden Kommunisten zu internieren, denen wir nachweisen können, dass sie sich aktiv an der Arbeit der britischen KP beteiligen.«[631]

Broda war tatsächlich eng mit dem Exekutiv-Komitee des *Austrian Centre* verbunden und gab dort die *Austrian News* heraus. Für den MI5 stellte er überhaupt die »treibende Kraft« hinter den Aktivitäten der Einrichtung dar. Seine wichtigste Mitarbeiterin dabei hieß Eva Kolmer, die laut dem MI5 so etwas wie eine »Generalsekretärin« für Broda und das *Austrian Centre* sei. Sie schicke Broda Berichte und halte ihn über die Aktivitäten der Mitglieder am Laufen. Wenn man nicht den »Schreibtisch dieses Mannes untersucht hätte«, wäre nichts herausgefunden worden, um seine Verbindung mit dem *Austrian Centre* zu belegen, »weil er am Tag üblicherweise damit beschäftigt ist, seine chemischen Studien zu verfolgen«.[632] Außerdem sei Broda mit zahlreichen britischen linken Sympathisanten und Kommunisten in Kontakt, darunter John Lehmann, »Mrs. Tudor-Hart«, Leopold Hornik, Andrew d'Antal, Charlotte Alexander und John Cameron White.[633]

1939 und 1940 wurde Broda für ein paar Monate interniert, weil nach Meinung der Behörden wegen seiner »Kontrolle über eine geheime

630 Schreiben an Norman Kendal, 11. 10. 1939, in: TNA, KV 2/2349, 83a.
631 MI5 an Home Office, 25. 10. 1939, in: TNA, KV 2/2349.
632 H. O. file B. 14618. Engelbert Broda, 6. 10. 1939, in: TNA, KV 2/2349, 85a.
633 Broda, Engelbert, 13. 2. 1940, in: TNA, KV 2/2349, 98a.

kommunistische Gruppe« eine Sicherheitsbedrohung ausging.[634] Nachdem er aus der Internierung entlassen worden war, lebte Broda eine Zeit lang bei einem Gönner in der Grafschaft Surrey. Es handelte sich um Sir William Bragg vom *Davy Faraday Research Laboratory*, der für Broda zweimal schriftlich interveniert hatte.[635] Das war Anlass für MI5-Chef Kell an den dortigen *Chief Constable* zu schreiben, den Geheimdienst über Broda auf dem Laufenden zu halten. »Broda ist ein aktives Mitglied des *Austrian Centre* in London, wurde im Oktober 1939 interniert, aber im Dezember freigelassen. Wir wurden informiert, dass dieser Mann ein gefährlicher Kommunist ist. Wir sollten daher dankbar sein für jede Information, die sie über seine politischen Aktivitäten und Verbindungen erhalten.«[636] Hatte man doch in Brodas Habseligkeiten ein Notizbuch gefunden, dass 41 Namen und Adressen enthielt – unter anderem fand sich ein Eintrag für eine »Mrs. Millis oder Miles« in der Londoner King Henry's Road Nr. 61. In derselben Straße lebte damals an den Hausnummern 57a und 111 Paddy Ayriss, der 1935 mit sowjetischer Spionage in Zusammenhang gebracht wurde und von 1936 bis 1944 in der sowjetischen Botschaft arbeitete.[637]

Engelbert Broda lebte unter anderem hier in Hamilton Gardens in Nordwest-London

Die Nervosität der Sicherheitsbehörden stand im Kontrast zur freundlichen Aufnahme Brodas in die wissenschaftliche Community. Im Februar 1939 nahm er eine Forschungsstelle am *Department of Physiology am University College London* (UCL) an. Die Stelle wurde durch die *Society for the Protection of Science and Learning* gefördert. Ende 1939 arbeitete er in *Professor Norriah's Laboratory* in Cambridge.[638] Nach einem weiteren Forschungsaufenthalt in Barking schlug das *Department of Scientific and Industrial Research* (DSIR) im November 1940 vor, dass Broda im *Cavendish Laboratory* in Cambridge arbeiten

634 Broda, Engelbert, in: TNA, KV 2/2352.
635 H. O. file B. 14618 re Engelbert Broda, in: TNA, KV 2/2349, 103a.
636 Kell an Nicholson, 13. 2. 1940, in: TNA, KV 2/2349, 94a.
637 Engelbert Egon Ernst August Broda, 14. 10. 1953, in: TNA, KV 2/2354, 495a.
638 Ebenda.

sollte und er bekam die dafür notwendige Erlaubnis im Dezember 1940. Für Sir Edward Appleton, von 1939 bis 1949 zuständiger DSIR-Minister, setzen die »Dringlichkeiten des Departments« Sicherheitsbedenken außer Kraft. Außerdem würde Broda »an dem noch geheimeren Teil« der Forschungsarbeit am *Cavendish Laboratory* nicht angestellt werden.[639]

Diese Einrichtung spielte im Zweiten Weltkrieg eine prominente Rolle. Ein Großteil der frühen Forschungen zu Radar und Atomphysik wurde dort durchgeführt. Physiker in Cavendish unternahmen auch wichtige Forschungen zu Plutonium. Das Team war Teil der britischen Direktion *Tube Alloys*, die in das US-amerikanische *Manhattan-Projekt* integriert wurde. Brodas Hintergrund prädestinierte ihn für die Arbeit im Bereich der Uran- und Plutonium-Chemie. Im Unterschied zum *Manhattan-Projekt* gab es im *Cavendish Laboratory* kein vergleichbares Schottensystem. Die Wissenschaftler konnten untereinander über alle Aspekte ihrer Arbeit sprechen.[640] Broda kannte Hans Halban, der im *Cavendish Laboratory* arbeitete, aus Jugendtagen in Österreich und letzterer wollte den Kollegen für das Atomforschungsprojekt anstellen lassen. Der Wunsch Halbans und die Zustimmung Appletons stachen die Sicherheitsbedenken aus. Broda wurde als fähiger Neuzugang angesehen und passte in die multinationale Community von mehrheitlich ausländischen Wissenschaftlern.[641]

Der MI5 erhob keinen Einwand, weil man überzeugt war, dass Brodas Fähigkeiten das Risiko ausglichen. Die Überwachung von Brodas Post wurde freilich aufrecht gehalten: »Die Arbeit, mit der er beschäftigt ist, ist von solch geheimer Natur, dass infolge des sowjetischen Interesses in solchen Angelegenheiten, es gewünscht ist, seine Korrespondenz zu überprüfen. Broda ist außerdem der Führer der kommunistisch inspirierten Association of Scientific Workers, die ihn in Kontakt mit Wissenschaftlern hier und auswärts bringt, worüber wir die Kontrolle behalten wollen.«[642]

Am 25. Juni 1943 kam es zu einer Besprechung zwischen DSIR und MI5. Der Repräsentant des Geheimdiensts fragte, ob es noch immer zutreffe, dass Broda keinen Zugang zu dem hochgeheimen Forschungsteil hatte. Der

639 Ebenda.

640 Brown, The Viennese Connection, 179.

641 Broda, Scientist Spies, 96.

642 Engelbert Broda, 4. 1. 1946, in: TNA, KV 2/2352, 309b.

DSIR-Vertreter Michael Perrin musste einräumen, dass dem nicht so war. Eine so strenge Abtrennung sei in der Praxis gar nicht möglich. Und weil die Mehrheit der Mannschaft ab 1943 nach Kanada transferiert wurde, um im *Montreal Laboratory* und dann im *Chalk River Laboratory* einen Forschungs- und Testreaktor zu bauen, sei Broda nun »viel mehr in Berührung mit der geheimeren Seite«. Broda wisse viel »über das Problem« und es sei anzunehmen, dass er eine der Personen sei, »die am meisten wissen [...]«. Perrin gab zu, dass er sich wegen Broda Sorgen mache. Daraufhin deutete der MI5-Mann an, dass mögliche Schritte unternommen werden könnten, um Broda aufmerksam zu beobachten. Perrin stimmte zu, dass das lohnend wäre. Broda arbeite unter dem russisch-französischen Physiker Lew Kowarski und Perrin hatte »nicht den geringsten Zweifel«, dass alles, was man gegenüber Kowarski sage, dieser binnen kürzester Zeit an Broda weitergebe.[643] Aber noch Ende April 1945 zerstreute einer von Brodas Förderern, der Chefberater der Admiralität in Bezug auf Forschung und Entwicklung, Charles Goodeve, etwaige Bedenken: Broda sei ein »fähiger Wissenschaftler« und ein Mann, den man alleine arbeiten lassen kann, und der gleichzeitig seine Begeisterung und seinen Fleiß aufrechterhalte. Und wenn man Broda »roter Tendenzen« verdächtige, so fühle Goodeve persönlich, dass Brodas politische Ansichten »nicht mehr kommunistisch seien als die von vielen Menschen seines Alters« und er, Goodeve, würde keine Angst dabei verspüren, ihn mit hochvertraulicher Arbeit zu betrauen, falls sich die Gelegenheit ergebe.[644]

Aus Abschriften sowjetischer Dokumente, die 2009 in einer Publikation veröffentlicht wurden, geht hervor, dass Broda unter dem Decknamen »ERIC« schon ab Ende 1942 für die Sowjetunion spionierte. Tudor-Hart spielte bei dieser Entscheidung eine wichtige Rolle, während Litzi Friedmann Unterstützung leistete, wie aus einer Meldung der Londoner Residentur vom Dezember 1942 hervorgeht: »EDITH [Tudor-Hart] hat uns einen detaillierten Bericht durch MARY [Friedmann] über die Resultate und den Status der Arbeit an Enormous [das Atomprojekt] in England und in den USA geschickt. ERIC hatte ihr diesen Bericht aus eigener Initiative

643 Engelbert Egon Ernst August Broda, 14. 10. 1953, in: TNA, KV 2/2354, 495a.

644 Akers an Bennett, 25. 4. 1946, in: TNA, KV 2/2351.

gegeben […]. Das Material wird demnächst losgeschickt.« »ERIC« sei komplett informiert über die gesamte Arbeit bezüglich Enormous, sowohl in Großbritannien als auch in den USA. Er verfüge über Zugang zu US-amerikanischem Material, das die britische Seite im Rahmen des Informationsaustauschs erhalten habe. »ERIC« sei ein langjähriger Kommunist, der die »Notwendigkeit solcher Arbeit« verstehe.[645]

Die Zentrale in Moskau war beeindruckt von dem Report und Brodas Freiwilligkeit. Man instruierte Tudor-Hart nachzufassen und den Wissenschaftler um noch mehr Material zu bitten: »Im Zuge der Unterhaltung zwischen EDITH und ERIC war der letztere zunächst zurückhaltend und sagte, dass er darüber nachdenken müsse […]. Später in dem Gespräch änderte sich Erics Haltung […].« Er stimmte zu, sich mit einem NKWD-Agenten zu treffen, was im Jänner 1943 geschah. Dieses erste Gespräch mit »GLAN« (Glaser) dauerte mehr als eineinhalb Stunden und verlief positiv. »ERIC gab seine volle Einwilligung, mit uns zu arbeiten.« Nichts wurde eindeutig ausgesprochen, aber »ERIC« machte deutlich, dass die US-Amerikaner mit der Arbeit weit fortgeschritten waren.[646]

Broda erklärte sich bereit, einen NKWD-Offizier jede zweite oder dritte Woche zu treffen und diesem technische Informationen und Berichte über das Atomprojekt weiterzugeben. Das funktionierte reibungslos, denn bereits im August 1943 verwies die Moskauer Zentrale auf Broda als »die derzeitige Hauptinformationsquelle« bezüglich Atomforschungsarbeit in den USA und in Großbritannien. 1944 hatte sich Brodas Zugang zur Information noch weiter verbessert. Einer seiner Kollegen, der für einige Zeit nach Kanada ging, hatte ihm seinen persönlichen Schlüssel zu einer Art Dokumenten-Bibliothek gegeben. Der NKWD fertigte eine Schlüsselkopie für »ERIC« an und arrangierte dann wöchentlich drei Übergabetreffen mit der Quelle. Damit das sicher ablief, hatte man sich eine ausgeklügelte Prozedur ausgedacht. »ERIC« markierte zunächst eine Seite in einem Telefonbuch in einer bestimmten Telefonzelle. Seine NKWD-Kontaktleute sahen dann zu einer fixen Zeit nach, und wenn sie die Markierung vorfanden, fand das Treffen zu einer ausgemachten Uhrzeit und an einem ausgemachten Ort

645 Harvey Klehr, John Earl Haynes, Alexander Vasiliev, Spies: The Rise and Fall of the KGB in America, New Haven 2010, 66.

646 Ebenda, 66.

statt. »ERIC« sei noch immer bereit, für den NKWD zu arbeiten, aber er reagiere unwirsch, wenn man auch nur die geringste Andeutung von materieller Unterstützung mache. Als ihm die NKWD-Leute einmal vorschlugen, seine Kosten zu decken, war er verärgert und verlangte, dass sie nie wieder solche Überlegungen anstellen sollten. »Unter solchen Umständen fürchten wir, dass jede Art von Geschenk von uns als Zeichen der Anerkennung für seine Arbeit einen negativen Eindruck hinterlassen wird. Eric ist komplett selbstlos in seiner Arbeit für uns und extrem skrupelhaft, wenn es um irgendetwas geht, dass als ›Lohn‹ für seine Arbeit angesehen werden könnte.«[647]

Will man erfahren, was Broda konkret verraten hatte, so bringen ihn die sowjetischen Dokumente mit den Plänen für die ersten Reaktoren des *Manhattan-Projekts* in Zusammenhang. Diese Pläne wurden als »außergewöhnlich wertvoll« beschrieben.[648] Paul Broda, der Sohn von Engelbert Broda und seiner ersten Frau Hilde, vermutet, dass sein Vater nach viereinhalb Jahren Exil in Großbritannien Ende 1942 ein ebenso engagierter wie pflichteifriger Kommunist gewesen sei: »Er beobachtete die verzweifelte Situation an der Ostfront und sah eine persönliche Verantwortung, den Russen zu helfen, wenn er konnte und sich die Gelegenheit ergab.«[649]

Im Juni 1944 entschied die DSIR, dass man Broda nicht wie viele andere Mitglieder des Teams nach Kanada schicken würde. Zwei Monate später soll Broda in Kontakt mit einem gewissen Schkolnikoff gestanden sein – einem russischen Zahnarzt, der 1914 nach Großbritannien gekommen war. 1936/37 zählte der überführte Spion Percy Glading zu seinen Patienten und von 1946 bis 1951 behandelte dieser einige Angehörige der sowjetischen Botschaft.[650] All das gab dem MI5 weiter Anlass zur Sorge.

Deshalb führte man auch einen Informanten in Brodas engster Umgebung. Diese Quelle mit dem Decknamen »KASPAR oder »LAMB« war ein weiterer österreichischer Flüchtling namens Josef Otto Lämmel. Er arbeitete zwischen April 1939 und Mai 1940 als Bibliothekar im *Austrian Centre* und war von dem MI5-Agenten Claud Sykes rekrutiert worden.[651] Obgleich

647 Ebenda, 67.
648 Ebenda, 67.
649 Broda, Scientist Spies, 153.
650 Engelbert Egon Ernst August Broda, 14.10.1953, in: TNA, KV 2/2354, 495a.
651 West, Spies, 122.

ein entschiedener Antifaschist, verortete er sich doch als ein Christlichsozialer, dem die kommunistische Dominanz im *Austrian Centre* ein Dorn im Auge war.[652] Auch seine Frau Renate hatte kurzzeitig dort gearbeitet und ärgerte sich darüber, wenn darüber gelächelt wurde, sobald sich jemand von den Mitarbeitern als Sozialdemokrat outete.[653]

Der 1891 geborene Lämmel stammte aus einer Beamtenfamilie. 1938/39 emigrierte er über die Schweiz nach London. Dort hielt er Vorträge zur demokratischen Umerziehung der deutschen Kriegsgefangenen und sprach in für an das österreichische Publikum gerichteten *BBC*-Sendungen.[654] Er blieb bis 1962 in Großbritannien, wo er ein Reisebüro führte. Lämmel starb 1980 in Graz. Posthum erschien 1981 der autobiografische Roman *Das Unzerstörbare*.[655] Darin schildert er, wie der Protagonist »Andreas Lengbauch« in einem Internierungslager ankommt und kleine Privilegien bekommt – einen eigenen Raum, schneller Zugang zur eigenen Post und eine Schreibmaschine zur Nutzung. Dafür informiert er die britischen Behörden über die politischen Strukturen in Österreich und jene, die die österreichischen Emigranten in London aufbauen.[656]

Ende 1945 berichtete Lämmel über seinen Verdacht, dass Broda in Wissenschaftsspionage verwickelt sei: »Am 3. November [1945] fand unter der Schirmherrschaft der Vereinigung österreichischer Ingenieure, Chemiker und wissenschaftlichen Arbeitern in Burlington House eine Konferenz von Wissenschaftlern statt, um die österreichischen Wissenschaften zu bewerben. Regie bei der gesamten Konferenz führte Dr. E. Broda, und es wird in österreichischen Kreisen gesagt, dass das Ziel der Veranstaltung es war, Kontakte mit Wissenschaftlern herzustellen, die in der Atomenergieforschung tätig sind. Obgleich ich keinen eindeutigen Beweis dafür habe, habe ich immer vermutet, dass Broda in Wissenschaftsspionage verwickelt war und sich Edith Tudor-Hart zufolge aus irgendeinem Grund für einige Zeit mit geheimen wissenschaftlichen Forschungen in Cambridge beschäftigte. Sie legte Wert darauf, dass Brodas Wichtigkeit für die Partei im Zusammenhang mit

652 Jungk, Dunkelkammern, 165f.

653 Brinson, Dove, Matter, 158.

654 Josef Otto Lämmel (1891–1980) – Schriftsteller in Graz, http://geneal.lemmel.at/JosefOttoLaemmel.html.

655 West, Spies, 124.

656 Brinson, Dove, Matter, 158.

seinen Qualifikationen und Verbindungen bestehe. Angesichts der intimen Beziehung, die zwischen Edith Tudor-Hart und Broda besteht, muss angenommen werden, dass sie über die Aktivitäten ihres Liebhabers gut informiert ist. Dr. Brodas Mitarbeiter in seiner Forschungsarbeit sollen Dr. Alex Stock [...] und Jakob Wolloch [...] sein, beide vertrauenswürdige und aktive alte Kommunisten. Ich habe gehört, dass Broda viel auf sich genommen hat, um Wollochs Vollanstellung zu ermöglichen. In seiner Eigenschaft als Vorsitzender der Vereinigung österreichischer Ingenieure hält Dr. Broda engen Kontakt mit österreichischen Studenten in den Provinzen, zu denen er über kommunistische Studentenzirkel Verbindung aufnimmt. Obgleich die eingangs genannte Konferenz einwandfrei und nicht-politisch erschien, habe ich erfahren, dass geheime Treffen danach stattgefunden haben, wo Dr. Broda den Vorsitz führte.«[657]

Broda beschrieb die Tätigkeit der von Lämmel genannten Vereinigung im Rahmen eines Texts im Jahre 1978 über »österreichische Naturwissenschaftler im Exil«: »Auf Initiative der ›Freien Österreichischen Bewegung‹ (›Free Austrian Movement‹) in Großbritannien, bei weitem der größten Organisation der dortigen Österreicher, wurde 1942 ein ›Bund der österreichischen Ingenieure, Chemiker und wissenschaftlichen Arbeiter in Großbritannien‹ (›Association of Austrian Engineers, Chemists and Scientific Workers in Great Britain‹) gegründet. Diese ›Association‹, wie sie kurz genannt sei, war dann natürlich auch der ›Freien Österreichischen Bewegung‹ angeschlossen und nahm an deren vielfältigen Tätigkeiten teil, die der antihitlerischen Kriegsführung sowie der Propaganda für ein freies, unabhängiges und demokratisches Österreich dienten. Zur Verstärkung des Zusammenhalts für die guten Zwecke wurden unter dem Präsidenten F. Ehrenfest-Egger, der überaus einsatzbereiten Sekretärin Klara Hilfreich und unserem intensiv tätigen Kollegen F. Bild viele wissenschaftliche Vorträge und Diskussionen veranstaltet.«[658]

»KASPAR«, alias Lämmel, gab dem MI5 auch über einen engen gemeinsamen Freund von Broda und Tudor-Hart Auskunft: Paul Löw-Beer,

657 Source: Kaspar. Dr. E. Broda, 10. 11. 1945, in: TNA, KV 2/2352, 302a.

658 Engelbert Broda, Österreichische Naturwissenschaftler im Exil. Aus dem Protokoll des internationalen Symposiums zur Erforschung des österreichischen Exils von 1934 bis 1945, Wien 1978, https://services.phaidra.univie.ac.at/api/object/o:907413/get.

ein Mitglied des Zentralkomitees der KPÖ, der seit den frühen Tagen der Ankunft österreichischer Kommunisten in Großbritannien aktiv gewesen war. Als er 1940/41 in Oxford lebte, war Löw-Beer zwar öffentlich nicht in politische Angelegenheiten involviert, aber so emsig am Vernetzen, dass ihm kaum jemand von Bedeutung unbekannt gewesen sei. Laut Lämmel fuhr Löw-Beer fast jede Woche von seinem Wohnsitz in Oxford nach London, um seine kommunistischen Freunde zu treffen und Nachrichten weiterzugeben. Sein Wohnsitz in einer Sackgasse bot den Vorteil, jede Annäherung rechtzeitig beobachten zu können, was es zu einem idealen Treffpunkt machte.[659]

Am 8. März 1946 antwortete Edith Tudor-Hart in Gegenwart von Lämmel auf das Klingeln der Gegensprechanlage. Sie sprach 10 Minuten mit einem Mann und kehrte dann irritiert zurück. Der Besucher hatte sich als ein »Mr. Francis« vorgestellt und gefragt, ob Alexander Tudor-Hart bei ihr wohne. Edith antwortete, dass sie selbst nicht wisse, wo sich ihr Ex-Ehemann befinde. Da habe der Fremde noch ungeschickt versucht, eine Unterhaltung zu beginnen. Unter anderem fragte er Edith, ob sie Alexanders Schwester sei. Längst hatte Edith realisiert, dass der Unbekannte ein Schnüffler war – »kein gewöhnlicher, sondern ein spezieller, nach seinem Oxford-Akzent beurteilt«. Edith war darüber besorgt »und sagte, der Vorfall müsse irgendetwas mit Broda zu tun haben, oder mit einem seiner Freunde, der sich in Probleme mit der Polizei verstrickt habe. Dann fragte sie sich, ob man sie zwingen würde, gegen Broda auszusagen, und warf ihm vor, zu unvorsichtig zu sein. ›Wenn ein Mann in einem solchen Geschäft involviert ist wie er‹, fügte sie hinzu, ›dann sollte er vorsichtig sein und nicht seine Freunde gefährden, indem er ihnen schreibt oder sie besucht.‹« Am folgenden Mittwoch, dem 13. März 1946, sei dann Broda mit dem ersten Zug aus Cambridge angereist. Er habe erzählt, dass ein Mann von seinem Vermieter dabei überrascht worden war, wie er versucht hatte, in Brodas Zimmer einzudringen: »Broda suggerierte, dass dies Teil einer allgemeinen Untersuchung sein könnte, aber er fügte hinzu: ›Allen von unseren Leuten geht es gut, seid nicht beunruhigt, schreibt nicht und ruft

659 Confidential, 10.4.1946, in: TNA, KV 2/2353, 330.

nicht an‹. Jede Diskussion über Intelligence-Arbeit oder sogar nur das Erwähnen von irgendetwas in der Art ist nun streng verboten.«[660]

Laut Jungk bleibt die Frage ungeklärt, »wieso Edith in Lämmels Nähe jemals von geheimen Themen gesprochen hat. Ahnte sie Lämmels Doppelspiel und säte mit Absicht falsche Informationen? Oder mochte sie ihren ehemaligen Bekannten, den netten Bibliothekar Josef, und vertraute ihm? Waren es ganz andere Zuträger, die Edith niemals verdächtigt hätte, die ›von‹ Lämmel Berichte zuschanzten?«[661] Auch Charmain Brinson und Richard Dove äußern die Vermutung, dass die sehr erfahrene Tudor-Hart Lämmel in Wirklichkeit benutzt haben könnte, um Desinformation zu verbreiten.[662]

Ein weiteres Mal, Anfang 1946, versuchte Lämmel, den Verdacht auf Brodas Kollegen Lew Kowarski zu lenken: »Dieser Mann lebt mit seiner Frau und Tochter entweder in London oder Cambridge, und es wird erwartet, dass er bald nach Frankreich ausreisen wird. Er wird als ein Experte für Atomenergieforschung beschrieben und soll in den USA gelebt haben, bevor er in dieses Land kam. Es wird auch gesagt, dass, als er für einige Jahre auf dem Kontinent gelebt hat, vom russischen Geheimdienst beschäftigt wurde.«[663] Nach Kriegsende kehrte Kowarski wieder nach Frankreich zurück und war dort führend an der Konstruktion der ersten beiden französischen Kernreaktoren beteiligt. Als im MI5 Verdächtigungen gegen Kowarski laut wurden, gab ausgerechnet Philby einen wohlmeinenden Kommentar ab. Er hätte von Kowarski eine sehr hohe Meinung und dieser sei zweifellos ein Anglophiler. Mitte der 1950er-Jahre schloss eine MI6-Untersuchung, dass Kowarski weder ein Kommunist noch ein Sympathisant gewesen sei.[664]

Die merkliche Unruhe Brodas und seines Umfelds, die Lämmel ins Auge stach, hatte mit dem Aufdecken eines spektakulären Spionagefalls zu tun. Neben Broda verfügte der sowjetische Geheimdienst über eine zweite Quelle im britischen Atomprojekt: Alan Nunn-May. Von April bis November 1942 hatte dieser gemeinsam mit Broda am *Cavendish Laboratory*

660 Confidential, 18. 3. 1946, in: TNA, KV 2/2353.

661 Jungk, Dunkelkammern, 166.

662 Brinson, Dove, Matter, 217.

663 Source: Kaspar (Lamb), 4. 2. 1946, in: TNA, KV 2/2352, 314e.

664 Brown, The Viennese Connection, 188f.

gearbeitet, bevor Nunn-May zum Team in Kanada versetzt wurde. Paul Broda vermutet, dass sein Vater nichts von den Aktivitäten seines Kollegen ahnte, aber er könnte eine indirekte Rolle gespielt haben – indem er dem sowjetischen Geheimdienst Nunn-May empfahl. Aus den sowjetischen Unterlagen geht hervor, dass Broda auch Klaus Fuchs nominiert hatte (und dieser ihn). Beide wussten, dass der jeweils andere längst aktiviert worden war.[665]

Im September 1945 setzte sich ein sowjetischer Überläufer in Ottawa ab und übergab 100 Dokumente, die er unter sein Hemd gesteckt hatte. Diese Unterlagen gaben Aufschluss über das Spionagenetzwerk in Kanada – rund um einen Atomwissenschaftler mit dem Decknamen »ALEC«. Dieser wurde bald als Nunn-May identifiziert, der gerade dabei war, auf seinen Dozentenposten in London zurückzukehren.[666] Philby, der damalige Leiter der MI6-Gegenspionage gegen die Sowjetunion, bekam die Erkenntnisse gegen Nunn-May in die Hände und warnte Moskau. Deshalb hielt Nunn-May einen für den 7. Oktober 1945, 11 Uhr, geplanten Treff mit einem sowjetischen Geheimdienstmitarbeiter vor dem *British Museum* nicht ein und entging so zunächst der Festnahme. Mitte Februar 1946 wurde Nunn-May erstmals vom MI5 befragt. Bei einem zweiten Verhör am 20. Februar 1946 legte man ihm die Terminvereinbarung des Treffs vor, zu dem er nicht erschienen war. Da unterschrieb Nunn-May ein Geständnis und man klagte ihn wegen Verstoßes gegen den *Official Secrets Act* an. Er wurde zu zehn Jahren Haft verurteilt und kam 1952 frei. Im Jahr darauf heiratete er Hildegard Broda, die von Broda seit 1946 geschieden war.[667] Später in seinem Leben antwortete Nunn-May auf die Frage, ob er seine Tage als Spion bedauere, folgendermaßen: »Meine Antwort ist, dass ich zutiefst bedaure, mich dem Atomenergieprojekt überhaupt angeschlossen zu haben.« Als einer von 100.000 mehr oder weniger Involvierten in die Entwicklung der Bombe sei er mitverantwortlich für mehr als 200.000 Opfer bei den Abwürfen 1945 auf zwei japanische Städte. Dieser Gedanke habe ihn während der Haft davon abgehalten, sich als eine Art Märtyrer zu sehen. Dass die vielen anderen Mithelfer dagegen geehrt und ausgezeichnet wurden,

665 Ebenda, 260f.

666 West, Spies, 125f.

667 Brown, The Viennese Connection, 183.

illustriere, dass Gerechtigkeit so wie Reichtum und Glück ungleich verteilt würden. Einige erhielten zu viel, die meisten zu wenig.[668]

Nunn-Mays Festnahme hing wie ein Damoklesschwert über Broda. Anfang März 1946 schnappte Lämmel auf, dass Broda offenbar eine baldige Rückkehr nach Österreich andachte: »Edith Tudor-Hart und ihre Freunde waren seit der kanadischen Affäre [Spionagefall Nunn-May] sehr zurückhaltend, über Broda zu sprechen. Edith, allerdings, plauderte aus, dass Broda großes Wissen über verschiedene Dinge habe und diese Tatsache seine Abreise aus dem Vereinigten Königreich notwendig mache.«[669] Am 20. Juli 1946 legte Lämmel nach und meldete: »Es sieht ganz so aus, als ob E. Broda und seine früheren Mitarbeiter sich von nachrichtendienstlicher Arbeit zurückgezogen haben und zurzeit mehr oder weniger inaktiv sind. Das gilt auch für Edith Tudor-Hart und noch mehr für Lizzy Feavre [Friedmann], die in den letzten Wochen irgendwie noch mehr Aktivität als die anderen gesetzt hat – aber nun einräumt, dass sie von solcher Arbeit lassen musste, weil ihr Freund, Dr. Honigmann, Arbeit in der russischen Zone [Ost-Berlin] angenommen habe. [...] Sie hat vor, nach Paris am 5. 9. 1946 zu reisen und von dort aus eine spezielle Mission für die Partei nach Prag zu unternehmen. Sie hat bereits ihren Pass und Visa sowie das Air-France-Ticket, alles unter dem Namen Lizzy Philby [...]. Sie ist in kontinuierlicher Korrespondenz mit einer gewissen Frau Magda Gran-Pierre, die in Budapest 12, Kovas utca No. 46, lebt und angeblich eine wichtige Agentin im Nachrichtendienstnetzwerk des kommunistischen Ungarns ist.«[670]

Im September 1946 verlegte Broda seinen Wohnsitz nach Edinburgh (45 Mountcastle Drive South), wo er eine befristete Stelle als *Wilkie-Research-Fellow*-Chemiker im *Departement of Natural Philosophy* der *University of Edinburgh* antrat. Auch während dieser Zeit stellte MI5 durch Verständigung der *Edinburgh City Police* sicher, dass der Geheimdienst entsprechend informiert werde, sollte Broda politische Aktivitäten setzen.[671] Der unermüdliche Lämmel behauptete, Broda habe noch, bevor er nach Edinburgh aufgebrochen sei, mehrere vertrauliche Gespräche mit Tudor-Hart über

668 Broda, Scientist Spies, xvif.

669 Confidential, 9. 3. 1946, in: TNA, KV 2/1013.

670 Confidential, 20. 7. 1946, in: KV 2/2354.

671 Dr. Engelbert Broda, 45 Mountcastle Drive South Edinburgh, 26. 3. 1947, in: TNA, KV 2/2354.

sowjetische Atombombenversuche geführt: »Broda zufolge sollen die Russen das Problem bereits gelöst haben oder der Lösung nahe sein. Broda hält fest, dass im Unterschied zu den angloamerikanischen Methoden die russischen Wissenschaftler einen Weg gefunden haben, Atomenergie durch eine Kombination von [?, handschriftlich eingefügt] ›vier Wasserstoff-Atomen zu Helium‹ freizusetzen, was sich als billiger und noch effizienter herausgestellt habe.«[672] Diese Information war an sich fehlerhaft. Aber sie legt nahe, dass Broda davon wusste, dass bereits über eine Wasserstoff-Bombe nachgedacht wurde. Auf welche Weise er hierzu eingeweiht worden sein könnte, ist unklar.[673]

Am 15. April 1947 bezog Broda wieder einen Wohnsitz in London. Von seiner Frau Hildegard lebte er bereits getrennt, die Scheidung war am 24. September 1946 erfolgt. Broda blieb noch etwas mehr als ein Jahr in der britischen Hauptstadt. In dieser Zeit fiel er der Polizei nicht sonderlich auf. Aber ein Beamter der *Special Branch* notierte, dass er verlässlich informiert worden sei, dass Broda »ein glühender Kommunist geblieben sei und generell als solcher bekannt war«.[674]

Am 23. April 1947 wurde gemeldet, dass Broda Tudor-Hart erzählt habe, dass er gerade von einem Besuch in Rom zurückgekehrt sei. Dort hätte er eine gewisse Ada Drakowitch getroffen, die er seit etwa zehn Jahren kenne und die von der *Nothilfe- und Wiederaufbauverwaltung der Vereinten Nationen* (UNRRA) beschäftigt werde. Die gebürtige Jugoslawin sei aber auch Kommunistin und laut dem, was Tudor-Hart gesagt habe, womöglich im Sold des sowjetischen Geheimdiensts. Ferner plane Broda bereits seine Rückkehr nach Österreich, wo er in der Atomforschung tätig sein werde.[675] Über Gerüchte, die auf eine Rückkehr hindeuteten, hatte Lämmel schon Mitte Februar 1946 berichtet. Bei dieser Gelegenheit merkte er an, dass Tudor-Hart angeblich mit einer gewissen Anna Wolf in Kontakt stehe, die anscheinend dem US-amerikanischen diplomatischen Repräsentanten in Wien zugeteilt und eine enge Freundin von Lizzy Feavre [Friedmann]

672 Extract, 15.9.1946, in: TNA, KV 2/1014, 108a.
673 Broda, Scientist Spies, 160f.
674 Special Report, 22.3.1950, in: TNA, KV 2/2354, 432a.
675 Broda, 23.4.1947, in: TNA, KV 2/2354, 400a.

sei.[676] Wer die mysteriöse Drakowitch war, ist nicht klar. Broda heiratete 1947 die in Zagreb geborene Ina Jun, nach der Scheidung von seiner ersten Frau Hilde. Vera, die Schwester von Ina, arbeitete für die UNRRA.[677] Die Ehe hielt nur kurz – bis September 1953.[678]

Bereits ab Mai 1946 bemühte sich Broda um eine militärische Erlaubnis, Österreich zu besuchen. Diesbezüglich entwickelte sich eine lebhafte Diskussion zwischen dem Geheimdienst und der Nachfolgeinstitution des DSIR, dem nun für Atomforschung zuständigen *Directorate of Atomic Energy*. Dessen Vertreter Alec Longair wurde von Major R. Brock gewarnt, dass sich Broda in Österreich in einer besseren Position befände, »Information an eine ausländische Macht weiterzugeben«. Sei es deshalb wünschenswert, dass man Broda aufhalte?[679] Longair wiegelte ab. Broda hätte »nur« Zugang zu einem begrenzten Teil der Arbeit in Cambridge gehabt und dieser Teil war der Grundlagenforschung gewidmet: »Andererseits wird er im Zuge von Unterhaltungen ganz schön viel über die anderen Aspekte der Arbeit aufgeschnappt haben. Ich denke, es würde kaum ratsam sein, ihn aufzuhalten, außer sie haben Beweise, dass er sich alle Mühe gegeben hat, sich hier unerwünschte [kommunistische, Anm. Autor] Kontakte zu verschaffen.«[680]

Der zuständige MI5-Abteilungsleiter Roger Hollis war aber nicht bereit, die Verantwortung alleine zu tragen: »Es liegt nicht an uns [MI5], zu entscheiden, ob aktive Schritte unternommen werden, um zu verhindern, dass Broda nach Österreich geht. Es ist eine Angelegenheit für das Directorate of Atomic Energy, das weiß, welche Information Broda besitzt. Wir können sagen, dass Broda mit Kommunisten in Kontakt ist und klar mit ihnen sympathisiert und dass dadurch ein beträchtliches Risiko gegeben ist, dass er ihnen erzählen wird, was er über Atomforschung weiß. […]. Ist das Directorate of Atomic Energy bereit, dieses Risiko einzugehen? Wenn ja, dann sollte es auch darauf vorbereitet sein, die Verantwortung zu übernehmen, Broda davon abzuhalten, nach Österreich zu gehen. Überlegenswert

676 Confidential, 12. 2. 1946, in: TNA, KV 2/2352.
677 Broda, Scientist Spies, 162f.
678 Jungk, Dunkelkammern, 250.
679 Brock an Longair, 3. 6. 1946, in: TNA, LKV 2/2353, 350a.
680 Longair an Brock, 22. 5. 1946, in: TNA, KV 2/2353.

ist auch, ob Broda ein ›Keine-Rückkehr‹-Visum gegeben werden kann, sodass wir ihn endlich los sind, sobald er sich entschieden hat, das Land zu verlassen.«[681]

Am 12. September 1946 wurde die Angelegenheit Broda nochmals in der St. James Street Nr. 58 besprochen, wo sich eine Einrichtung des MI5 befand. Perrin vom *Directorate of Atomic Energy* äußerte erneut die Überzeugung, dass Broda nicht im Besitz von hochgeheimer Information sei und es von einem Sicherheitsstandpunkt keine Einwände gegen eine Rückkehr nach Österreich gebe. Diese Sichtweise wurde durch US-amerikanische Vorschläge kompliziert, wonach man eine große Anzahl von deutschen und österreichischen Wissenschaftlern evakuieren wollte, um diese dem Zugriff durch die Sowjetunion zu entziehen. Vor diesem Hintergrund schien es notwendig, die US-Seite zu konsultieren, bevor man Broda gehen ließ. Deshalb war Perrin bestrebt, dass der MI5 nochmals eine Einschätzung in Abstimmung mit dem MI6 traf und die Empfehlung an das *Ministry of Supply* (MoS) weiterleite, zu dem das *Directorate of Atomic Energy* gehörte.[682]

Am 30. September 1946 wurde diese Einschätzung entsprechend kommuniziert: Der Rat der Geheimdienste lautete, den Fall offen mit den US-amerikanischen Kontakten zu diskutieren, »um herauszufinden, ob die Amerikaner besorgt sind, wenn Broda nach Österreich zurückkehrt, und zweitens, ob es irgendeine Wahrscheinlichkeit gibt, dass sie Broda eine alternative Beschäftigung in den USA anbieten könnten«.[683] Nach diesen Konsultationen wurde der MI5 informiert, dass Broda »keinen Zugang zu irgendetwas von wirklich wesentlicher Geheimhaltung hatte« und man ihn gehen lassen könne. Am 22. April 1947 legte Broda von Newhaven nach Dieppe ab.[684] Das geschah quasi im letzten Moment.

Denn bereits seit Mitte Februar 1947 stand Hollis mit US-amerikanischen Stellen in Austausch. Es ging darum, die Kontakte und Freunde von Nunn-May zu erfassen. Hollis schickte unter anderem eine Kurzzusammenfassung zu Broda. Informationen wie diese seien von »besonderer Spezialität« und er (Hollis) wäre dankbar, wenn diese besonders gesichert

681 Minute Eintrag vom 30. 5. 1946, in: TNA, KV 2/2353, 4.

682 Extract from Minutes, 12. 9. 1946, in: TNA, KV 2/2354, 370a.

683 Schreiben an D. E. H. Peirson Esq., 30. 9. 1946, in: TNA, KV 2/2354, 378a.

684 Schreiben vom 30. 4. 1947, in: TNA, KV2/2354, 391.

würden und dass keine Amtshandlung ohne vorhergehende Abstimmung gegen irgendjemanden ergriffen würde, der namentlich erwähnt werde. Zu Broda ließ Hollis nur wissen, dieser hätte mit Nunn-May am *Cavendish Laboratory* zusammengearbeitet und ihn nach dessen Rückkehr aus Kanada zweimal getroffen.[685]

Seit Juni 1947 zurück in Wien, war Broda zunächst im Bundesministerium für Energiewirtschaft und Elektrifizierung tätig, das von dem KPÖ-Minister Karl Altmann geleitet wurde. Bis Oktober 1948 arbeitete Broda in der Abteilung »Planung und Studien« als wissenschaftlicher Mitarbeiter. Noch 1948 habilitierte er sich und übernahm die Leitung der Radiochemischen Abteilung am I. Chemischen Institut der Universität Wien.[686] Der britische Geheimdienst behielt ihn während dieser Zeit im Auge. Am 7. September 1950 hieß es in einer Anweisung, dass das Wissen Brodas, seine politischen Überzeugungen und seine Kontakte in England mit prominenten britischen Physikern es sehr wünschenswert machten, dass man »seine gegenwärtigen Aktivitäten genau beobachtet«.[687]

In Brodas MI5-Akte findet sich ein Auszug aus einem Dokument des Auslandsgeheimdienstes MI6. Demnach war Broda seit Ende 1949 am *Institut für Radiumforschung* tätig, aber er halte öfter Vorträge in Kursen, die von der KPÖ gesponsert oder beeinflusst würden. Außerdem schreibe er regelmäßig Beiträge für die kommunistische *Volksstimme* und habe ein Buch über Nuklearphysik verfasst, das nun auch auf Englisch herauskomme.[688] Nach außen scheine es so, dass Broda nicht am Kommunismus interessiert sei und er hinterlasse den Eindruck eines ernsthaften Wissenschaftlers. Broda versuche an Einfluss in der Wiener Wissenschaftsgemeinde zu gewinnen, aber offenbar vertraue man ihm im Kollegenkreis nicht allzu sehr. Er erwecke den Eindruck, aus begüterten Verhältnissen zu kommen, gleichzeitig sei die Entlohnung gering.[689]

Erkenntnisse wie diese könnten aus der Überwachung stammen, die der US-Armeegeheimdienst *Counterintelligence Corps* (CIC) gegen Broda und

685 Hollis an Cimperman, 13. 2. 1947, in: TNA, KV 2/2354, 382b.
686 Mugrauer, Mandantinnen von Hugo Ebner, 159.
687 Subject: Broda, Dr. Engelbert, 7. 3. 1950, in: TNA, KV 2/2354.
688 Extract, 18. 4. 1950, in: TNA, KV 2/2354, 433b.
689 Subject: Broda Dr. Engelbert, 16. 3. 1950, in: TNA, KV 2/2354.

andere wissenschaftliche Mitarbeiter an der Universität initiiert hatte. Einer von Brodas Studenten, Karl Engelmann, war 1949 als Informant angeworben worden. Unter Anleitung seines Führungsoffiziers »Brehm« spionierte Engelmann über 30 Personen nach. Im Falle seines Dissertationsbetreuers Broda fing Engelmann dessen bei der Universität einlangende Korrespondenz ab, las den Inhalt und notierte sich die Adressen der Absender. Der Spitzel beobachtete, »welche Personen Broda während der Arbeit und in seiner Freizeit aufsuchten, wohin er ging oder fuhr, von welchen Stellen er Mittel erhielt sowie ob er mit Vertretern der Sowjetunion in Verbindung stand«. Engelmann habe »Brehm« mitgeteilt, dass Broda Briefe aus acht Ländern erhalten habe, mit fünf – großteils kommunistisch gesinnten – Mitarbeitern an der Universität im Kontakt stehe sowie selbst in der KPÖ aktiv gewesen sei. Das ergab die Untersuchung vor einem sowjetischen Militärtribunal. Engelmann war nämlich am 5. September 1951 an der Demarkationslinie bei Gaflenz verhaftet worden. Der 24-Jährige wurde am 31. Jänner 1952 in Moskau wegen »Spionage« für die USA erschossen.[690]

1953 fühlte man sich beim MI5 sicher, »dass Broda sich mit Spionage während des Krieges beschäftigt hat, obgleich wir keinen Beweis dafür haben«. Nunn-Mays Tagebuch zufolge hatte sich dieser in der Zeit von 16. bis 17. Oktober 1945 nach Cambridge begeben und dort unter anderem Broda getroffen. Außerdem aßen Broda und Nunn-May am 14. Jänner 1946 gemeinsam mit Kowarski zu Mittag. Der MI5-Agent R. T. Reed hielt daher in einem Eintrag in Brodas Akte fest, dass dieser wahrscheinlich die Person gewesen sei, die Nunn-May für den sowjetischen Geheimdienst rekrutiert habe: »Sie werden sich erinnern, dass eine von Nunns wenigen Eingeständnissen gewesen ist, dass er vom russischen Geheimdienst erst kurz, bevor er das Land nach Kanada verlassen hat, rekrutiert wurde und die Person, die ihn rekrutiert hatte, nicht länger greifbar war. Im März 1949, als Nunn-May das aussagte, war Broda nicht mehr länger im Land.«[691]

Anfang März 1955 wandte sich J. Philip O'Brien, ein Mitarbeiter der US-Botschaft in London an den MI5 und klärte über den Wissensstand des FBI über Broda auf: »Politisch ist Broda ein Mitglied der österreichischen

690 Stefan Karner, Barbara Stelzl-Marx (Hg.), Stalins letzte Opfer. Verschleppte und erschossene Österreicher in Moskau 1950–1953, Wien 2009, 361ff.

691 Minute Eintrag vom 14. 10. 1953, in: TNA, KV 2/2354, 495b.

kommunistischen Partei und ein überzeugter, idealistischer Kommunist. Er ist ein extrem harter Arbeiter und in der Gegenwart seiner Universitätskollegen niemals anstößig aufgefallen, wenn sie seine politischen Überzeugungen nicht teilen.« Aus den Ausführungen wird deutlich, dass man Broda auch in den USA der Atomspionage verdächtigte: »[...] [E]s wird gesagt, dass Broda vielleicht mit der sowjetischen technischen Aufklärung verbunden ist, und zwar als Leiter einer Gruppe von österreichischen Wissenschaftlern, die auf dem Gebiet der Nuklearenergie arbeiten; und außerdem gibt es Berichte, die bis dato noch nicht völlig bestätigt wurden, die auf Broda als den Schlüsselmann in der Übertragung von geheimen atomaren Daten von den Vereinigten Staaten, Kanada und Großbritannien zu den Sowjets hinweisen.« Der US-Botschaftsmitarbeiter meinte, es wäre begrüßenswert, wenn die britische Seite ihre Akten durchgehen würde, um zu ermitteln, ob es zusätzliche Informationen gebe, als jene, die bereits bekannt seien.[692] Das Antwortschreiben, das knapp vier Wochen später erging, fiel knapp aus. Abgesehen einer Auswahl von Brodas wichtigsten Kontakten – darunter Tudor-Hart, Löw-Beer und Wolloch –, wurde nur sehr vage festgehalten: »Unsere eigenen Aufzeichnungen von Brodas Aktivitäten beinhalten keinen Beweis, dass er im Vereinigten Königreich in Spionage verwickelt war.« Dafür war man an Erläuterungen interessiert, was Brodas »vergangene und gegenwärtige Verbindungen« mit dem sowjetischen Geheimdienst angehe, die O'Brien in seinem Schreiben kurz angerissen hatte.[693]

Aus sowjetischen Archiven geht hervor, dass Broda mit der Rekrutierung von Nunn-May nichts zu tun hatte. Dieser war bereits eine Quelle, bevor er Broda das erste Mal traf. Nunn-May wurde von dem GRU-Agenten Yan Chernak (»JACK«) angeworben. Chernak lebte als »Illegaler« unter einer Tarnidentität im Land und soll dem MI5 gänzlich entgangen sein. Die ersten Geheimnisse dürfte ihm Nunn-May in London im Jahr 1941 offenbart haben. Insgesamt waren es 142 Seiten über das britische Atomwaffenprojekt, die Chernak von Nunn-May bekam.[694] Auch war Broda keine entscheidende Quelle im Gesamtzusammenhang. Weder er noch Nunn-May

692 Re: Dr. Engelbert Broda, 3.3.1955., in: TNA, KV 2/2354, 539a.

693 Dr. Engelbert Broda, 31.3.1955, in: TNA, KV 2/2354, 547a.

694 Walton, Spies, 122.

verfügten über den Zugang, den Klaus Fuchs besaß: Der deutsche Wissenschaftler war eng mit Rudolf Peierls verbunden, von dem die theoretischen Grundlagen zum Bau der Atombombe stammten. Auf diese Weise gelang es dem Amateurspion Fuchs, ab August 1944 direkt im geheimen Labor in Los Alamos zu arbeiten, dem Herzen des *Manhattan-Projekts*.[695] Besonders brisante Informationen kamen ohnedies nicht von den Wissenschaftlern, sondern von einem Mitglied der Cambridge Five: Cairncross hatte durch seine Position im Außenministerium und als Mitarbeiter des Kabinettssekretärs Maurice Hankey einen einzigartigen Zugang zu den britischen Atomforschungsgeheimnissen. Hankey war Kopf des wissenschaftlichen Beraterkomitees, das die Entwicklung neuer Technologien für die Kriegsanstrengungen übersah. Das bedeutete, dass der NKWD nur wenige Tage nach der Entscheidung von Premierminister Winston Churchill im September 1941, eine Atombombe bauen zu lassen, darüber Bescheid wusste. Mit derselben Schnelligkeit war der NKWD auch über die US-amerikanischen Anstrengungen im Bilde: Einen Monat nach der Eröffnung des Labors in Los Alamos im März 1943 kannte der NKWD bereits dessen Existenz.[696]

Insgesamt war die *Operation Enormous* ein außergewöhnlicher Erfolg. Tausende Seiten hochtechnischer Information ermöglichten es der Sowjetunion, innerhalb kurzer Zeit eine Kopie der US-amerikanischen Atombombe zu entwickeln – und das zu einem Bruchteil der Kosten, die das *Manhattan-Projekt* und *Tube Alloys* verschlungen hatten. Dass dies so schnell ging und mit minimaler Belastung für den laufenden Nachkriegswiederaufbau verbunden war, machte die Spionage möglich. Die Konsequenzen waren enorm. Der Schock des sowjetischen Atombombenversuchs 1949 und die damit verbundene Neutralisierung des US-amerikanischen strategischen Vorsprungs läuteten ein neues Kapitel im Kalten Krieg ein.[697]

Brodas wissenschaftliche Karriere in Österreich verlief holprig. Erst 1964 bekam er eine Assistentenstelle für physikalische Chemie und damit ein reguläres Gehalt. Davor hatte er sich seine Forschungen mit Bettelbriefen an Institutionen und Unternehmen finanzieren müssen. Internationale Ehrungen wurden Broda vor allem aus Ländern des Ostblocks zuteil. Von

695 Close, Trinity, 101.
696 Walton, Spies, 104.
697 Haynes, Klehr, Vasiliev, 143.

1968 bis 1980 wirkte er als Professor für Angewandte Physikalische Chemie und Radiochemie an der Universität Wien. Seinen kommunistischen Überzeugungen blieb er treu. Broda habe stets »kompromisslos nach seinen eigenen menschlich-moralischen Ansichten gelebt«, charakterisierte ihn seine Lebensgefährtin, die Schriftstellerin Gitta Deutsch.[698]

Broda widmete sich im Nachkriegsösterreich verstärkt der Friedens- und Umweltbewegung sowie Energiefragen. Die Staatspolizei verfolgte seine Aktivitäten aufmerksam. So wurde ihr 1957 die Herausgabe einer zweimonatlichen Zeitschrift in Französisch und Englisch durch die *Gazetta-Zeitschriften Ges.m.b.H.* (Möllwaldplatz Nr. 5 in Wien-Wieden) angezeigt. Broda wirkte als der verantwortliche Redakteur. Der Druck erfolgte im Globus-Verlag der KPÖ. Der erste Titel lautete *Current Digest on Atomic Danger* bzw. *Sur le danger Atomique.*[699] 1961 besuchte eine Delegation von Überlebenden der Atombombenexplosion in Hiroshima auf Einladung des Österreichischen Friedensrates Wien, Linz, Wiener Neustadt und Salzburg. Bei der Veranstaltung im Salzburger Kongresshaus fungierte Broda als Versammlungsleiter, »der anschließend über die physikalischen und chemischen Wirkungen der A- und H-Bomben sprach. Zum Schluss wurde der Film ›Stimme von Hiroshima‹ als Dokumentarbericht von der ›V. Weltkonferenz gegen die A- und H-Bomben‹ gezeigt. Die Versammlungsteilnehmer wurden aufgefordert, vorher verteilte Zustimmungserklärungen zu einem Übereinkommen zur Einstellung aller Atomwaffenversuche zu unterschreiben, die vom Friedensrat an das Konferenzsekretariat der Großmächte in Genf gesendet wurden.«[700] Am 14. November 1961 sprach Broda im Gewerkschaftshaus in Wien-Wieden vor »ca. 80 Personen« über die »Grundproblematik des wissenschaftlichen Lebens in Österreich«. Laut dem mitprotokollierenden Beamten von der Wiener Staatspolizei gab Broda einen historischen Überblick und meinte, dass auch nach 1945 »konservative Schichten und der Feudalismus« die Einstellung zur Wissenschaft bestimmen würden. Umso wichtiger sei, »dass auch die werktätigen Schichten zur Wissenschaft Stellung nehmen sowie die Leistungen der Wissenschaft schätzen und teilen«.

698 Christa Zöchling, »Nicht die Finger verbrennen«, in: *profil*, Nr. 21/2009, 30–34.

699 Bundespolizeidirektion Wien an Staatspolizeiliche Gruppe, 30.10.1957, in: ÖStA, AdR, BMI 166.091–2B/1957.

700 Fernschrift 26.2.1961, in: ÖStA, AdR, BMI 23.797–2b/61.

Dazu sei es notwendig, »dass die Wissenschaft populärer wird und es müssen dafür Wege gefunden werden«. Das geringe Verständnis für die Wissenschaft sei »auf die schwache revolutionäre Einstellung der Arbeiterschaft zurückzuführen.«[701] Broda gehörte auch dem Vorstand in der Österreichisch-Polnischen Gesellschaft mit 556 Mitgliedern (1959) an.[702] Zweck dieses Vereins war die »Fortsetzung, Förderung und Erhaltung der kulturellen und wirtschaftlichen Beziehungen zu Polen und die Zusammenarbeit mit Vereinen gleicher Zielsetzung«.[703]

Brodas Meinung wurde von Bundeskanzler Bruno Kreisky und Bundespräsident Rudolf Kirchschläger geschätzt. Mit seinem Bruder Christian, von dem er sich jahrzehntelang entfremdet hatte, versöhnte er sich im Jahr 1968, auch weil er dessen politische Erfolge als Justizminister respektierte. 1969 wurde Broda der Vizepräsident des österreichischen Zweigs der *Pugwash*-Organisation, in der sich Wissenschaftlerinnen und Wissenschaftler für Rüstungskontrolle und Entspannung einsetzten.

Am 26. Oktober 1983 verstarb Broda überraschend, als er einen Spaziergang in der Hainburger Au unternahm. Er wurde in einem Ehrengrab auf dem Wiener Zentralfriedhof bestattet.[704] Der damalige Wirtschaftsminister Heinz Fischer würdigte Brodas »Weisheit, seine Menschlichkeit und sein Verantwortungsbewusstsein für die menschliche Gesellschaft«. Eine Broda-Stiftung wurde eingerichtet, aber kein einziger Preis daraus jemals ausbezahlt.[705]

Dass Brodas Spionageaktivitäten zu Lebzeiten nicht verfolgt wurden, war zu einem Gutteil Glückssache. Eine längere Gefängnisstrafe wäre ihm wohl sicher gewesen. Eine Kombination aus Fehleinschätzungen und Untätigkeit aufseiten der britischen Behörden ließ ihn davonkommen.[706] Abgesehen von einem Besuch im Jahr 1948 war Broda niemals wieder nach Großbritannien gereist.[707]

701 Bericht, 14. 11. 1961, in: ÖStA, AdR, BMI 44.027–2B/61.
702 Information, 5. 1. 1961, in: ÖStA, AdR, BMI 45.363–2B/61.
703 Exhibit, in: Ebenda.
704 Broda, Scientist Spies, 285ff.
705 Zöchling, »Nicht die Finger verbrennen«, 34.
706 Brinson, Dove, Matter, 219f.
707 Broda, Scientist Spies, 153.

Der Propagandist: Peter Smolka

Ende des Jahres 1948 wurde in Wien ein Film gedreht, der wie kein anderer sinnbildlich für Spionage steht: *Der dritte Mann (The Third Man)*. Erzählt wird eine Kriminalgeschichte, die Jagd auf einen skrupellosen Schwarzmarkt-Schieber. Dass der Film zum Synonym für Spionage werden konnte, erklärt sich zunächst durch den »realen« Schauplatz, das zerbombte und in Besatzungszonen aufgeteilte Wien. Vergleichsweise weniger wird reflektiert, dass es schon in der Konzeptionsphase des Films und am Set von ehemaligen und aktiven Geheimdienstlern wimmelte: vom Produzenten (Alexander Korda) über den Autor von Romanvorlage und Drehbuch (Graham Greene) bis zum wahrscheinlichen Vorbild der Hauptfigur »Harry Lime«, Kim Philby. Die Historikerin Brigitte Timmermann hat deswegen darauf hingewiesen, dass der Film zwar ein »Produkt der Fantasie«, die gesamte Handlung aber von einem Wissen geprägt ist, »das nur ein Insider haben kann«.[708] Dass ab Herbst 1948 für *Der dritte Mann* im sowjetischen Sektor von Wien gedreht wurde, könnte zudem die Gelegenheit geboten haben, Spionageaktivitäten »abzudecken«. Korda hatte dem MI6 schon ab Mitte der 1930er Jahre die Möglichkeit geboten, die europäischen Büros seiner Filmproduktionsgesellschaft als Tarnung für die Aktivitäten von Agenten zu nutzen.[709] Angeblich waren auch unter der Filmcrew von *Der dritte Mann* Geheimdienstmitarbeiter, weil Dreharbeiten im sowjetischen Sektor stattfanden und dies etwa Gelegenheit für Schleusungen bot.[710]

Greene selbst reiste 1948 zweimal nach Wien, um für die Romanvorlage und das Drehbuch zu recherchieren. Bei seinem wichtigeren, ersten Aufenthalt tauschte er sich fünf Tage vor der Abreise mit einem Wiener Journalisten aus. Dieser trug aufgrund der vorangegangenen Emigration den anglisierten Namen Peter Smollett-Smolka. Es ist möglich, dass die beiden Männer sich kannten. Sie hatten 1940/41 zeitgleich denselben

708 Brigitte Timmermann, Frederick Baker, Der dritte Mann. Auf den Spuren eines Filmklassikers, Wien 2002, 88.

709 Charles Drazin, Korda. Britain's Movie Mogul, London 2002, 214f.

710 Karina Urbach, Orson Welles und die echten Spione, in: spiegel.de, 19. 3. 2024, https://www.spiegel.de/geschichte/der-dritte-mann-orson-welles-und-die-anti-sowjetischen-spione-a-879a8899-b68e-46c0-8212-83c54bd7b7ad.

Arbeitsplatz – das Londoner *Ministry of Information* (MOI), die zentrale Einrichtung für Propaganda in Kriegszeiten.[711]

Laut Greenes Biografen Norman Sherry verbrachten Greene und Smolka mehrere Nächte im Gespräch und besuchten sogar gemeinsam den sowjetischen Sektor von Wien.[712] Die Produktionsassistentin Elizabeth Montagu, die Greene betreute, legte dagegen in ihren Memoiren dar, dass nur ein Treffen in Smolkas Villa in der Wiener Jagdschlossgasse Nr. 27 (heute Seelosgasse) stattgefunden hatte: »Die Besprechung war sehr erfolgreich und die beiden Männer unterhielten sich für fast zwei Stunden. Als wir aufbrachen, fiel mir auf, dass Graham Smolletts Manuskript unter den Arm gepackt hatte. ›Bitte verlieren Sie es nicht, ich habe nur eine Kopie‹, bat Peter voller Hoffnung, dass Greene ihm helfen würde, einen Verleger zu finden.« Später retournierte Montagu das Skript. Sie hatte den Eindruck, dass es Greene nur überflogen hatte, weil keinerlei Anmerkungen zu finden waren. Eine der darin enthaltenen Geschichten fand sie besonders spannend: Es ging um einen rätselhaften Mann, der mit gestrecktem Penicillin Schwarzmarktgeschäfte betrieb. Das sollte auch das zentrale Spannungsmoment im Film werden.[713]

Ob Smolka die Quelle hierfür war, lässt sich nicht mit Sicherheit sagen. Sohn Timothy erinnerte sich in einem Interview 2019 mit dem Verfasser, dass sein Vater »nur« die Idee von der Kanalisation als Handlungsort geliefert habe: »Davon hat er immer wieder mit großer Begeisterung erzählt. Und zwar hat mein Vater 1932 oder 1933 einen Artikel über das Wiener Kanalnetz geschrieben – entweder für ›Der Tag‹ oder für ›Der neuen Jugend‹. Der Titel hat gelautet: ›Gold liegt unter der Straße‹. Er hat erzählt, dass er dafür mit einem Strotter durch die Kanäle gegangen ist. Strotter waren so Halbkriminelle, die in der Kanalisation nach verlorenen Wertsachen gesucht und davon gelebt haben. Mein Vater hat mit dem Strotter einen Geldbetrag vereinbart und wie sie dann heraufgekommen sind, wollte der unbedingt mehr. Daraufhin ist mein Vater um sein Leben gerannt, weil der wollte ihn ausnehmen. Das war seine Geschichte für den 3. Mann. Die Sache mit dem Penicillin-Schmuggel kann sich damals in

711 Beer, The Third Man, 49.

712 Norman Sherry, The Life of Graham Greene. Volume II: 1939–1955, New York 1995, 251.

713 Elizabeth Montagu, Honourable Rebel, Beaulieu 2003, 382.

Wien so abgespielt haben, aber das stammte nicht von meinem Vater. Darüber habe ich von ihm nie etwas gehört.«[714]

Was genau Smolka letztlich zu *Der dritte Mann* beigetragen hat, bleibt also im Unklaren. Aber eine Leistung hatte er zweifelsfrei erbracht. Das geht auch aus Montagus Erinnerungen hervor: Sie habe sich unsicher gefühlt, als ihr während des Drehs Ähnlichkeiten zu Smolkas Manuskript auffielen. Sie sprach mit dem ausführenden Produzenten darüber, der versicherte, dass man mit Smolka handelseinig geworden sei.[715] Zwar hatte sich dessen Wunsch nach einer Veröffentlichung nicht erfüllt, dafür wurden ihm am 24. Juli 1948 210 Pfund vertraglich zugesichert – und zwar für Dienstleistungen wie »Beratung für das Film-Skript« sowie Assistenz bei der Produktion in Wien.[716] Die Abmachung war freilich an die Bedingung geknüpft, dass Smolka nie einen Anspruch im Zusammenhang mit *Der dritte Mann* erheben würde.[717] Smolka akzeptierte die Abmachung und wies in seinem Antwortschreiben vom 21. September 1948 darauf hin, ihm die Summe auf sein Konto bei der *Westminster Bank* zu überweisen, das er als britischer Staatsbürger für seine Zahlungen in Großbritannien verwende. Er schloss mit einer Frage: »Übrigens, wie steht es um ›The Third Man‹? Kommt er diesen Herbst nach Wien und wollen Sie, dass ich irgendetwas mit ihm zu tun habe? Ich wäre glücklich für eine Vorwarnung über Ihre Absichten, damit ich mir die Zeit für ihn in meinem Winter-Programm reservieren kann.«[718]

Greene erwähnte Smolkas Beitrag jedenfalls nie, ebenso wenig wie jenen von Montagu. In seinen Memoiren behauptete Greene vielmehr, der Tipp zu den Penicillin-Schiebergeschäften sei von eben jenem Group Captain Beauclerk gekommen, der ihn auch über die Kanalbrigade aufgeklärt hatte. Die Zeit beim MI6 während des Zweiten Weltkriegs habe auf diese Weise Dividenden abgeworfen, so Greene. Während Letzteres zutreffend ist, stellt sich die Frage, warum der Schriftsteller die Rolle Smollett-Smolkas so unter den Tisch kehrte.[719] Nur im Film selbst findet sich ein gut versteckter Credit. Und zwar gibt ein britischer Offizier,

714 Interview mit Timothy Smolka, 27. 3. 2019.

715 Montagu, Rebel, 392.

716 London Films an Peter Smollett, 24. 7. 1948, Archiv Autor.

717 Montagu, Rebel, 392.

718 Smollett an London Films Productions, 21. 9. 1948, Archiv Autor.

719 Graham Greene, Ways of Escape, London 1980, 99.

der Lime auf der Spur ist, seinem Fahrer das Kommando: »Schmolka!« (= Šmolka). Damit meint er ein Kellerlokal in der Kärntnerstraße, wo er einen Drink spendieren will.[720] Der Hauptgrund für die Diskretion dürfte darin liegen, dass Smolka noch viel mehr mit *Der dritte Mann* verband. Er war das Bindeglied zwischen dem fiktiven Harry Lime und dessen möglichem realem Vorbild, einem gemeinsamen Bekannten von Greene und Smolka: Kim Philby.

Smolka ist der am wenigsten bekannte Protagonist des Wiener Spionagezirkels und wurde am 17. September 1912 in eine Wiener Kaufmannsfamilie geboren.[721] In einem zusammenfassenden Bericht der »österreichischen Polizei«, der 1952 an die Nachrichtendiensteinheit der britischen Besatzungstruppen in Österreich erging, heißt es zu seiner Person: »Smolka […], dessen Vater bis 1938 Teilbesitzer der Wiener Schnallen- und Metallwarenfabrik Schar & Smolka Wien-Schwechat, Sendnergasse 17, war, besuchte die Volksschule und Gymnasium in Wien und studierte Recht für 5 Semester an der Universität Wien. Danach beschäftigte er sich mit dem Studium von Fremdsprachen und bekam kurze Zeit später ein Diplom als Gerichtsdolmetscher. Danach wandte er sich dem Journalismus zu und wurde dank seiner Verbindungen Leiter und Korrespondent des Londoner Büros der ›Neuen Freien Presse‹ in England. Er wurde vom Geschehen in Wien im Jahr 1938 überrascht und musste als Jude auswandern. Er ging zuerst nach England, von wo er zunächst als illegaler Immigrant nach Nordafrika geschickt wurde, wo er in einem britischen Arbeitsregiment diente und wegen guter Führung nach London als legaler Auswanderer kam. Zurück in London studierte er zunächst Rechtswissenschaft und politische Ökonomie an der Universität London, bekam eine wichtige Position für ihn selbst kurze Zeit später im Ministerium für Information (in etwa gleichbedeutend mit einem Abteilungsleiter) und bei Ausbruch des Krieges wurde er nach Moskau geschickt, um dort britische Propaganda zu verbreiten. Er war dort nebenbei auch Repräsentant des USIS (Amerikanischer Informationsservice) und des ›Office of War Information‹. Nach einiger Zeit mussten die Briten aber erkennen,

720 Peter Foges, My Spy. The story of H. P. Smolka, Soviet Spy and inspiration for »The Third Man«, in: Roundtable, 14. 1. 2016, https://www.laphamsquarterly.org/roundtable/my-spy.

721 Mugrauer, Mandantinnen von Hugo Ebner, 141.

dass Smollett-Smolka Propaganda in die gegenüberliegende Richtung verfolgte, was er bis 1945 tat. Seine Freundschaft mit Ernst Fischer[722] datiert ebenfalls aus dieser Periode.«[723]

Smolka hatte zwischen Herbst 1930 und März 1931 zum ersten Mal für ein paar Monate in Großbritannien gelebt. Zu diesem Zeitpunkt noch als Student und Korrespondent der Zeitschrift *Der Tag*. Am 6. Mai 1933 kehrte Smolka gemeinsam mit seiner Frau zurück[724] – zunächst als Korrespondent für die *Neue Freie Presse* und ab 1937/38 für das *Prager Tagblatt*.[725] Im Jahr 1938 nahm er die britische Staatsbürgerschaft an und anglisierte seinen Namen auf Peter Smollett-Smolka.[726]

Gleich zu Beginn seines Großbritannien-Aufenthalts, im November 1930, hatte Smolka die Aufmerksamkeit der *Special Branch* auf sich gezogen: Er hatte eine Versammlung der *Friends of India Society* am Trafalgar Square besucht und wurde im Gespräch mit zwei der Redner beobachtet. Daraufhin von der Polizei befragt, gab er an, sich als Ökonomie-Student für politische Versammlungen zu interessieren. Er erwähnte auch, von der französischen Polizei für 15 Stunden festgehalten worden zu sein, weil er in Frankreich eine Versammlung besucht hatte. Als daraufhin bei den französischen Behörden nachgefragt wurde, lautete die Auskunft, dass Smolka im August 1930 im Inneren des Fort St. Jean in Marseille fotografiert hatte und aufgrund dessen am nächsten Tag des Landes verwiesen worden war. Die französischen Behörden verdächtigten Smolka, für Italien zu spionieren. Im Mai 1938 wiederum wurde festgestellt, dass er ein Mitglied der Organisation *Austrian Self Aid* war, die österreichischen Emigranten beistand. Smolka selbst versicherte, nie ein Mitglied einer politischen Organisation gewesen zu sein. Allerdings komme er durch sein Interesse an Ökonomie öfter in Kontakt mit Leuten mit »linken« Tendenzen. Er hege große Bewunderung für die Verfassung Großbritanniens und wie der Beamte

722 Ernst Fischer war Exilant in der Sowjetunion und nach der Rückkehr nach Österreich zwischen 1945 und 1963 politische und intellektuelle Führungsfigur der KPÖ.

723 Copy, in: TNA, KV 2/4170, 250a.

724 Intelligence Organisation, British Troops Austria, B. T. A. 4., Smollett-Smolka, Harry P., in: TNA, KV 2/4169, 227a.

725 Mugrauer, Mandantinnen von Hugo Ebner, 141.

726 Intelligence Organisation, British Troops Austria, B. T. A. 4., Smollett-Smolka, Harry P., in: TNA, KV 2/4169, 227a.

festhielt, sei im Zuge seiner Nachforschungen nichts zutage getreten, was dem widerspreche.[727]

Bald ging Smolka eine geschäftliche Verbindung mit Philby ein, den er ebenso wie Litzi Friedmann aus seiner Wiener Zeit kannte.[728] Am 12. November 1934 schrieb Sir Arthur Willert vom Außenministerium an den MI5 und informierte darüber, dass Smolka nun der London-Redakteur der *Neuen Freien Presse* sei: »Smolka ist ein Jude, ein ziemlicher Langweiler, aber anständig.« Drei Tage später wandte sich Smolka selbst an das Innenministerium und fragte um Erlaubnis an, »... mit einem britischen Kollegen von mir, Mr. H. A. R. Philby, wohnhaft 18 Acol Road, London N. W., eine kleine Gesellschaft unter dem Namen ›London Continental News Ltd. ...« zu bilden. Anfang 1935 ließ man Smolka wissen, dass dagegen keine Einwände bestanden.[729] Die Presseagentur *London Continental News* sollte Nachrichten aus Zentral- und Osteuropa sammeln,[730] die dann der Firma *Exchange Telegraph* (Extel) verkauft wurden, der Smolka 1938 selbst beitrat. Bei Extel gab es die Möglichkeit, ausländische Sendungen zu hören, was speziell für Emigranten interessant war.[731] Smollett-Smolka hielt 98 Prozent der Anteile an *London Continental News*, Philby zwei Prozent.[732] Doch die Agentur habe nie wirklich funktioniert.[733] Oder es handelte sich in Wirklichkeit nur um ein weiteres Tarnmanöver, um Philby für höhere Aufgaben zu empfehlen.

Das war aber nicht alles: Laut den bereits erwähnten Aussagen des KGB-Überläufers Mitrochin soll Philby seinen Freund und Geschäftspartner 1939 unter dem Decknamen »Abo« angeworben haben.[734] Wie Philby später Borovik erzählte, kannte er Smolka bereits aus seiner Wiener Zeit. »Ob er ein Kommunist war oder nicht, weiß ich nicht. Es schaute so aus, beurteilt nach seinen theoretischen Ansichten – wir unterhielten uns mehr als einmal. Aber vom Standpunkt seines eigenen Lebensstils und seiner Liebe für

727 Special Branch Metropolitian Police, 19. 8. 1938, in: KV 2/4169.

728 Borovik, Files, 137.

729 Harry Peter Smolka – Austrian, in: TNA, KV 2/4169, 217a.

730 Smollett Smolka, Harry Peter, in: TNA, KV 2/4169, 189a.

731 Seale, McConville, Philby, 978

732 Charmian Brinson, »Nothing short of a scandal«? Harry Peter Smolka and the British Ministry of Information, in: Journal for Intelligence, Propaganda and Security Studies, Nr. 1/201, 63–75, hier 65.

733 Smollett Smolka, Harry Peter, in: TNA, KV 2/4169, 189a.

734 Andrew, Mitrochin, Schwarzbuch, 127.

Komfort würde ich ihn nicht für einen Kommunisten halten. [...] Wir begegneten uns immer wieder bei Empfängen und Cocktail-Partys und wir hatten viele gemeinsame Freunde. Er kam öfter zu mir mit Pressemeldungen; manchmal brachte er mir in Form von gewöhnlichem, alltäglichem Klatsch sehr wertvolle Information.« Wenn das der Fall war, dann geschah das mit einem Augenzwinkern – nach dem Motto: »Du weißt, was du mit diesen Neuigkeiten anzufangen hast.« Später sei ihm das zu viel geworden, so Philby. Er habe daher vorgeschlagen, dass immer dann, wenn es wirklich wichtig war, Smolka ihm zwei Zigaretten anbieten sollte. Er, Philby, würde dann eine nehmen und Smolka die zweite lassen. Später musste Philby dann einmal London arbeitsmäßig für eine längere Zeit verlassen und wollte den Kontakt mit Smolka nicht verlieren. Also stellte er ihn seinem Kollegen Burgess vor und weihte diesen ein, dass er die Quelle auf eigene Initiative angeworben hatte. Postwendend erzählte Burgess davon seinem sowjetischen Führungsoffizier. Dieser erteilte Philby die schlimmste Rüge, an die sich dieser im Laufe seiner Tätigkeit für Moskau erinnern konnte. Er habe kein Recht, so zu handeln und würde bestraft werden, wenn er es wieder täte. Daraufhin brach Philby jeden Kontakt mit Smolka ab.[735]

Am 3. September 1939 trat Smolka den bereits erwähnten Job im britischen Informationsministerium an. Er hatte drei Angestellte unter sich und betreute den Nachrichtenservice für die Schweiz, Niederlande und Belgien. Im Jahr 1941 stand Smolka bereits der zentraleuropäischen Division vor, als es zu einem weiteren Karrieresprung kam.[736] Oleg Gordievsky, wie Mitrochin ein KGB-Überläufer, wertete dieses Ereignis als einen der größten Coups bei sogenannten Beeinflussungsoperationen (»aktive Maßnahmen«) in der Geschichte des sowjetischen Geheimdiensts.[737] Smolkas Aufgabe war es, Vorbehalte in der Bevölkerung gegenüber der Sowjetunion abzubauen und dieser das Bündnis gegen das Dritte Reich schmackhaft zu machen.[738] Dabei baute Smolka auf persönlichen Erfahrungen auf, die er bei Aufenthalten in der Sowjetunion in den Jahren 1935 und 1936 gemacht hatte. Im Rahmen der letzteren dieser beiden Reisen nahm er an

735 Borovik, Files, 137f.
736 Brinson, »Nothing short of a scandal?«, 66f.
737 Andrew, Gordievsky, KGB, 334.
738 Foges, My Spy.

einer Arktisexpedition teil und berichtete darüber als Korrespondent für die *Times*.[739] 1937 wurden diese Texte in dem Buch *Forty Thousand against the Arctic: Russia's Polar Empire* zusammengefasst, das innerhalb kurzer Zeit dreimal neu aufgelegt wurde. Laut Gordievsky und Co-Autor Christopher Andrew war Smolkas Buch »nach den Maßstäben der damaligen Zeit ein ausgeklügeltes Beispiel von ›aktiven Maßnahmen‹ des NKWD«. Zu den raffiniertesten Manipulationen zählte die Umdeutung der Brutalität der Gulag-Straf- und Arbeitslager in ein idealistisches Experiment der sozialen Reform. Die »reformierten« Insassen müssten unter der Anleitung des NKWD Kolonien bauen, die einmal so frei und prosperierend werden würden wie Australien, das auch als Strafkolonie begonnen habe.[740]

1941 ernannte man Brendan Bracken, den Presse-Tycoon und Freund von Premierminister Winston Churchill, zum Informationsminister. Bracken wurde ein Förderer von Smolka und machte ihn im August 1941 zum Leiter der Russland-Sektion im Ministerium, der *Anglo-Soviet Liaison Section*. Diese Abteilung war nach dem deutschen Angriff auf die Sowjetunion besonders wichtig geworden und beeilte sich, die Unterstützung in der britischen Bevölkerung für die sowjetischen Kriegsanstrengungen zu mobilisieren. Gleichzeitig war eine eigene *British Publicity Mission* in der Sowjetunion tätig, die eine eigene Publikation (*Britanski Soyvznik*) herausgab. Smolkas Abteilung sandte zwischen 300 und 500 britische Fotos wöchentlich in die Sowjetunion sowie tägliches Nachrichtenmaterial für die TASS-Agentur. Außerdem kümmerte sich Smolka um den Austausch von Film- und Radioaufzeichnungen.[741] Von April bis Juni 1944 weilte Smolka selbst in Moskau und besprach den Austausch zwischen Großbritannien und der Sowjetunion in kulturellen Angelegenheiten und Bildungsarbeit. Die Arbeitsbelastung spiegelte sich im Personalstand wider: Smolkas Abteilung expandierte von sieben Mitarbeitern im Oktober 1941 auf 20 zur Jahresmitte 1945. Schon 1944 hatte man Smolka für seine Tätigkeit mit dem *Order of the British Empire* ausgezeichnet.[742]

739 Panagiotis Dimitrakis, Our Man in Vienna: The Spymasters' War at the Heart of Europe, New Haven 2021, 208.

740 Andrew, Gordievsky, KGB, 334.

741 Dimitrakis, Man, 210.

742 Brinson, »Nothing short of a scandal?«, 68.

Ein Höhepunkt dieser Anstrengungen war eine große Feier in der Albert Hall im Februar 1943, bei der das 25-jährige Bestehen der Roten Armee gefeiert wurde. Neben Darbietungen eines großen Chors gab es Lesungen durch die Schauspielstars John Gielgud und Laurence Olivier. Politiker aus allen Lagern waren im Publikum vertreten. Überdies ließ Smolka sowjetische Wanderausstellungen durch das ganze Land touren. Den Propagandafilm *USSR at War* sahen 1,25 Millionen Menschen bei eigens dafür organisierten Vorstellungen in den Fabriken. Diese Aufführungen entfachten eine solche Wirkung, dass ein konservativer Parlamentarier befürchtete, die Filme des Informationsministeriums würden mit ihrem farbenfrohen Bild der Sowjetunion die Einstellung vieler Menschen zum Kommunismus verändern. Smolka arbeitete auch eng mit der *BBC* zusammen, wo zwischen 1940 und 1944 auch ein Mitglied der Cambridge Five, Guy Burgess, tätig war. Dieser tat das Seine, um die Berichterstattung in positivem Licht für die sowjetischen Kriegsanstrengungen zu beeinflussen. Letztlich hätten die militärischen Erfolge der Roten Armee aber ohnedies für sich selbst gesprochen, so Andrew und Gordievsky. Ein Bericht der Nachrichtendienstabteilung des MOI von Anfang 1943 fasste zusammen, dass nach dem Sieg von Stalingrad die Bewunderung und die Dankbarkeit einer Mehrheit der Bevölkerung für die Sowjetunion noch nie größer gewesen war.[743]

Hinter den Kulissen hatte es deutliche Widerstände gegen die Beschäftigung von Smolka im MOI gegeben – doch diese wurden zurückgezogen, nachdem eine andere Abteilung interveniert habe. Mehrmals wurde vor Smollett-Smolka als möglicher undichter Stelle gewarnt. Es sei aber nicht möglich gewesen, konkrete Beweise auf den Tisch zu legen, dass er gegen britische Interessen arbeitete.[744]

Der MI5 hatte jedenfalls eine lange Liste an Verdachtsmomenten angelegt: »Im Juni 1941 wurde uns berichtet, dass Smolletts Schwägerin aussagte, sie und Smollett wären beide Kommunisten und wir wurden auch darüber unterrichtet, dass Smollett, bevor er britischer Staatsbürger wurde, um einen tschechischen Pass angesucht hatte. Das geschah wahrscheinlich deswegen, weil er der Londoner Repräsentant des ›Prager Tagblatt‹

743 Andrew, Gordievsky, KGB, 336ff.
744 Schreiben vom 25.10.1940, in: TNA, KV 2/4169, 147a.

wurde. Von einer anderen Quelle erfuhren wir im Juli 1941, dass Smollett ein Kommunist mit guten Verbindungen zur britischen kommunistischen Partei war. Smolletts gegenwärtige Arbeit bezieht sich hauptsächlich auf unsere Beziehungen mit der Sowjetunion und dem Aussenden von britischen Werbemissionen. Die Special Branch hat uns kürzlich mitgeteilt, dass Smollett mit einem Fräulein Hagen befreundet ist, die zur Propagandaabteilung der Free German League of Culture gehört. Außerdem wird behauptet, dass er früher mit dem Austrian Centre in Verbindung stand. Auf Smollett wurden wir auch im Zusammenhang mit den Aktivitäten von Shields-Collins[745] nach dem deutschen Angriff auf die Sowjetunion aufmerksam. Es schien, als wäre er bereit gewesen, mit ihr eng zusammenzuarbeiten und das Ministerium davon zu überzeugen, einige ihrer Vorschläge zu übernehmen.«[746]

Wie aus einem Memorandum von 1942 hervorgeht, hatte Philby sich bemüht, die Bedenken zu zerstreuen. Einem Kollegen war beim Aktenstudium die geschäftliche Verbindung von Smolka mit einem »gewissen H. R. Philby« bei *London Continental News* ins Auge gesprungen. Der Nachrichtendienstoffizier instruierte einen gemeinsamen Freund, Philby diesbezüglich um Auskunft zu bitten: »Ich wäre Dir sehr dankbar, wenn Du Philby über jede Information fragen könntest, die er uns über diesen Mann wissen lässt.«[747] Das tat dieser auch und sagte einige uncharmante Dinge, die jeglichen Verdacht zerstreuen sollten. Zwar sei Smolka »extrem clever«, aber gleichzeitig ein »ängstlicher Charakter«, geplagt von einem Minderwertigkeitsgefühl wegen seines »abstoßenden Äußeren«. Smolka betrachte er als Feigling, der wie gelähmt gewesen sei, als die deutschen Luftangriffe auf London begannen. Politisch sei er leicht links eingestellt. Insgesamt handle es sich aber um einen harmlosen Mann: Er wäre viel zu ängstlich, um sich in irgendwelche finsteren Angelegenheiten zu verstricken.[748] Auch wenn er Smolka offenbar nicht besonders gemocht hatte, so bekannte Philby später im sowjetischen Exil, dass dieser viel über ihn, Burgess und wahrscheinlich auch über die anderen der Cambridge Five gewusst habe. Obwohl es

745 Elizabeth Shields-Collins war ab 1936 Sekretärin des Weltjugendkongresses.
746 Cross Reference, 26.6.1942, in: TNA, KV 2/4169.
747 Internal Memorandum, 10.9.1942, in: TNA, KV 2/4169, 172a.
748 Internal Memorandum, 12.9.1942, in: TNA, KV 2/4169, 173a.

Smolka nicht möglich gewesen wäre, Philbys Verbindung zum KGB zu beweisen, hätte seine Aussage ein weiteres Glied in der Beweiskette sein können – und je »schwerer diese wog, umso schwerer wäre es gewesen, zu entkommen«. Aber Smolka habe sein Wissen für sich behalten.[749]

Bemerkenswerterweise erkundigte sich Philby am 26. Februar 1946 bei den Kollegen vom MI5 um deren Informationsstand über Smolka seit dem Jahr 1940. In der Antwort heißt es: »Der Fall wird weiter beobachtet, aber es ist kein konkreter Beweis dafür aufgetaucht, dass Smollett gegen die Sicherheitsinteressen in diesem Land gehandelt hat. Seine Position machte ihn zum Zentrum einer Gruppe von ehemals feindlichen Ausländern, von denen er sich für eine Anzahl eingesetzt hat, um ihnen Jobs bei Nachrichtenagenturen zu verschaffen. 1941 und 1942 bekamen wir Informationen von zwei unterschiedlichen Quellen, beide von delikater Natur, dass Smollett ein Kommunist sei und ›gute Beziehungen‹ mit der kommunistischen Partei Großbritanniens unterhalte. Später deutete die Information darauf hin, dass er kein Parteimitglied war, aber dass er und seine Frau Lotte Smolka kommunistische Sympathisanten seien. Im Jahr 1941 war bekannt, dass er mit Betty Wallace alias Shields-Collins in Kontakt stand, einem sehr bekannten Parteimitglied, das zu diesem Zeitpunkt für die Organisation der internationalen Jugendangelegenheiten verantwortlich war. [...] Im Jahr 1942 wurde berichtet, dass er mit Fräulein Agnes Hagen befreundet war, die in der Propaganda-Abteilung der Free German League of Culture arbeitete. Er war außerdem in Kontakt mit Eva Kolmer vom Austrian Centre und, wie es heißt, mit einem anderen prominenten Mitglied dieser Organisation, Dr. Walter Hollitscher.[750] Nach unserer Information ist ein anderer aktiver österreichischer Kommunist, der mit Smollett in diesem Land befreundet war, Alfred alias Fred Hrejsemnou.«[751] Der Beamte »J. H. M.«, der die Zusammenfassung erstellte und mit Philby offenbar gut bekannt war, fügte handschriftlich hinzu: »Ich wäre dankbar für jede weitere Information, die Du möglicherweise

749 Borovik, Files, 139.

750 Walter Hollitscher war Vizepräsident des Austrian Centre. 1949 übersiedelte er in die DDR an die Berliner Humboldt-Universität, wo er bis 1953 als Ordinarius für Logik und Erkenntnistheorie und erster Direktor des philosophischen Instituts wirkte.

751 Alfred Hrejsemnou war Mitglied der KPÖ, Spanienkämpfer und Vorstandsmitglied des *Austrian Centre* in London.

hast.«[752] Philbys Intention mag gewesen sein, den Wissenstand beim MI5 über Smolka herauszufinden und ob sich daraus eine Gefährdung seiner eigenen Person ergeben könnte.

Die britischen Nachrichtendienste behielten Smolka im Auge, nachdem dieser im Juni 1945 nach Wien zurückgekehrt war. Davor hatte er einer Bekannten, der Schriftstellerin und Emigrantin Hilde Spiel, die Gründe für seine Entscheidung mitgeteilt: »Er [...] gibt zu meinem Erstaunen den unentwegten und, wie er meint, aussichtslosen Kampf um Zuerkennung der erstrebten englischen Identität auf und beschließt, mit seiner Familie für immer nach Österreich zurückzukehren.«[753]

In Wien bekam Smolka die »arisierte« Villa seines Schwiegervaters rückgestellt[754] und arbeitete zwischen 1947 und 1949 als Mitteleuropa-Korrespondent für *The Times* sowie für den *Daily Express*. Zudem schrieb er von Juli 1946 bis Dezember 1947 als außenpolitischer Redakteur für das Dreiparteienorgan *Neues Österreich*, das zu diesem Zeitpunkt von Ernst Fischer geleitet wurde. Smolkas prokommunistische Tendenz in der Berichterstattung erregte bei österreichischen Amtsträgern Widerspruch. So beschwerte sich der spätere Finanzminister und Präsident der Nationalbank, Eugen Margarétha, bei einem britischen Diplomaten über die »unfreundliche Haltung der Auslandspresse«, insbesondere des *Times*-Korrespondenten Smolka, der der österreichischen Regierung »feindlich« gesonnen sei.[755] 1946 erhielt man in London Hinweise, dass Smolka nach einer militärischen Einheit und nach dem MI5-Vertreter in Wien gefragt hatte. Außerdem sei er in Kontakt mit Tito-jugoslawischen Kreisen.[756] 1949 wurde eine Reise zum »Sokol Festival« nach Prag im Juli des Vorjahres registriert. Außerdem hieß es, Smolka würde seinen Urlaub in Dobrisch, einem Erholungsheim für kommunistische Schriftsteller südwestlich der tschechoslowakischen Hauptstadt, verbringen.[757] Noch im Jahr zuvor soll das tschechoslowakische Außenministerium Smolka als Korrespondenten ein Visum zunächst verweigert haben, weil man vermutet hatte, dass dieses eine Tarnung für Spionagetätigkeit

752 Confidential, 12.3.1946, in: TNA, KV 2/4169, 184a.
753 Brinson, »Nothing short of a scandal?«, 71.
754 Erlebnisbericht von Timothy Smolka. http://www.centropa.org/de/biography/timothy-smolka.
755 Mugrauer, Mandantinnen von Hugo Ebner, 142.
756 Brief an MI5-Offizier, 29.3.1946, in: TNA, KV 2/4169, 185.
757 Brief an MI5-Offizier vom 5.2.1949, in: TNA, KV 2/4169, 202.

für US-amerikanische oder andere westliche Geheimdienste wäre. Der Verdacht sei geprüft, aber kein Beleg dafür gefunden worden.[758]

Ende Mai 1949 legte Smolka seine Korrespondententätigkeit zurück.[759] Ansonsten fiel dem britischen Geheimdienst nichts Verdächtiges auf. Smolka gehe keiner offenen politischen Betätigung nach (zumindest keiner, von der man wisse). Es sei aber in engen Kontakt mit einer Anzahl von kommunistischen Intellektuellen und »fellow travellers«. In die erste Kategorie würden Ernst Fischer, der Schriftsteller Erwin Zucker-Schilling und Bruno Frei (Herausgeber der Zeitung *Der Abend*) fallen, in die zweitere die Schriftsteller Alexander Sacher-Masoch und Franz Theodor Csokor.[760]

1951, als die ersten beiden Angehörigen der Cambridge Five enttarnt wurden, meldete der MI6-Vertreter in Wien nach London, dass von seiner Seite nichts vorliege, das Smolka mit dem Spion Burgess verbinde. Smolka verkehre kaum in der jüdischen Community in Wien, befinde sich in schlechtem Gesundheitszustand und gehe seinen geschäftlichen Aktivitäten nach.[761] Bei den Nachforschungen nach dem Verschwinden von Burgess stellte sich aber heraus, dass sich unter den Unterlagen, die 1951 in dessen Wohnung gefunden wurden, vier Dokumente befanden, bei denen die Handschrift und die Maschinenschreibschrift Smolka zugeordnet werden konnten. Das reichte aber nicht aus, um Smolka als *foreign agent* der Spionage anzuklagen.[762]

Die sogenannten »Smollett-Dokumente« waren maschinengeschriebene Gesprächsnotizen aus dem Zeitraum Oktober 1941 bis Juni 1942. Unter anderem wurde auf eine Besprechung von *Combined Operations* vom 19. März 1942 eingegangen. Dabei handelte es sich um ein teilstreitkräfteübergreifendes Hauptquartier des britischen Militärs, das ab 1940 für die *Commando*-Kriegsführung zuständig war. *Chief of Combined Operations* war Lord Louis Mountbatten, der auch in der besagten Besprechung den Vorsitz führte.[763] Solche Hinweise in Bezug auf Smolka landeten bei MI5 auf dem Schreibtisch von Evelyn McBarnet. Ihr Kollege Peter Wright charakterisierte sie

758 Pf 39680, 5. 7. 1948, in: TNA, KV 2/4169, 200a.

759 Loose Minute, 30. 5. 1949, in: TNA, KV 2/4169, 205a.

760 Peter Smollett, ex-Smolka, 206.1950, in: TNA KV 2/4169, 207a.

761 Letter from MI6 re Smollett, 28. 6. 1951, in: TNA, KV 2/4169, 213B.

762 Minute 283 continued, in: TNA, KV2/4170.

763 The »Smollett« Documents, in: TNA, KV2/4170, 230d.

wenig schmeichelhaft als »eigenartige Frau mit einem großen Muttermal auf einer Gesichtshälfte«. McBarnet habe »wie ein Treibhausgewächs« ihr ganzes Leben im Büro verbracht – »ohne jedes Anzeichen einer Existenz außerhalb«. Eben deswegen sei McBarnet aber auch eine penible Nachforschungsbeamtin gewesen »und eine scharfsinnige, wenn auch irgendwie pessimistische Menschenkennerin«.[764] McBarnet kam zur Ansicht, dass Smolka »wahrscheinlich« der Autor aller Dokumente war, die in Burgess' Wohnung gefunden wurden. Die überwiegende Mehrzahl der Papiere hatte man auf einer Schreibmaschine mit einer fehlerhaften »N«-Taste geschrieben.[765] Es konnte bestätigt werden, dass dies das Gerät gewesen war, das Smolka benutzt hatte.[766]

In einem MI5-Bericht von 1971 heißt es noch kryptisch, dass Smolka 1968 gestanden habe, darüber Bescheid zu wissen, dass die Dokumente, die man bei Burgess gefunden und von ihm gestammt hatten, an die sowjetische Seite gingen. Aber er habe abgestritten, jemals rekrutiert worden zu sein. In welchem Zusammenhang sich dieses angebliche Geständnis ereignete, geht aus dem Dokument nicht hervor.[767]

Bereits Anfang 1952 war ein Angehöriger der britischen Botschaft der Meinung, Smolka sei bereit, »die Seite zu wechseln« (»come over«) – wenn man mit ihm nur auf geeignete Art und Weise Kontakt aufnehme. Über die Informationen, die man sich von Smolka erhoffte, gibt eine Notiz von Anfang 1953 Auskunft: Der MI5 wollte über Smolka an Erkenntnisse über Curt Ponger herankommen. Es sollte abgeklärt werden, ob Smolka irgendeine Verbindung mit Ponger unterhalten habe.[768] Ponger und dessen Schwager Otto Verber waren zwei jüdische Soldaten der US-Armee, denen Spionage zugunsten der Sowjetunion vorgeworfen wurde.[769]

Der MI5 hatte damals großes Interesse an prominenten Kommunisten, die der Involvierung in Spionage verdächtigt wurden – und durch Entwicklungen in der Sowjetunion, im besetzten Ostdeutschland oder Österreich betroffen waren. Zu diesem Zweck sollte der MI6 alle Möglichkeiten

764 Wright, Spycatcher, 194f.
765 Note, 20. 2. 1952, in: KV2/4170, 231a.
766 Schreiben vom 13. 2. 1952, in: KV2/4170, 231x.
767 Summary and Assessment of the Case of Flora Solomon, 4. 11. 1971, in: TNA, KV2/4635, 143a.
768 Note, 22. 1. 1953, in: TNA, KV2/4170, 259a.
769 Note, 1. 5. 1952, in: TNA, KV2/4170, 235a.

ausloten, mit aussichtsreichen Kandidaten Kontakt herzustellen, auf klandestine Art oder auf andere Weise: »Sollte jemand von ihnen für eine persönliche Ansprache – direkt oder indirekt – empfänglich sein, meinen wir, dass dies eine Spezialoperation mit dem Endziel rechtfertigen würde, sie in britische Hände zu bekommen.« Man vermutete, dass diese Personen »wahrscheinlich bedeutende Informationen über russische Spionage besitzen und dass es wert ist, große Anstrengungen zu unternehmen, um sie zu schnappen und mit ihnen ihre Informationen.«[770]

Im Falle Smolkas war der angedachte Hebel, um ihn zum Seitenwechsel zu bewegen, der antisemitische Schauprozess, der vom 20. bis zum 27. November 1952 in der Tschechoslowakei stattfand. Auf der Anklagebank saßen Rudolf Slánský, der frühere Generalsekretär der Kommunistischen Partei der Tschechoslowakei, und 13 weitere hohe Funktionäre des Staats- und Parteiapparats. Slánský war wie die Mehrzahl seiner Mitangeklagten jüdischer Herkunft. Sie alle wurden beschuldigt, westliche Spione und Agenten zu sein. Der Prozess endete mit elf Todesurteilen, darunter gegen Slánský, und drei verhängten Gefängnisstrafen. Ehemals geschätzte jüdische Persönlichkeiten wurden nun als Verräter betrachtet. Dazu zählte auch Smolka, der während des Slánský-Prozesses als »imperialistischer Agent« denunziert wurde.[771]

Einer der Angeklagten, der frühere stellvertretende Minister für Außenhandel, Eugen Loebl, gestand, dass er 1946 mit Smolka bekannt wurde. In weiterer Folge habe er ihn mehrmals in Prag und Wien getroffen, um Informationen »über den tschechoslowakischen Außenhandel und unsere Wirtschaft« zu übergeben, »welche für den britischen Spionagedienst sehr wertvoll waren«. Smolka gab an, Loebl nur einmal in Wien gesehen zu haben. Es sei »um völlig harmloses Material für einen Artikel über die CSR gegangen.« Loebl wurde 1960 entlassen und später rehabilitiert. Er bat um Verständnis, dass er »irgendwelche wirklichen Leute im Ausland« in seinem falschen Geständnis hatte nennen müssen – »es täte ihm leid, aber wenigstens reichte ja der Arm der dortigen Justiz nicht bis hierher.«[772] Für Smolka hatte die Denunzierung aber negative Folgen. Das von Moskau

770 PF. 42628/B. 2., in: TNA, KV2/4170, 260.

771 Brinson, »Nothing short of a scandal?«, 72.

772 Mugrauer, Mandantinnen von Hugo Ebner, 143f.

aus gesteuerte Vorgehen entfachte eine antisemitische Kampagne in der gesamten Sowjetunion und dem Ostblock. Die Sowjets schmiedeten sogar einen Plan, Smolka aus Österreich zu entführen – setzten ihn aber letztlich nicht um.[773] Dafür hatte er in Wien fast sein gesamtes soziales Umfeld verloren. Die KPÖ distanzierte sich und »erlaubte« nur dem *Volksstimme*-Journalisten Fritz Glaubauf sowie dem Direktor des *Globus*-Buchverlags, Tibor Barta, mit Smolka weiter Umgang zu haben. Ernst Fischer, Mitglied der KPÖ-Leitung, brach das »Kontaktverbot« bereits 1952. Aber im Jahr 1956 sollten sich Smolka und seine Frau Lotte von der KPÖ lossagen.[774]

Anfang 1953 wandte sich McBarnet daher an ihre Kollegen beim MI6: Dessen Repräsentant in Wien sollte umgehend informieren, wenn Smolka die sowjetische Besatzungszone verlasse oder beabsichtige, dies zu tun. Da Smolka im sowjetischen Sektor »unzugänglich« sei, schlug der MI6 vor, dass es einem »gemeinsamen Freund« möglich sein könne, Smolka einen Brief zu schicken und um ein Treffen zu bitten. Dann bestünde die Möglichkeit, Smolka auszuhorchen und seine Reaktion auf die antisemitische Welle im Ostblock abzutesten.[775] McBarnet fand den Vorschlag ausgezeichnet.[776] Die Hoffnungen, dass Smolka überlaufen könnte, zerschlugen sich aber – obwohl sich McBarnet diesbezüglich »große Hoffnungen« gemacht hatte.[777]

Eben dieser Kontaktmann, dessen Name im betreffenden Dokument geschwärzt wurde, schrieb Ende März 1953 einen freundschaftlichen Brief an Smolka. Darin entschuldigte er sich zunächst, dass er die Einladung am Weihnachtsabend habe auslassen müssen, weil er in der Zwischenzeit umgezogen sei, nun aber könnten sie zu Ostern zusammenkommen. Zu diesem Zweck gab der Briefschreiber sowohl seine Adresse als auch seine Telefonnummer an. Doch Smolka rührte sich nicht, was den Kontaktmann dazu bewog, seine Einschätzung von Smolka zu überdenken. Er hatte ihn für einen viel zu intelligenten Mann gehalten, »um die [kommunistische] Doktrin und Philosophie zu 100 Prozent zu schlucken.« Doch nun halte er ihn für einen »unbelehrbaren« Kommunisten, für den es keine Hoffnung gebe.[778]

773 Andrew, Gordievsky, KGB, 423.

774 Mugrauer, Mandantinnen von Hugo Ebner, 147.

775 To Miss E. McBarnet, 29. 1. 1953, in: TNA, KV2/4170, 261a.

776 P. F. 39, 60(B2B/EMcB., in: TNA, KV2/4170, 262a.

777 P. F. 39,680/B2B/EMcB, in: TNA, KV2/4170, 265a.

778 Schreiben an McBarnet, 2. 5. 1953, in: TNA, KV2/4170, 264a.

Im Mai 1953 wurde ein Bericht der Wiener Polizei über den MI6-Repräsentanten in Wien an den MI5 zugestellt. Darin heißt es unter anderem ironisch-zynisch: »Smollet gibt sich getarnt als Engländer und hält ›Samstag-Tee‹-Runden in seinem Zuhause in Wien ab […] (die Villa gehört seiner Frau), wo sich ›kommunistische Intelligentsia‹ von hohem Rang und Bekanntheit trifft. Gelegentlich werden auch Leute aus dem kulturellen Leben des Landes eingeladen, wenn man glaubt, dass sie mit der kommunistischen Sache sympathisieren.«[779] Das Interesse ließ in der Folge nicht nach. Ende Oktober 1957 meinte ein Offizier, dass man seit 1953 wenig von Smolka gehört habe und man deswegen einen »Up-to-date«-Bericht über seine Aktivitäten in Wien anfordern könne. Es wäre nützlich zu wissen, wo sich Smolka befinde und was er tue.[780] Mehrere Wochen später erneuerte der Offizier seine Bitte. Er wisse, dass die »Mühlen« in der Wiener Polizei langsam mahlen würden – aber wäre es nicht möglich, die Sache zu beschleunigen?[781]

Beim MI5 hatte sich längst die Ansicht durchgesetzt, dass Smolka ein sowjetischer Spion war und mit den Aktivitäten von Burgess in Zusammenhang stand. Als Smolka 1961 nach langer Zeit wieder einmal kurz nach London kam und im Savoy Hotel übernachtete, wollte man deswegen so viel wie möglich über seine Aktivitäten und Kontakte erfahren.[782] Am 2. Oktober 1961 wurde Smolka von dem MI5-Beamten Arthur Martin ins *War Office* geladen. Er war wegen einer Multiple-Sklerose-Erkrankung seit Jahren auf einen Rollstuhl angewiesen. Bewusst wurde Smolkas Bitte, man möge ihn im Hotelzimmer vernehmen, ausgeschlagen.

Zu den wichtigsten Erkenntnissen des Verhörs zählten:

- Smolka gab zu, dass die Dokumente, die man bei Burgess gefunden hatte, von ihm stammten. Er erklärte den Umstand damit, dass ihm Burgess gesagt habe, er arbeite für den MI5 und ihn gebeten habe, Niederschriften von potenziell interessanten Gesprächen zu machen.
- Smolka gab seine lebenslange Bekanntschaft mit Litzi Friedmann zu – ebenso wie seine geschäftliche Verbindung mit Philby. Letzterer sei

779 About Harry Peter Smolka, 30.9.1952, in: TNA, KV2/4170.
780 P.F. 39,680/D1/CTY, 29.10.1957, in: TNA, KV2/4170, 285a.
781 P.F. 39,680/D1/CTY, 29.10.1957, in: TNA, KV2/4170, 286a.
782 D.P.G. through D. trough D. 1., in: TNA, KV2/4170.

allerdings nur ein stiller Gesellschafter gewesen und die Freundschaft nie besonders eng, weil er Philbys rechte politische Verbindungen abgelehnt habe (letztere waren Teil von Philbys Tarnung).

- Er beschrieb sich selbst als kommunistischen Sympathisanten (»fellow traveller«) bis ins Jahr 1951. Mittlerweile wäre er kein Anhänger mehr.
- Sein gesundheitlicher Zustand sei miserabel und man habe ihm gesagt, dass er nicht mehr lange zu leben habe.

McBarnet fasste ihren Eindruck anhand des Protokolls so zusammen: »Smollett ist sogar in seiner jetzigen paralysierten Verfassung eine kraftvolle Persönlichkeit mit einem schnellen, scharfen Verstand. Er sagte nichts, das nachweisbar falsch war – aber [...] wahrscheinlich log er, als er die Umstände erwähnte, die dazu führten, dass er die ›Burgess-Dokumente‹ schrieb. Und er könnte gelogen haben, als er sein Verhältnis zu Philby beschrieb. Seine Behauptung, seinen kommunistischen Glauben verloren zu haben, sollte auch mit Zurückhaltung aufgenommen werden.«[783] Das Transkript des Gesprächs ist in der MI5-Akte von Smolka enthalten und zeigt, wie geschickt sich dieser verhielt. An einer Stelle sagte er dem Vernehmer, dass er noch an einem Dinner mit ehemaligen Kollegen aus dem MOI im Savoy teilnehmen werde. Ob er – der Vernehmer – auch kommen wolle? Dieser lehnte ab.[784] Zwei Tage danach, am 4. Oktober 1961, flog Smolka nach Wien zurück.[785]

Trotz der Gebrechlichkeit entfaltete er bis zu seinem Tod 1980 beachtliche Energie: Er hatte das ebenfalls arisierte Unternehmen seines Vaters, die *Wiener Metallwaren- und Schnallenfabrik* in der Sendnergasse Nr. 7 in Schwechat, zurückbekommen. Daraus baute er die Firma *Tyrolia*-Skibindungen auf. Nach deren Verkauf 1974 half ihm sein Jugendfreund, Bundeskanzler Bruno Kreisky, ein letztes Projekt zu verwirklichen. 1975 erschien die erste Nummer des englischsprachigen Quartalmagazins *Austria Today*.[786] Über österreichische Vertretungen in 139 Ländern aufgelegt, vermittelte *Austria Today* ein »realistisches Bild des modernen Österreich«: »Es wird in

783 PF. 39,680/D. 1/E.McB, in: TNA, KV2/4170, 320a.
784 Interrogation, 2. 10. 1961, in: TNA, KV2/4170.
785 PF. 39,680/D. 1/E.McB, in: TNA, KV2/4170, 320a.
786 Interview mit Timothy Smolka, 27. 3. 2019.

erster Linie von Opinion Leaders im Ausland, aber auch von Ausländern in Österreich gelesen. Es stellt ein positives Image von Österreich vor und zeigt unsere Leistungen in Wissenschaft, Forschung, Medizin, Kultur, Politik, Handel, Wirtschaft und Industrie.« So heißt es in einem Schreiben des Bundeskanzlers, das im Bruno-Kreisky-Archiv aufbewahrt wird. Das Bundeskanzleramt nahm Smolka 1978 7700 Abos ab, »tut also ein Maximum zur Verteilung der interessanten Publikation«.[787] Allerdings wurde bald festgestellt, dass die Abos im Vergleich zu Privatbeziehern insgesamt um eine halbe Million Schilling teurer offeriert worden waren.[788]

Die Büroadresse von Smolkas Schwechater Firma befand sich in der Praterstraße Nr. 9 in Wien-Leopoldstadt

787 Kreisky an Weissenberg, 12. 7. 1978. Stiftung Bruno Kreisky Archiv (künftig: StBKA), Box V/3–1 ORF.
788 Information für den Herrn Bundeskanzler, 10. 1. 1978. Ebenda.

Sowjetisch-russische Spionage in Österreich von 1945 bis heute

Wien spielte auch nach 1945 eine wichtige Rolle für den sowjetischen Geheimdienst. Hannes Leidinger und Verena Moritz zogen dazu folgendes Resümee: »Moskaus Spitzel fühlten sich am Donaustrand wie zu Hause. Hier koordinierten sie die Nachrichtendienste ihrer Satellitenstaaten und bildeten Agenten für Einsätze in weiter westlich gelegenen Gebieten aus. Beschattet wurde überdies eine Unzahl von offiziellen Vertretern der UdSSR in Wien. Letztere bildeten gemeinsam mit dem Verwaltungspersonal und dem Familienanhang eine regelrechte Diplomatenkolonie, die sich auf mehrere Unterkünfte verteilte. Zu überwachen hatte der KGB deshalb unter anderem Quartiere der Botschaftsmitglieder in der Sternwartestraße, Wohnungen in der Technikerstraße, die den in der Argentinierstraße amtierenden Handelsdelegierten zugewiesen waren, sowie Unterkünfte der sowjetischen UN-Missionsmitglieder, die lange in der Wohllebengasse logierten, bis sie in der zweiten Hälfte der Achtzigerjahre in die Erzherzog-Karl-Straße, in den 22. Gemeindebezirk jenseits der Donau übersiedelten.«[789]

Letztere Einrichtung, auch »Russencity« genannt, ist seit 2022 häufig Gegenstand der medialen Debatte, weil sich auf dem Dach »etwa zwölf« Satellitenschüsseln befinden, die zu einer Station für signalerfassende Aufklärung (SIGINT) gehören dürften. Offenbar werden Datenströme von geostationären Satelliten abgezapft. Die »Russencity« soll dabei sogar als Europa-Leitstation einer ganzen Kette von ähnlichen Einrichtungen in anderen Ländern fungieren. Im Unterschied zu Österreich und seinem Nachbarland Ungarn wurden die Stationen in Den Haag, Brüssel oder Warschau durch das gezielte Ausweisen von technischem Personal de facto lahmgelegt. Der gegenläufige Zuwachs an Akkreditierungen in Österreich und in Ungarn ist laut dem Journalisten Erich Möchel ein Anzeichen dafür, dass Russland seine SIGINT-Aktivitäten in diesen Ländern nicht nur weiterführt, sondern sie sogar noch intensiviert.[790] Darüber hinaus ist die

789 Leidinger, Moritz, Wien, 156.
790 Erich Möchel, Stadt der Russenschüsseln, in: *Datum*, Oktober 2023.

Spionagebasis »Russencity« bereits seit Jahrzehnten im Einsatz: 1992 berichtete das Magazin *Wiener*, dass in dem Gebäudekomplex eine »Horch- & Sendeanlage« betrieben werde.[791] Die dafür notwendige 12 Tonnen schwere technische Ausrüstung war 1990 als diplomatisches Gepäck deklariert nach Österreich gebracht worden.[792]

Wien ist aber nicht nur ein gut ausgebauter Stützpunkt, sondern war während des Kalten Krieges auch Schauplatz bzw. Planungszentrum zahlreicher Operationen.[793] Insbesondere Ende der 1940er-Jahre und Anfang der 1950er-Jahre, als Wien während der alliierten Besatzung in vier Sektoren geteilt war, bildete die Stadt einen besonders fruchtbaren Boden für Spionage. Das lockere Nebeneinander der Sektoren ermöglichte viel Austausch und Kommunikation. Die Not der Nachkriegszeit wiederum machte es einfach, Spitzel zu rekrutieren und verschaffte Informationshändlern und Fälschern Hochkonjunktur. Der frühere CIA-Agent Tennent H. Bagley erinnerte sich, dass Wien einer der wenigen Plätze gewesen sei, wo ein Überläufer rasch aus dem Osten in den Westen gelangen konnte, indem er einfach von einem Haus in ein benachbartes Objekt ging. In diesem unerklärten Schattenkrieg sei die sowjetische Seite aber numerisch drei zu eins überlegen gewesen und habe verschleppt und gemordet wie auf eigenem Territorium.[794] Dem Prinzip der »Aggressivität« folgend, versuchten die Geheimdienste, ihre westlichen Gegner zu täuschen und in Fallen zu locken.[795] Diese wiederum schlugen auf ihre Art und Weise zurück: Als man herausfand, dass bei Spielen von *Dynamo Moskau* in Wien ganze Sektoren für sowjetische Agenten reserviert waren, gerieten diese prompt vor die Linse von »Sportfotografen«. Anhand der Fotos konnten zahlreiche Offiziere identifiziert werden.[796] Außerdem gelang es der CIA, in Wien ihren ersten Doppelagenten in den Reihen des Feindes zu rekrutieren: Pytor Popov von der GRU hatte sich am Neujahrstag 1953 selbst angeboten. Bis August 1955 traf er sich 66-mal mit seinem CIA-Führungsoffizier. Dann wurde Popov nach

791 Kid Möchel, Neue Liebesgrüße aus Moskau, in: Wiener, November 1992, 48ff., hier 48.

792 Kid Möchel, Der geheime Krieg der Agenten. Spionagedrehscheibe Wien, Hamburg 1997, 20.

793 Ebenda, 20.

794 Tennent H. Bagley, Spy Wars. Moles, Mysteries, and deadly Games, New Haven 2007, 33f.

795 Ebenda, 42.

796 Ebenda, 44.

Berlin versetzt, wo er bis zu seiner Festnahme und Hinrichtung 1959/60 viele militärische Geheimnisse verriet.[797]

1952 sollen sowjetische Geheimdienstoffiziere in Wien unter dem Codenamen »Aasgeier« einen Plan zur Ermordung des jugoslawischen Staatsgründers Tito geschmiedet haben, nach dessen Bruch mit Stalin im Jahr 1948. Zu diesem Zweck stand auch schon ein Auftragsmörder mit dem Decknamen »Max« bereit, der aufgrund seiner diplomatischen Tarnung Zugang zu Tito bekommen hätte. Er würde Tito eine juwelenbesetzte Box als Geschenk überreichen, die beim Öffnen Gift ins Gesicht der Zielperson versprühen sollte. Infolge von Stalins Tod 1953 kam die Operation nie zur Ausführung. Angeblich auch deswegen, weil Stalin wusste, dass Tito gut abgeschirmt war und er selbst Vergeltung fürchtete.[798] 1968 soll die Wiener Residentur des nunmehrigen KGB den Operationsplan »Zveno« erstellt haben, »um die öffentliche Meinung von den Ereignissen in der Tschechoslowakei abzulenken«. Zu diesem Zweck sollte eine der beiden Pipelines, die von Triest über Kärnten nach Ingolstadt führten, in Vorarlberg sabotiert werden. Vorgesehen war eine Sprengung der Rohrleitung zwischen Höchst und Hörbanz, um eine Verschmutzung des Bodensees hervorzurufen. Zehn mit Sprengstoff gefüllte Thermoskannen waren vorgesehen, eine falsche Spur hätte zu italienischen Rechtsextremisten als Verantwortliche geführt. Doch es blieb bei einem Vorhaben, das erst 1974 endgültig abgeblasen wurde.[799]

Am 20. Dezember 1975 verschwand der Überläufer Nicholas Shadrin nach einem Treffen mit KGB-Kontakten vor der Votivkirche spurlos. Ex-CIA-Direktor Richard Helms bedauerte das: »Der schlimmste Fehler war, Shadrin diese Reise in eine Stadt wie Wien zu erlauben, wo der KGB alles leicht kontrollieren konnte.«[800] Die nächste große Spionageaffäre mit Wien-Bezug folgte 1985. In diesem Jahr wurde Ronald Pelton, ein ehemaliger Mitarbeiter der NSA, als KGB-Informant enttarnt. Nach seinem Ausstieg bei der NSA 1980 war er in Finanznöte geraten. Vom KGB

797 David E. Hoffman, The Billion Dollar Spy. A True Story of Espionage and Betrayal, London 2017, 10f.

798 Christian Jennings, Flashpoint Trieste. The first Battle of the Cold War, Oxford 2017, 285–288.

799 Christoph Franceschini, Geheimdienste, Agenten Spione. Südtirol im Fadenkreuz fremder Mächte, Bozen 2020, 350ff.

800 Möchel, Krieg, 38.

kontaktiert, gab er sein Wissen an diesen weiter. Die Geldübergabe – in Tranchen von jeweils 15.000 Dollar – fand in Wien statt. Und zwar angeblich in der Wohnung des sowjetischen Botschafters, wo Pelton acht Stunden täglich alle an ihn gestellten Fragen beantwortete. Wien war auch der Treffpunkt für den Marineoffizier John Walker mit seinen Führungsoffizieren vom KGB. Der Kryptologe hatte ab 1968 17 Jahre lang für die UdSSR spioniert und vor allem Marine-Geheimnisse weitergegeben. Unter anderem soll er Informationen über Waffen- und Verschlüsselungssysteme geliefert haben, die es ermöglichten, chiffrierte Botschaften zu lesen. Walker hatte seinen Sohn und einen Freund in der Marine für einen regelrechten Spionagering angeworben, für den Wien ab 1978 als Treffpunkt mit dem KGB fungierte.[801]

Ende 1986 passte der US-Marine Clayton Longtree bei einem Empfang in der Wiener US-Botschaft den CIA-Stationschef Jim Olson ab. Der Soldat gestand, sich bei einer vorangegangenen Stationierung als Wachmann in der US-Botschaft in Moskau mit dem KGB eingelassen zu haben. Offenbar hatte der einsame Longtree dort mit einer sowjetischen Botschaftsbediensteten angebandelt und wurde bald mit deren »Onkel Sascha« vom KGB bekannt. Als Longtree dann nach Wien wechselte, reichte »Sascha« ihn an »George«, einen KGB-Kollegen in Wien, weiter. Longtree lieferte auch in Wien weiter Informationen an den KGB, bis er mit der psychischen Belastung nicht mehr fertig wurde.[802] 1989 beschuldigte man den jahrelangen Stellvertreter des US-Botschafters in Wien, Felix Bloch, dem KGB Dokumente übergeben zu haben. Er wurde suspendiert, aber die Vorwürfe konnten ihm nie nachgewiesen werden.[803]

Wien war aber auch der Schauplatz der ersten direkten Gespräche zwischen CIA und KGB: Nach dem Mord an dem CIA-Stationschef Richard Welch in Athen Ende 1975 hatte CIA-Direktor William Colby einen geheimen Dialog in Wien autorisiert, um die Frage zu klären, ob der KGB für den Tod von Welch mitverantwortlich war. Dieser war einem Anschlag

801 William R. Corson, Susan B. Trento, Joseph J. Trento, Maulwürfe. Die geheimen Kriege des KGB gegen die USA, München 1989, 315. Andreas Weber, Einfach Spitzel, *Wochenpresse* Nr. 52/1985, 21f. Möchel, Krieg, 68–72.

802 Milton Bearden, The Main Enemy. The Inside Story of the CIA's Final Showdown with the KGB, New York 2004, 216f.

803 Jürgen Streihammer, Devine: »Wien war ein gutes Jagdrevier für Agenten«, in: *Die Presse*, 22.9.2014.

griechischer Linksextremisten zum Opfer gefallen. Aber Colby wollte das Ganze auch des Dialogs wegen. Beide Seiten waren vom Ergebnis so angetan, dass dieser Kommunikationskanal bis zum Ende des Kalten Krieges offenblieb.[804]

Rückblickend schrieb Wladimir Krjutschkow, bis 1991 letzter Vorsitzender des KGB, Wien eine besondere Attraktivität zu: »Es war ein guter Ort für die Arbeit und die Österreicher sind sehr tolerant. Ich denke, die Vertreter verschiedenster Geheimdienste haben in Wien eine gewisse Freiheit genossen.«[805] Österreich sei das beliebteste Land für konspirative Treffs mit westlichen Quellen gewesen, bestätigte auch der frühere KGB-Offizier Oleg Kalugin: Österreichische Offizielle hätten dem KGB »freie Hand« gelassen, in Wien herumzustreifen und die klandestinen Treffen abzuhalten: »Wie immer bin ich nach Wien mit einem Diplomatenpass als Gesandter des sowjetischen Außenministeriums gereist. Ich habe diesen grünen Diplomatenpass an der Einwanderungskontrolle vorgezeigt und ein Offizieller hat mich durchgewinkt. Niemand hat mein Gepäck überprüft. Österreich war ein komfortabler Ort, um ein Spion zu sein.«[806] Daran änderte auch das Ende des Kalten Krieges nichts. So meinte ein Beamter des österreichischen Innenministeriums im *Kurier* am 7. Jänner 1992, »dass bestimmte Nachrichtendienste des ehemaligen Ostblocks weiter operieren, als gingen sie die politischen Umwälzungen nichts an«.[807]

Einer der Hauptgründe hierfür war und ist, dass Österreich bis heute einen sicheren Hafen für halbseidene und diskrete Geschäfte darstellt.[808] Noch 1990 hatte Krjutschkow den Transfer von Parteigeldern in den Westen in die Wege geleitet.[809] Rund 400 Milliarden Schilling sollen schätzungsweise jährlich aus den Ländern der ehemaligen Sowjetunion über Österreich in den Westen geflossen sein. Binnen kurzer Zeit waren damals rund 600 Gesellschaften mit russischen Eigentümern oder Teilhabern im

804 Tim Weiner, Legacy of Ashes. The History of the CIA, New York 2007, 638.

805 Emil Bobi, Die Schattenstadt. Was 7.000 Agenten über Wien aussagen, Salzburg 2014, 23.

806 Oleg Kalugin, Fen Montaigne, The First Directorate: My 32 Years in Intelligence and Espionage Against the West, New York 1994, 159f.

807 Leidinger, Moritz, Wien, 156.

808 Ben Weiser, Mike Eckel, Rosneft-Privatjets jahrelang von Wiener Unternehmen betrieben, in: zackzack.at, 7. 6. 2022, https://zackzack.at/2022/06/07/rosneft-privatjets-jahrelang-von-wiener-unternehmen-betrieben.

809 Wolf Lotter, Thomas Vasek, Rätsel aus Rußland, in: *profil*, Nr. 31/1994, 26–30, hier 29.

Handelsregister eingetragen. Die Großen der russischen Mafia-Syndikate, so das Magazin *profil*, zog es »fast magisch nach Wien, in die traditionelle Drehscheibe des Osthandels, und nächstliegende Bastion westlichen Wohlstands.«[810] Waren es unmittelbar nach dem Zerfall der UdSSR etwa 80 Joint-Ventures zwischen österreichischen und russischen Unternehmen, so wuchs diese Zahl bis 1996 auf 1500.[811]

Der Staatsschutz nahm die Rolle der organisierten Kriminalität schon in den 1990er-Jahren wahr. Man ließ die Mafiapaten aus Osteuropa aber gewähren, so der ehemalige Leiter des Wiener Sicherheitsbüros, Max Edelbacher: »Es wurde nicht groß an die Wand geschrieben, aber der geheime Slogan war, dass, wer Ruhe gibt, auch Ruhe hat.«[812]

Seit dem Amtsantritt von Wladimir Putin 1999/2000 haben sich die Akteure auf russischer Seite stark gewandelt: Anstelle des KGB sind zwei andere Dienste getreten – der Auslandsgeheimdienst SWR und der mächtigere und größere FSB. Während der KGB trotz seiner Allmacht über das Leben der einfachen Sowjetbürgerinnen und -bürger unter der vollen Kontrolle der kommunistischen Partei stand, agiert der FSB nun unabhängig und ist keinerlei politischer oder parlamentarischer Aufsicht unterstellt. Zentral geht es um die Aufrechterhaltung innerer Stabilität und Ordnung und dabei ist der FSB – so wie seine primären Konkurrenten SWR und GRU – lediglich der obersten Exekutive verpflichtet.[813] Deren Angehörige sind frühere Geheimdienstler (*silowiki*), während das Gros der Mitarbeiter den »neuen Adel« Russlands bildet, wie es der ehemalige FSB-Direktor Nikolai Patruschew formulierte, der selbst als Sekretär des Sicherheitsrats der Russischen Föderation tätig war. Nun habe sich der FSB in etwas noch Mächtigeres und Furchterregenderes verwandelt als der KGB, lautete schon 2010 das Fazit der JournalistInnen Andrei Soldatow und Irina Borogan.[814]

Österreich blieben die neuen Machteliten treu. Insbesondere die Oligarchen schätzten es, dass sich hier gewisse Dinge schneller bewerkstelligen ließen als in anderen westeuropäischen Ländern – gleich ob Passvergabe,

810 W. Lotter, T. Vasek, O. Tanzer, Killergrüße aus Moskau, in: *profil*, Nr. 39/1994, 44–49, hier 47f.

811 Möchel, Krieg, 29.

812 Emil Bobi, »Wer Ruhe gibt, hat Ruhe«, in: *profil*, Nr. 19/2012, 20.

813 Andrei Soldatow, Irina Borogan The New Nobility. The Restoration of Russia's Security State and the Enduring Legacy of the KGB, New York 2011, 4.

814 Ebenda, 22.

Immobilienerwerb, Einstieg in Unternehmen oder die Gründung einer diskreten Privatstiftung.[815] An diesen Zuständen hat der russische Einmarsch in die Ukraine seit 2022 wenig geändert. Nach wie vor ist Österreich ein »Epizentrum für Geldwäsche« (*Die Presse*), wo mehr Schwarzgeld durchgeschleust wird, als im OECD-Schnitt. Russische Oligarchen nutzen insbesondere das Schlupfloch, das sogenannte Share Deals bei Immobilienkäufen bieten.[816]

Besonders eng und lange zurückreichend sind die Verknüpfungen im Energiebereich: Am 1. Juni 1968 unterzeichnete Österreich als erstes westliches Land einen Gasliefervertrag mit der damaligen Sowjetunion. Die 1956 gegründete Österreichische Mineralölverwaltung (OMV) baute auf der *Sowjetischen Mineralölverwaltung* (SMV) auf, ein im Zuge der Reparationszahlungen gegründetes sowjetisches Unternehmen. In den 2000er-Jahren wurde Wien dann zum »bevorzugten Operationsgebiet russischer und ukrainischer Öl- und Gasunternehmen«, so der deutsche Autor Jürgen Roth. Wien habe sich damals zur »Drehscheibe für die wichtigsten russischen Gasaktivitäten in Westeuropa« entwickelt.[817] 2018 wurden die Gaslieferverträge bis 2040 verlängert. Diese waren ursprünglich bis 2028 befristet gewesen. Zudem kaufte sich die OMV in ein russisches Gasfeld ein und beteiligte sich an der Finanzierung der Ostseepipeline Nord Stream 2.[818] Bei einem Arbeitsbesuch bei Putin in St. Petersburg am 3. Oktober 2018 drückte Bundeskanzler Sebastian Kurz noch »entschlossene Unterstützung für NS [Nordstream] II« aus. Die Pipeline wurde fertig gebaut, ging aber wegen ihrer Sprengung (2022) nie in Betrieb.[819]

Das Ergebnis dieses Prozesses war und ist eine einseitig hohe Abhängigkeit: Im Dezember 2023 kamen immer noch 98 Prozent der österreichischen Gasimporte aus Russland. Im Jahresdurchschnitt waren es laut Daten des Energieministeriums 67 Prozent. 3,5 Milliarden Euro wurden

815 Oliver Das Gupta, Warum Österreich für Putins Oligarchen attraktiv ist, in: *Der Spiegel Online*, 13. 4. 2022, https://www.spiegel.de/ausland/oesterreich-warum-das-land-fuer-putins-oligarchen-attraktiv-ist-a-e9315995-8eba-4919-849d-2b507d923227.

816 Madlen Stottmeyer, Wie Oligarchen mit Immobilien ihr Schwarzgeld in Österreich waschen, in: *Die Presse*, 25. 2. 2024.

817 Jürgen Roth, Gazprom – Das unheimliche Imperium: Wie wir Verbraucher betrogen und Staaten erpresst werden, Berlin 2012, 226.

818 Günther Strobl, Abstimmung über das Erbe von Ex-OMV-Chef Rainer Seele, in: *Der Standard*, 2. 6. 2022.

819 Josef Redl, Kurz beim »großen Chef«, in: *Falter*, Nr. 12/2024, 14ff, hier 16.

alleine 2023 von österreichischen Importeuren für russische Gasimporte bezahlt.[820] Erpressbar war Österreich aber auch wegen des Engagements wichtiger Banken wie der Raiffeisen International (RBI). 2022 hielt Österreich gemessen am Eigenkapital seiner Banken mit 15 Prozent das höchste Russland-Risiko, gefolgt von Frankreich mit neun Prozent auf Platz zwei. Die RBI bleibt bis dato die größte in Russland verbliebene westliche Bank. 2023 erzielte sie dort die Hälfte ihres Gewinns.[821]

Die britische Journalistin Catherine Belton arbeitete heraus, wie die westlichen Systeme mittels des kalkulierten Einsatzes von Schwarzgeld oder Schmiergeldfonds systematisch korrumpiert und manipuliert wurden.[822] So wie die Finanznetzwerke des KGB die Interessen der Kommunistischen Partei während der Sowjetzeiten vorangetrieben hatten, seien nun Gelder im Interesse des Regimes von Putin verschoben worden.[823]

Österreich dürfte in diesem Zusammenhang als eines der »schwächsten Glieder in der Kette« gesehen worden sein – geeignet, um politische Entscheidungen auf EU-Ebene in prorussischem Sinne zu beeinflussen. Denn mit der zunehmenden wirtschaftlichen Verschränkung waren auch die politischen Bande enger geknüpft worden. So setzte sich Österreich auf EU-Ebene dafür ein, die Sanktionen gegen Moskau im Gefolge der Krim-Annexion so rasch wie möglich zu beenden. Die Rechtspartei FPÖ begann bereits 2008 mit einer Annäherung an Moskau. Symbolischer Höhepunkt war die Unterzeichnung einer »Vereinbarung über Zusammenwirken und Kooperation« mit der Putin-Partei »Einiges Russland« in Moskau 2016.[824] Diese wurde 2021 für nichtig erklärt, wobei der Ausstieg formell erst 2026 möglich ist.[825] 2018, als die FPÖ der Regierung angehörte, lud die von der Partei nominierte Außenministerin Karin Kneissl Putin zu ihrer Hochzeitsfeier ein. Diese fand am 18. August 2018 auf einem steirischen Gasthof nahe der slowenischen Grenze statt. Putin war für rund 90 Minuten

820 Marina Delcheva, Kein Anschluss unter dieser Leitung, in: *profil*, Nr. 8/2024, 36–40, hier 38f.

821 Peter Pilz, Ostblock. Putin, Kickl und ihre ÖVP, Wien 2024, 22.

822 Cathrine Belton, Putin's People. How the KGB Took Back Russia and Then Took on the West, London 2021, 497.

823 Ebenda, 325f.

824 Michel Reimon, Eva Zelechowski, Putins rechte Freunde. Wie Europas Populisten ihre Nationen verkaufen, Wien 2017, 12ff.

825 FPÖ-Kooperationsvertrag mit Kreml-Partei läuft erst 2026 aus, in: *Kurier*, 10. 3. 2022.

zugegen und tanzte mit der Braut. Die Bilder vom anschließenden Knicks Kneissls vor Putin gingen um die Welt.[826] Wenige Wochen davor, im Juni 2018, hatte Putin in einem *ORF*-Interview betont: »Wir haben mit Österreich seit Langem sehr gute, enge Beziehungen. Österreich ist ein traditioneller, zuverlässiger Partner von uns in Europa.«[827]

2022 zerstörte der Ausbruch des Ukraine-Kriegs endgültig die Illusion, dass sich auf Basis enger wirtschaftlicher Verflechtungen eine stabile europäische Friedensordnung gründen ließe. Es war ein bitteres Erwachen, insbesondere für Österreich. Im Rückblick erscheint vieles wie ein abgekartetes Spiel. Zeitgleich mit dem Abschluss der OMV-Gasverträge und danach häuften sich russische Geheimdienstaktivitäten: 2018 platzte ein Spionagefall um einen pensionierten Salzburger Offizier, der mit dem Militärnachrichtendienst GRU seit Anfang der 1990er-Jahre zusammengearbeitet haben soll. Ende 2018/Anfang 2019 folgte ein massiver Cyberangriff auf das Außenministerium in Wien. Eine Hackergruppe, die dem FSB zugerechnet wird, soll dafür verantwortlich gewesen sein. Ebenfalls 2020 wurde ein tschetschenischer Blogger Opfer eines Auftragsmords. 2021 häuften sich Fälle des mysteriösen »Havanna-Syndroms« unter der Belegschaft der US-Vertretung in Wien.[828] Und 2022 wurde gegen einen griechisch-russischen Beschuldigten ermittelt, der im Verdacht stand, Informationen an den GRU weitergegeben zu haben. Für den Austausch wurden sogenannte »tote Briefkästen« im Stadtgebiet von Wien genutzt, »wobei auch diplomatisches Personal der Russischen Föderation im engen zeitlichen und örtlichen Zusammenhang identifiziert werden konnte«.[829]

Vor allem aber war der mutmaßliche FSB-Agent und Wirecard-Manager Jan Marsalek ab 2015 damit beschäftigt, in seiner Heimat Österreich Kontakte zu Politikern, Beamten aus dem Sicherheitsapparat und zur Russland-Lobby in der Wirtschaft zu knüpfen. Marsalek soll zwei frühere Insider im Bundesamt für Verfassungsschutz und Terrorismusbekämpfung (BVT) angeworben haben. So könnte Moskau an hochsensible Informationen über

826 Stefan Brändle, Ex-Spion Schirnow: KGB hatte Karin Kneissl früh im Visier, in: *Der Standard*, 2.6.2022.

827 ORF Wladmir Putin-Interview, ungekürztes deutsches Transkript, Juni 2018, https://www.arminwolf.at/orf-wladmir-putin-interview/.

828 Thomas Riegler, Österreichs geheime Dienste. Eine neue Geschichte, Wien 2023, 296f.

829 Verfassungsschutzbericht 2022, 50.

abtrünnige Agenten, Investigativjournalisten und andere Regimegegner gekommen sein.

Das BVT selbst wurde 2018 unter FPÖ-Innenminister Herbert Kickl zum Ziel einer Razzia, nachdem Marsalek über einen Mittelsmann in der Österreichisch-Russischen Freundschaftsgesellschaft gezielt das Misstrauen der FPÖ in die Behörde geschürt haben soll. Die ohnehin personell schwach aufgestellte Spionageabwehr lag daraufhin einige Zeit brach. Möglicherweise war geplant gewesen, eine neue Struktur auf den Trümmern des BVT aufzubauen und Marsaleks Vertraute an den Schaltstellen zu platzieren.[830]

In Europa wurden im Kontext des Ukrainekrieges etwa 600 russische Diplomaten ausgewiesen – in Österreich waren es Anfang 2024 zehn.[831] Die geringe Zahl relativiert sich etwas, wenn man sie im historischen Kontext betrachtet: Nach dem Nervengas-Anschlag auf Sergei Skripal (2018) waren weltweit 342 russische Diplomaten ausgewiesen worden. Österreich hatte sich nicht beteiligt und erst im Jahr 2020 eine erste Ausweisung wegen Wirtschaftsspionage vorgenommen.[832] Die starke russische Präsenz in Wien wurde dennoch zum Politikum. Bilateral und bei den internationalen Organisationen waren Anfang 2024 zwischen 250 und 300 Personen akkreditiert. Laut kolportierten Zahlen eines anonymen Nachrichtendienstchefs aus »Zentraleuropa« sollen sich mindestens 100 Spione darunter befinden.[833]

Das wurde im Ausland schon länger kritisch kommentiert. Die *Financial Times* zitierte 2022 einen anonymen europäischen Diplomaten, der Österreich einen »veritablen Flugzeugträger« für verdeckte russische Aktivitäten nannte.[834] Ein Drittel aller russischen Geheimdienstoperationen in Europa soll mittlerweile aus Wien und dem ähnlich sicheren diplomatischen Hub Genf gesteuert werden.[835] Wie der Verfassungsschutzbericht

830 Matthew Karnitschnig, Putin hijacked Austria's spy service. Now he's going after its government, in: *politico*, 24.5.2024.

831 Russische Spionage aus Wien, *ORF*-ZIB2-Beitrag vom 30.1.2024.

832 Spionagevorwürfe: Österreich weist zwei russische Diplomaten aus, in: *Kurier*, 13.3.2024.

833 Szabolcs Panyi, Goulash Newsletter, 21.3.2024, https://vsquare.org/goulash-megayacht-orban-russia-spies-austria-trump-slovakia-elections/.

834 Sam Jones, John Paul Rathbone, »Tip of the iceberg«: rise in Russian spying activity alarms European capitals, in: *Financial Times*, 26.3.2022.

835 John Paul Rathbone, Sam Jones, Europe kicked out Vladimir Putin's spies. Now they're back, in: *The Financial Times*, 5.3.2024.

2023 einräumte, werde Russland auch infolge der Schließungen von Konsulaten in Deutschland versuchen, »mehr diplomatisches Personal in Österreich zu stationieren«. Dieses solle »vermehrt« im süddeutschen Raum operieren. Wien werde »weiterhin ein organisatorischer Knotenpunkt für russische Nachrichtendienste bleiben, solange sich an der hohen Zahl von russischem diplomatischem Personal in Österreich nichts ändert«.[836] Das hat Folgen. Laut dem Kreml-kritischen Journalisten Christo Grozev, der 2023 Wien aus Sicherheitsgründen verlassen musste, wird Österreich »als Russlands trojanisches Pferd in Europa gesehen, sogar noch mehr als seine östlichen Nachbarländer. Es gibt den Versuch, das zu ändern und beispielsweise im Bereich des Verfassungsschutzes die Vergangenheit abzuschütteln. Aber es gibt in vielen Bereichen noch eine Minderheit an Russlandfreunden, die groß genug ist, um Einfluss auszuüben.«[837]

Wie der historische Rückblick zeigt, ist die österreichische Haltung über viele Jahrzehnte kontinuierlich dieselbe geblieben. Die Toleranz gegenüber Spionage war in den 1920er- und 1930er-Jahren genauso ausgeprägt wie heute. Dafür spielen Österreicherinnen und Österreicher in diesem Zusammenhang als Protagonisten keine vergleichbare Rolle mehr. Das neue Russland vertritt einen panslawistischen und neoimperialen Großmachtsanspruch, der vor allem im Lager der Neuen Rechten und Rechtspopulisten auf Anhängerschaft gestoßen ist. Vergleichbare Apparate wie die Komintern mit ihren internationalen Verbindungen gibt es nicht mehr – ebenso wenig wie ein Pendant zur ideologischen Strahlkraft des Sowjetkommunismus, die viele Freiwillige zu äußerster Hingabe motiviert hat. Andererseits ist die Bedeutung menschlicher Quellen für die russischen Geheimdienste auch im »digitalen« Zeitalter von Spionagesoftware und Kommunikationsüberwachung nach wie vor hoch. Genauso gibt es immer noch »illegale« Agentennetzwerke, die der Zeit der »großen Illegalen« nacheifern.

Was die Motivation betrifft, mit diesen Strukturen zusammenzuarbeiten, so handelt es sich primär um eine Kombination aus Ego, Geld und Zwang. Ideologie – der Ansporn, der den Wiener Spionagezirkel so erfolgreich machte – war schon im Verlauf des Kalten Krieges immer seltener

836 Verfassungsschutzbericht 2023, 109f.

837 Faban Schmid, Journalist Grozev über Nawalnys Freilassung: »Ein Deal schien in Griffweite«, in: *Der Standard*, 4. 3. 2024.

geworden. Es ist wahrscheinlich, dass in dem gegenwärtigen »neuen« ideologischen Zeitalter mit scharfer Polarisierung und geopolitischen Konflikten wieder vermehrt aus weltanschaulichen Motiven spioniert werden wird. Und wie das Beispiel von Broda, Deutsch, Friedmann, Smolka und Tudor-Hart sowie der Cambridge Five zeigt, sind von einer Sache überzeugte Spione die »besseren« und gefährlicheren.

Literaturverzeichnis

Richard Aldrich, The Hidden Hand. Britain, America and Cold War Secret Intelligence, London 2021.
Christopher Andrew, Secret Service. The Making of the British Intelligence, London 1985.
Christopher Andrew, Oleg Gordievsky, KGB. The Inside Story of its Foreign Operations from Lenin to Gorbachev, London 1991.
Christopher Andrew, Wassili Mitrochin, Das Schwarzbuch des KGB. Moskaus Kampf gegen den Westen, München 2001.
Christopher Andrew, MI5. Die wahre Geschichte des britischen Geheimdienstes, München 2011.
Tennent H. Bagley, Spy Wars. Moles, Mysteries, and deadly Games, New Haven 2007.
Maik Baumgartner, Ann Katrin-Müller, Die Unsichtbaren. Wie Geheimagentinnen die deutsche Geschichte geprägt haben, München 2022.
Milton Bearden, The Main Enemy. The Inside Story of the CIA's Final Showdown with the KGB, New York 2004.
Marietta Bearman, Charmain Brinson, Richard Dove, Anthony Grenville, Jennifer Taylor (Hg.), Wien – London, Hin und Retour. Das Austrian Centre in London 1939 bis 1947, Wien 2004.
Cathrine Belton, Putin's People. How the KGB Took Back Russia and Then Took on the West, London 2021.
Emil Bobi, Die Schattenstadt. Was 7.000 Agenten über Wien aussagen, Salzburg 2014.
Genrikh Borovik, The Philby Files. The Secret Life of the Master Spy – KGB Archives Revealed, London 1994.
Charmain Brinson, Richard Dove, A matter of intelligence. MI5 and the surveillance of anti-Nazi refugees, 1933–50, Manchester 2014.
Paul Broda, Scientist Spies: A memoir of my three parents and the atom bomb, Leicester 2011.
David Burke, The Spy Who Came in from the Co-op, Woodbridge 2008.
David Burke, The Lawn Road Flats: Spies, Writers and Artists, Woodbridge 2019.
John le Carré, The Pigeon Tunnel, London 2016.
Miranda Carter, Anthony Blunt. His Lives, London 2001.
Frank Close, Trinity, The Treachery and Pursuit of the Most Dangerous Spy in History, London 2019.
Richard Cockett, Vienna. How the City of Ideas Created the Modern World, New Haven 2023.
E. H. Cookridge, The Third Man. The Full Story of Kim Philby, New York 1968.
William R. Corson, Susan B. Trento, Joseph J. Trento, Maulwürfe. Die geheimen Kriege des KGB gegen die USA, München 1989.
John Costello, Oleg Tsarev, Deadly Illusions, London 1993.
Igor Damaskin, Geoffrey Eliott, Kitty Harris: The Spy With 17 Names, London 2001.

Richard Davenport-Hines, Enemies Within. Communists, the Cambridge Spies and the Making of Modern Britain, London 2019.

Panagiotis Dimitrakis, Our Man in Vienna: The Spymasters' War at the Heart of Europe, New Haven 2021.

Stephen Dorril, MI6 – Inside the Covert World of Her Majesty's Secret Intelligence Service, New York 2000.

Charles Drazin, Korda. Britain's Movie Mogul, London 2002.

Wiliam E. Duff, A Time for Spies. Theodore Stephanovich Mally and the Era of the Great Illegals, Nashville 1999.

John Ferris, Behind the Enigma. The Authorised History of HCHQ, Britain's Secret Cyber-Intelligence Agency, London 2020.

Christoph Franceschini, Geheimdienste, Agenten Spione. Südtirol im Fadenkreuz fremder Mächte, Bozen 2020.

Helen Fry, Spymaster. The Man who saved MI6, New Haven 2021.

G. E. R. Geyde, Fallen Bastions. The Central European Tragedy, London 1942.

Stephen Grey, The New Spymasters. Inside Espionage from the Cold War to Global Terror, London 2015.

Günther Haller, Café Untergang. Stalin, Hitler, Trotzki 1913 in Wien, Wien 2023.

Edward Harrison, The Young Kim Philby: Soviet Spy and British Intelligence Officer, Liverpool 2012.

Jonathan Haslam, Near and Distant Neighbours: A New History of Soviet Intelligence, New York 2015.

Dieter Heinze, Feuerschein über den Sudeten, Leipzig 2013.

Michael Holzman, Kim and Jim. Philby and Angelton: Friends and Enemies in the Cold War, London 2021.

Barbara Honigmann, Ein Kapitel aus meinem Leben, München 2004.

Florian Horcicka, Im Fadenkreuz der Spione. Wie Agenten Österreich unterwandern, Wien 2016.

Keith Jeffrey, MI6: The history of the Secret Intelligence Service, 1909–1949, London 2010.

Konrad Jekl, Auf den Spuren der Republik Österreich. Aufsätze zur österreichischen Zeitgeschichte, Frankfurt am Main 1995.

Christian Jennings, Flashpoint Trieste. The first Battle of the Cold War, Oxford 2017.

Peter Stephan Jungk, Die Dunkelkammern der Edith Tudor-Hart. Geschichten eines Lebens, Frankfurt am Main 2017.

Oleg Kalugin, Fen Montaigne, The First Directorate: My 32 Years in Intelligence and Espionage Against the West, New York 1994.

Stefan Karner, Barbara Stelzl-Marx (Hg.), Stalins letzte Opfer. Verschleppte und erschossene Österreicher in Moskau 1950–1953, Wien 2009.

Gary Kern, A Death in Washington: Walter G. Krivitski and the Stalin Terror, New York 2003.

Harvey Klehr, John Earl Haynes, Alexander Vasiliev, Spies: The Rise and Fall of the KGB in America, New Haven 2010.

Philip Knightley, The Second Oldest Profession: Spies and Spying in the Twentieth Century, New York 1988.
Philip Knightley, Masterspy. The Story of Kim Philby, New York 1990.
Gabriele Kohlbauer-Fritz, Sabine Bergler (Hg.), Genosse Jude. Wir wollten nur das Paradies auf Erden, Wien 2017.
Wolfgang Kos (Hg.), Kampf um die Stadt. Politik, Kunst und Alltag um 1930, Wien 2010.
Claudia Kuretsidis-Haider, Österreichische Pensionen für jüdische Vertriebene. Die Rechtsanwaltskanzlei Ebner: Akteure – Netzwerke – Akten, Wien 2017.
Paul Kutos, Russische Revolutionäre in Wien 1900–1917. Eine Fallstudie zur Geschichte der politischen Emigration, Wien 1993.
Hannes Leidinger, Verena Moritz, Russisches Wien. Begegnungen aus vier Jahrhunderten, Wien 2004.
Ben Macintyre, A Spy among Friends. Philby and the great Betrayal, London 2015.
Barry McLoughlin Barry, Hannes Leidinger, Verena Moritz (Hg.), Kommunismus in Österreich 1918–1938, Innsbruck 2009.
Tim Milne, Kim Philby: The Unknown Story of the KGB's Master-Spy, London 2014.
Kid Möchel, Der geheime Krieg der Agenten. Spionagedrehscheibe Wien, Hamburg 1997.
Yuri Modin, My Five Cambridge Friends, London 1994.
Elizabeth Montagu, Honourable Rebel, Beaulieu 2003.
Verena Moritz, Hannes Leidinger, Julia Köstenberger (Hg.), Gegenwelten. Aspekte der österreichisch-sowjetischen Beziehungen 1918–1938, St. Pölten 2013.
Jefferson Morley, The Ghost: The Secret Life of CIA Spymaster James Jesus Angleton, New York 2017.
Reinhard Müller (Hg.), »Fluchtpunkt England«. Spuren der österreichischen Emigration in Großbritannien 1938 bis 1945, Graz 1996.
National Galleries of Scotland, Wien Museum (Hg.), Im Schatten der Diktaturen, Ostfildern 2013.
Bruce Page, David Leitch, Philip Knightley, Philby, the Spy Who Betrayed a Generation, London 1979.
Bruce Page, David Leitch, Philip Knightley, The Philby Conspiracy, New York 1981.
Kim Philby, My Silent War. The Autobiography of a Spy, London 2003.
Elisabeth K. Poretzky, Our own People. A Memoir of 'Ignace Reiss' and His Friends, Ann Arbour 1970.
Sandor Rado, Deckname Dora, Stuttgart 1972.
Thomas Riegler, Österreichs geheime Dienste. Eine neue Geschichte, Wien 2023.
Michel Reimon, Eva Zelechowski, Putins rechte Freunde. Wie Europas Populisten ihre Nationen verkaufen, Wien 2017.
Jürgen Roth, Gazprom – Das unheimliche Imperium: Wie wir Verbraucher betrogen und Staaten erpresst werden, Berlin 2012.
Hans Schafranek, Widerstand und Verrat. Gestapospitzel im antifaschistischen Untergrund 1938–1945, Wien 2017.
Werner Michael Schwarz, Georg Spitaler, Elke Wikidal (Hg.), Das Rote Wien, 1919–1934. Ideen, Debatten, Praxis, Wien 2019.

Patrick Seale, Maureen McConville, Philby. The Long Road To Moscow, New York 1978.

Victor Serge, Memoirs of a Revolutionary, Iowa City 2002.

Norman Sherry, The Life of Graham Greene. Volume II: 1939–1955, New York 1995.

Chris Smith, The Last Cambridge Spy. John Cairncross, Bletchley Park Mole and Soviet Agent, Cheltenham 2022.

Andrei Soldatow, Irina Borogan The New Nobility. The Restoration of Russia's Security State and the Enduring Legacy of the KGB, New York 2011.

Brigitte Timmermann, Frederick Baker, Der dritte Mann. Auf den Spuren eines Filmklassikers, Wien 2002.

Oleg Tsarev, Nigel West, Triplex: Secrets from the Cambridge Spies, New Haven 2009.

Robert Verkaik, The Traitor of Arnhem: WWII's Greatest Betrayal and the Moment That Changed History Forever, 2024.

Boris Volodarsky, Stalin's Agent: The Life and Death of Alexander Orlov, Oxford 2014.

Calder Walton, Spies. The Epic Intelligence War between East and West, New York 2023.

Tim Weiner, Legacy of Ashes. The History of the CIA, New York 2007.

Susan Weissmann, Victor Serge. A Political Biography, London 2013.

Nigel West, The Illegals. The double lives of the Cold War's most secret agents, London 1993.

Nigel West, Oleg Tsarev, The Crownjewels. The British Spies exposed by the KGB Archives, London 1999.

Nigel West, Spies Who Changed History: The Greatest Spies & Agents of the 20th Century, Barnsley 2022.

John Withwell, British Agent, London 1966.

Peter Wright, Paul Greengrass, Spycatcher. Enthüllungen aus dem Secret Service, Frankfurt am Main 1988.

Oleg Zarew, John Costello, Der Superagent. Der Mann, der Stalin erpresste, Wien 1993.